桩修

站桩的生命智慧

余功保 著

華夏出版社
HUAXIA PUBLISHING HOUSE

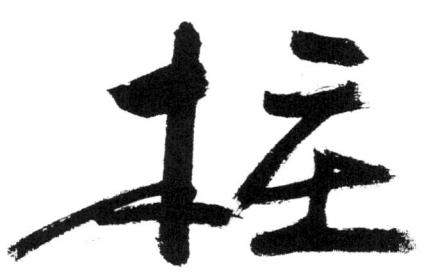

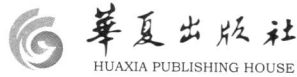

图书在版编目（CIP）数据

桩修：站桩的生命智慧 / 余功保著. -- 北京：华夏出版社有限公司，2024.1

ISBN 978-7-5222-0567-0

Ⅰ．①桩… Ⅱ．①余… Ⅲ．①武术－养生（中医）－基本知识 Ⅳ．① G852 ② R212

中国国家版本馆 CIP 数据核字（2023）第 188982 号

桩修：站桩的生命智慧

作　　者	余功保
责任编辑	黄　欣
出版发行	华夏出版社有限公司
经　　销	新华书店
印　　刷	北京兰星球彩色印刷有限公司
装　　订	北京兰星球彩色印刷有限公司
版　　次	2024 年 1 月北京第 1 版 2024 年 1 月北京第 1 次印刷
开　　本	720×1030mm　1/16
印　　张	23.25
字　　数	292 千字
定　　价	196.00 元

华夏出版社有限公司　地址：北京市东直门外香河园北里 4 号　邮编：100028
网址：www.hxph.com.cn　　电话：（010）64618981
若发现本版图书有印装质量问题，请与我社营销中心联系调换。

作者简介

余功保

著名太极文化学者，太极拳教育家。世界太极拳网总编，太学堂—世界太极网络学院院长，世界太极文化节组委会主任。

毕业于北京大学物理系。长期开展太极拳、传统养生文化的研究和实践，以"知行合一"的方式，全面系统地解构中国传统文化的结构与功能，发表众多研究成果。

曾担任中国武术、太极拳研究和产业开发领导工作，大力推动武术、太极文化发展。主持策划并实施了"中华武林百杰""首届世界太极拳健康大会""全民健身气功交流大会""世界太极文化节"等多项在国内外具有深远影响的大型活动，组织开展了众多太极拳学术交流研讨活动和课题研究。

深入进行传统生命文化研究工作，为世界上第一本《中国太极拳大百科》主编。在报刊发表文章近百万字，出版数十部武术、太极拳、传统文化著作，许多作品被翻译成多国文字在全球发行，在世界太极拳界引起热烈反响。其作品被新华社、《人民日报》、中央电视台、中国国际广播电台、《北京周报》等国内外主要媒体广泛介绍。其中《随曲就伸》三部曲、《极享——余功保太极演讲录》、《向拳而生——太极名家传心录》等著作均具有重要影响。

经常应邀在重大国际太极文化活动中担任学术主讲人及主持重要太极文化活动。在世界各国和全国各地举办数百场中国传统文化、太极拳、站桩等国学与生命智慧题材的演讲和讲座。

为中国武术、太极拳网络信息化的重要开拓者，主持创办博武国际武术网、中华民族网络电视台、世界太极拳网等多家大型网站，积极推进传统文化的信息化工程。创办世界上第一个太极拳网络教育机构——太学堂，倡导传统、科学和文化相结合，主持设计、制作、推广了上百门太极拳教育课程，培养了大量优秀太极研修、师资人才，遍布世界各地，对当代太极拳的发展产生了积极的作用。

2022—2023年，在太学堂讲授《桩修》直播课，将传统文化和站桩技、理相结合，这门课是广受欢迎的身心健康智慧课程。

序 桩行记

这本书本来是一部内部教程，是根据我在世界太极拳网太学堂的《桩修课》直播内容进行的整理，主要是给学员作为学习参考的。后来应许多站桩爱好者的呼吁，将内容进行适当调整后公开出版。

站桩的历史很悠久，是中华民族在数千年的生存、生活、生命完善过程中的智慧成果，也滋养了我们几千年，近年来更是逐渐兴起，不断发展流行，越来越多的现代人去研究、习练。

站桩不是一个简单的技术内容。学会一个桩法只需要几分钟，站好一个桩法需要一辈子。站桩看起来很简单，实则很精奥。站桩是一门科学，所以研修站桩也要讲究科学，以科学的眼光去看待站桩的作用、原理，以科学的方法去习练，遵循人体生命的发展规律，依照身心的健康法则。

站桩对中国文化的发展有着特殊的影响，是传统生命文化的重要组成部分，是"知行合一"的重要内容。感悟站桩的文化属性，不仅是修养的基本功，更是站桩的技术要求。所以本书系统强调"桩修"的内涵，突出站桩的武学、国学、科学融合。

所以我们在课程和本书中力图把传统站桩内容更加拓展一些，不仅有站桩的技术，还有站桩的相关领域，以及站桩文化和理法。

本书的主体，来源于太学堂直播课程《桩修》，在语言、结构和风格上，总体保持了讲课的原貌。为了书的系统性，也进行了一些整理和归纳，并增加了一些内容，书中涉及站桩的发展、理法、功技、文化、原理等各个方面。

图书和视频的讲课形式不同，课程直播中的一些动作示范和领练内容无法收录在书中，但书中以图片形式尽可能地对动作予以展现。有条件的读者，可以将本书与直播课程结合研读观看，领会更加深入、全面。

在桩修直播课中，每次课都专门制作了课件，对讲课内容进行重点提示和形象化展现，受到了广大学员的热烈欢迎，本书中也选用了许多原课件，体现了原直播课的风貌，同时还增加了大量图片，使得本书更加生动。

感谢广大"桩家人"（我们对桩修课学员的亲切称谓）和几位助教老师的努力。他们在教学互动中为课程内容的丰富和本书的形成做出了重要贡献。

桩修是个开放的体系，站桩的练习终究是自己的内修，任何方法、心法都要结合自身的条件、状态。希望大家能够通过站桩提高自己身心的健康水平，提升生命境界的修为，在纷繁的世界中，静心和气，独立守神，站稳致远，获得一片宁静的生命"桃花源"。

目录

第一部分　桩法自然

安身立命 ·· 2
独立守神 ·· 4
站稳致远 ·· 6
站桩三原则 ··· 13
站桩的感觉 ··· 16
站桩五要素 ··· 20
觉知力 ··· 24
混元态 ··· 25
空明境 ··· 26
天地流 ··· 28
桩架与桩态 ··· 31
桩修太极图 ··· 33
站桩的模式 ··· 37
站桩三诀 ·· 40
桩之初，性自然 ····································· 44
站桩是养自己的"风水" ··························· 46
上善若桩——桩修 ································· 48

第二部分　独立天地间

桩生一 ··· 53
三线如松 ·· 57
两面如弓 ·· 59

四点如钟……………………………………………………61
身心五松……………………………………………………63
站桩的数字密码……………………………………………65
桩元论………………………………………………………69
专气致柔……………………………………………………71
九曲连环……………………………………………………73
神意在体……………………………………………………75
空松自然……………………………………………………77
人在桩"中"…………………………………………………79
站桩的大原则与小原则……………………………………81
飞叶飘雪尽随意……………………………………………83
站桩的呼吸…………………………………………………85
站桩如树……………………………………………………88
桩修"三不"…………………………………………………90
桩之场………………………………………………………92
桩场的特性…………………………………………………95
返观内视……………………………………………………98
站桩与周天…………………………………………………101
练气、调气、养气…………………………………………105
会养是师傅…………………………………………………115

第三部分　站桩实修

无极桩………………………………………………………118
浑元桩………………………………………………………121
乾坤桩………………………………………………………128
安立桩………………………………………………………133
站桩的程序…………………………………………………138
起桩…………………………………………………………139

安桩 …………………………………………………………… 142

定桩 …………………………………………………………… 143

运桩 …………………………………………………………… 145

胯圈 …………………………………………………………… 149

站桩的关窍 …………………………………………………… 152

站桩训练之"松" …………………………………………… 160

站桩训练之"静" …………………………………………… 162

站桩训练之"合" …………………………………………… 165

站桩训练之"圆" …………………………………………… 166

站桩训练之"守" …………………………………………… 168

站桩训练之"运" …………………………………………… 170

站桩训练之"定" …………………………………………… 172

站桩训练之"顺" …………………………………………… 173

站桩与摩运 …………………………………………………… 174

站桩的维度 …………………………………………………… 181

站桩的PMB ………………………………………………… 185

观息法 ………………………………………………………… 187

观想法 ………………………………………………………… 194

站桩与三个心脏 ……………………………………………… 202

节气与站桩 …………………………………………………… 204

站桩的体感 …………………………………………………… 207

站桩的紧与松 ………………………………………………… 209

内功三字诀 …………………………………………………… 211

站桩与丹田 …………………………………………………… 213

站桩的网络化管理 …………………………………………… 215

站桩的技法与心法 …………………………………………… 221

起与收——站桩的热身和收式 …………………………… 223

拳桩一体练太极 ……………………………………………… 229

太极桩 ………………………………………………………… 235

第四部分　桩修禅

- 桩禅一如 ……………………………………… 242
- 站桩逍遥游 …………………………………… 249
- 有无相生 ……………………………………… 252
- 观自在 ………………………………………… 256
- 有为与无为 …………………………………… 261
- 桩修与书法 …………………………………… 267
- 站桩的格调与格局 …………………………… 273
- 面带微笑去站桩 ……………………………… 275
- 站桩的诗意 …………………………………… 277
- 归去来桩 ……………………………………… 281
- 应无所住 ……………………………………… 284
- 桩修定风波 …………………………………… 286
- 不改不殆 ……………………………………… 292
- 抱一为天下式 ………………………………… 294
- 站桩的势与能 ………………………………… 296
- 桩修的内圣外王 ……………………………… 305
- 致广大，尽精微 ……………………………… 308
- 桩修与《易经》 ……………………………… 310
- 桩修的三个阶段 ……………………………… 314
- 为站桩赋能 …………………………………… 316

太极养生八法 ……………………………… 323

答磨堂桩修解疑（42问） ……………… 340

第一部分 桩法自然

安身立命

什么是站桩？

站桩是中国古人在长期生活、生命实践中总结的安身立命之道。

站桩很简单，就掌握两个字，一静，一动。站桩，顾名思义，就是你外形不动，像木桩、树桩一样静止。所以站桩的练习，首先外在的形态是静的，不静不行，静不下来不行。

为什么要静？因为静下来以后，我们可以对身体有一个结构性的改造和塑造。先给你构建一个结构，然后在这个结构当中让你的内气有效运转。

"静"的一个重要方面，就是让你的心静下来，情绪静下来，有时候叫"入静"。在静的过程中，大脑和身心的各个方面会产生很大的变化。静能减少能量的消耗并滋养身体。专家研究表明，大脑的活动会在很多方面对人的能量产生消耗。节食，还有运动，这些都是消耗能量的因素。大脑对人的能量的损耗也非常大，我们的精神、情绪对人体能量的损耗甚至是最大的，要大于三倍、四倍以上的体力运动。所以"静下来"对于生命的节能、储能具有重要意义。

我们每天有很大比例的能量，通过大脑活动、精神活动损耗掉了。通过站桩静下来，把这部分能量节省下来，有效地供给五脏六腑进行滋养，对健康很有益处。

我们身体很多地方为什么出现了疾病呢？因为它的养料不够了，就像我们的麦田、稻田干枯了，就不可能结出丰硕的果实，而是逐渐地衰弱甚至枯萎。所以我们要静下来，让自己身体静、大脑静，静能减少滋养身心能量的消耗，这就是静的奥妙。

静不是否定动，除了静，还要有动，这就是太极原理。这里

第一部分　桩法自然

站桩是中国古人体悟创立的安身立命之道

说的"动",主要指内动。

如果你只是外静,站在那儿站个八年、十年,没有感觉到内动的话,是没有多大效果的,这样也不叫站桩。我们站桩练习一定要实现内动。其实内动也不那么难,相信我们通过不太长的一段时间的练习,一定会感觉到很明显的内动变化,当然,必须依照正确的要领坚持练习。所以站桩是动静结合的一个事情,一动一静才是站桩。

安身是要把我们的身心放舒服,站桩的练和调都是安身的一个状态。安身是调的前提。只有把身安了,把身心调到合适的状态了,才能够立命。

但是从功能上来说,最根本的是立命。就像我们开车去长城,开车叫调养,类似于安身,到达的目的地长城叫立命。如果开车的方向不对,就到不了长城,没有油了也到不了长城。你开车、走路、骑单车或者坐直升机,速度不一样,效能也是不一样的。

"安身立命"就是站桩的基本功能。

 桩修：站桩的生命智慧

独立守神

《黄帝内经》里边有几句话："提挈天地，把握阴阳，呼吸精气，独立守神，肌肉若一。"说的就是站桩里边核心的东西。我们要站好桩，首先就要理解站桩，把握准确。

站桩的种类很多，各种各样的知识，各种各样的桩法，其实都是知识的变化，是第二位的，第一位的是把握住站桩的核心要领，所有桩法都必须遵守的核心要领。《黄帝内经》的这几句话是站桩纲要性的东西。

站桩就是守住自己，不让自己迷失，不使生命能量不断丢失。站桩的一个重要作用就是感受当下，感受自己的存在，感受真实的生命的运行感、喜悦感。

每个人面对纷繁的世界，肯定都存在不同的焦虑状态，都有忧虑，有遗憾。如果沉浸在这些情绪之中，生命就会少了很多趣味。如果长期被这些绳索所捆绑，生命就会失去很多乐趣，也会失去意义。遗憾的是，当代社会中的许多人正是长时间处于这种"捆绑"之中。站桩就是来激发、挖掘、感受我们生命的真实存在，感受生命的深层喜悦，不是短暂的、表面上的"兴奋"。所以站桩应是越站越高兴、越乐观的，它可以对焦虑、抑郁这些不良的情绪、负能量起到缓解、减少甚至消除的作用。这是桩修的一个重要目的。

改变神不守舍的浮躁，进入安神处和的状态。

第一部分　桩法自然

独立守神

站稳致远

　　站桩是一项具有悠久历史的锻炼方式。从现存的资料来看，在战国以前就已经有系统的这类练习方法。在出土的西周、战国以及汉代的文物中就有不少相关的内容，而经典文献《易经》《道德经》《黄帝内经》中也有相关的阐发。比如20世纪70年代考古发现的黑山摩崖石刻中，就有展现古人站桩场面的图像。

黑山崖石刻站桩图

第一部分　桩法自然

中国古人很早就发现了静养长寿的奥秘,通过对龟、大树的观察,研究出它们虽外形不动,但内息却生生不已,总结了一套站桩的方法。现存的与站桩相关的文物,最早可追溯到4000年以前,20世纪70年代在青海乐都县(今青海省海东市乐都区)出土的新石器时期后期马家窑文化的彩陶上就有站桩的浮雕。

青海马家窑文化彩陶上的站桩浮雕

彩陶器的中间就是一个站桩的浮雕，上面的人两脚分开，双目微闭，神光微敛，双手环抱于腹前，十指分开，微微下蹲。这件文物来自4000多年以前，就已经有非常成熟的站桩的感觉，给人一种朴素的自然的天人合一、回归自然的感觉。彩陶上的人感觉很安详。耳朵挺大，在中国古人的概念中，认为耳朵大有福、长寿。

在汉代已经非常发达的导引方法，有很多与站桩的练法结合，动静结合从一开始就是中国传统内练的核心方式。以形态之动，和神意之静，是传统武术、八段锦、易筋经的特色；以形态之静，得内气之动，则是站桩、静坐等练法的特色。这些练法虽"变化万端"，但"理为一贯"，殊途同归，并且相得益彰。在唐宋时期，站桩与静坐等相结合，成为重要的修身养性方式。

站桩以外形之静、之稳、之安然，激发生命的内在活力，可得健康长寿之效，其中蕴含了大智慧、深刻的奥妙。学会一个桩法外形只要几分钟，而理解、获得一个桩法的奥妙则要若干年。所以站桩不可看得很难，也不可觉得很容易。

中国的站桩内练也流传有多种流派，其中以武术站桩内容最为丰富。尽管有人将武术分为内家、外家，但那是后来的事情，其实每种传统武术流派都强调内练，都主张内外兼修，因此站桩成为很多武术拳种的重要基本功，并不断得到丰富发展，形成了精深的练法和理法。

汉代马王堆帛画中就有站桩的图示（复原图）

桩修：站桩的生命智慧

武当功夫以站桩为根基

少林梅花桩训练用的木桩　江涌演示

　　这里给大家介绍几种比较典型的站桩，从中可以感受到传统站桩练习方法的特点和内涵。

三体式

三体式是形意拳的基本功，也是形意功夫的根本核心，是形意拳所有拳式变化的开始，在形意拳理论中有"万变不离三体式"的说法，所有练形意拳的人入门都要站三体式桩。练习时前后腿虚实分明，两臂前后合抱，要求身体各部分内外三合，并且开中有合，合中有开，阴阳相争，阴阳相生，在矛盾中形成统一。主要作用是练习沉气和混元一体、周身一家的整劲。

形意拳三体式　尚志刚演示

少林马步桩

马步桩是少林武术的基础功夫，能有效锻炼肌肉力量，增强下盘和全身的稳定性，培育内劲，疏通经络，增强心、肺等脏腑功能，还有精神训练的作用。练习时两腿平衡下蹲，如同跨马，故名。通常下蹲的幅度比较大，凝神静气，有效提升耐力、意志力。很多少林武术套路中的拳式均结合马步桩，还分为半马步、小马步等类别。

少林马步桩　秦庆丰演示

八卦掌行桩之托天掌

第一部分 桩法自然

八卦掌的行桩

八卦掌的鲜明特点就是行步，它独特的趟泥步是标志性技术。八卦掌的理念之一就是"百练走为先"，所以在其技术体系中，包含了众多的行桩练法，就是把桩融合在行步当中，身体保持一定的桩态，脚下连续以趟泥步行走练习，这对于提高腿部的力量、功能，提升身体的灵活性，促进内气的运转有着突出作用。比如八卦掌中的"定式八掌"就是一套完整的行桩练法。

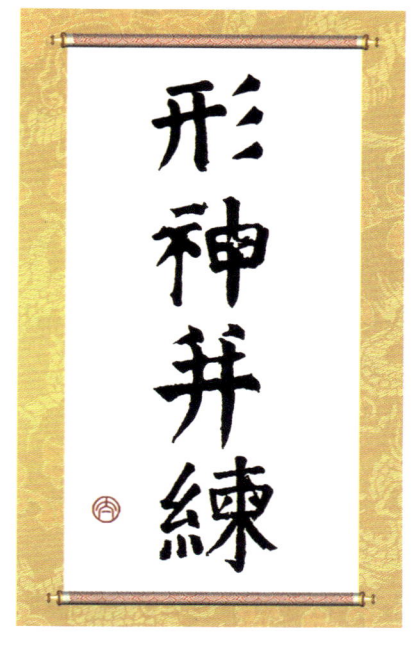

形神并练

站桩三原则

原则是大纲，要领是在原则基础上的具体化。桩法虽多，原则、要领、核心的就有若干条。其中下面这三条尤为重要。

形神并练的原则

练站桩，首先要把外形的动作掌握好，其次，要把神这部分养好。除了"守神"以外，还有"养神""和神"。不练好形，不端正，不放松，就没有一个"神安"的居所。有人认为站桩为内练，形不是那么重要，这是一种误解。形调整好了，还不能徒有其表，要使神与形合。站桩一定要形神并练。我们给大家介绍的几种桩法都严格遵守"形神并练"的原则。

意气相合的原则

我们站桩的过程中，有内气的内动，有意念的各种活动。"意到气到"，意念的活动必然会导致内气的运行。有的时候还会专门做一些意念导引动作，进而引动内气运行。太极拳是以意念与外形动作相配合导引内气，站桩是外形不动，通过意念活动来运行内气。如果意念活动引动不了内气，这种意念就是飘的，是虚的，是躁的，练习效能就不高。站桩的重要过程就是让形、意、气相匹配，合在一起。

动静相生的原则

我们讲的一动一静，是要先静下来，静到极致，然后生"动"，这个动是内动，是真正的动，深刻的动，生生不已的动，这种状态是"动静相生"。这个动一定要由静生出来，如果一个推掌，只是肢体在动，这叫外动。我们站在那儿，比如说抱一个球，感觉到内气的萌动了，就是静以致动。就好像我们人是一个水管子，管子里边一开始是要放空的，我们首先建立起一个管道系统，然后把管道清空、清干净，之后，在这个状态当中慢慢生出内气，内生之后，在管道当中徐徐流动。这会儿你感觉到这叫内动，这叫静中生动，动静相生。太极拳有导引的作用，有了拳式的导引，就可以运化这个内气，就能让静的状态动起来。在动的过程中又有静，保持平衡稳定的状态。比如说太极拳的一个"捋"，以腰带肘，以肘带手，身上协调了，完整一气，这一动便是一种生生不已的内动，太极拳中动静相生一实现，这个"动"就不是耗能的。站桩中动静相生一实现，这个桩就活了，不枯，不死了。否则形如槁木，越站越萎靡。

所有的站桩都要遵守这三大原则：形神并练，意气相合，动静相生。

第一部分　桩法自然

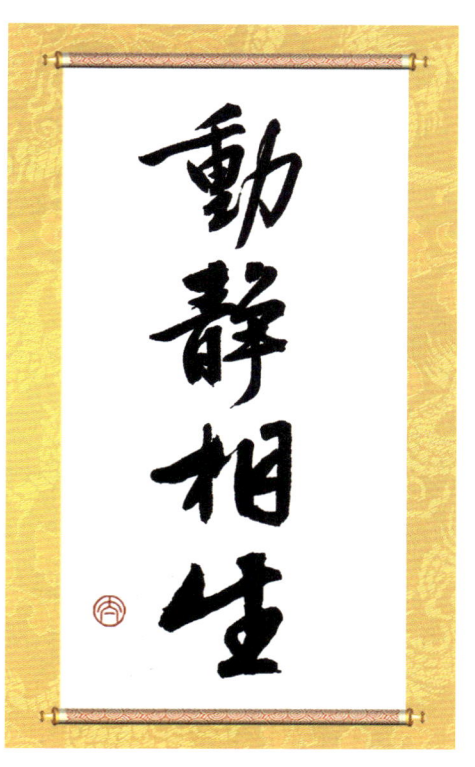

意气相合　　　　　　　　　　　　动静相生

站桩的感觉

　　站桩是内练，会有感觉，觉察，觉知。不管站什么桩，无极桩、抱球桩、三体式桩等，姿态按要领摆对了以后，感觉就会自然产生。

　　首先是体感。体感是什么？就是身体各个部分的感觉，包括手上的感觉，手心、手背，身体各局部的感觉，腹上的、腿上的、脚下的都是体感。但更重要的是整体的感觉，就是浑然一体的感觉。体感是最基础的、最明显的桩感，有的人很快，甚至开始站桩几分钟就会有。

站桩的感觉

太极拳也有体感,比如练"白鹤亮翅",静态时也是桩,你亮在那儿有没有体感?上手有没有飞起来的灵动感?下手有没有平沙落雁的沉实感?脚底一虚一实,实脚有没有平稳地落在大地上的那种踏实感?左脚虚步,脚尖点地有没有飘飘欲飞的那种灵动感?这就叫体感。如果练了很多年的太极拳,还没有这种体感,就很可惜。练桩、练拳第一步基础,要有体感。

站桩要体感、意感、气感兼具　　杨大卫演示

第二个感觉叫气感。很多人说练了多年的太极拳,还没有气感,就有些酸麻胀的感觉。气感不是一个神秘的东西,不要神秘化。气感是我们人体生命运行的一种基本状态,绝大多数人都能感觉到,气感的种类层次也不一样。随着大家的学习提高,会越来越有感觉。只有体感是对身体力度的感觉。劲力的感觉是体感,太极拳中的掤、捋、挤、按,这个按出去,全身那种浑厚的感觉、整体的外张,也是体感,但同时会有气感,就是你往前压时手掌会发热,全身有松畅的贯穿感。一个是浑厚的内在,一个是内气鼓荡。

第三个叫意感。意感就更高级一些。你有意念的活动,由此会产生各种意念上的感觉,有的是你去想的,有的是自然、随机而来的。有人说,我冥想的时候会有各种各样的感觉、感受,这很正常,但是要妥善科学地处理。

怎么导引意念?这在中国传统养生学中被视为一个很关键的

方面，意念的运用不能乱、不能妄、不能执，总的来说要自然。比如说，一个典型的例子，站桩，或者静坐、练太极拳，有一个小周天的说法，什么是小周天呢？练拳、站桩当中"小周天通"是什么概念呢？怎么通？意念在这里怎么来导引？这方面的概念比较宽泛，不同流派中也有不同的解释、练习方法和程序。

　　体感、气感、意感不仅是站桩中，在太极拳中也一样。把站桩里面练出来的这三种感觉运用到拳里面，会有事半功倍的效果。每个桩大家都要细致体会这些感觉，一定要练出来。

　　站桩形式上特别简单，很快就能学会，但是里边很深奥，大家需要体会。要静下心来练习，真正静下来，感觉自然产生，不是去强求，在浮躁的状态下，即使有也不是真感觉。

讲解站桩的感觉

站桩中有各种感觉，说明练的有效果。你站在那儿不动，膀不动身不摇，静静地站着就能生出很多感觉，这正是站桩的奇妙之处。各种反应都是正常的，包括有些不平衡。有的人说我，闭着眼睛觉得身体结构很匀称，但一睁开眼睛看，一个手高一个手低，一个脚前一个脚后，没有关系，慢慢调整，随着练习的不断深入，就会慢慢地纠正。身体结构不稳定，说明身体中有些地方存在不平衡的因素。

桩修：站桩的生命智慧

站桩五要素

站桩五要素示意图

每个桩功技的构成都是有层次、有要素的，都包括这五个方面：外形、结构、状态、内气、神意，大家看上面这个站桩五要素示意图。

第一个要素是外形。对于每个桩架来说，外形一定要把握好，掌握住外形的典型特征。站桩的外形看似很简单，但是细微的要领你错一点儿，就差之毫厘，谬以千里。所以对外形一定要精细地掌握好。比如在站桩当中，手指自然分开，要求你不要使劲绷着，每个手指头中间像夹一串小球，不能给它夹破了，又不能掉了，这就是外形的要求。这个要求如果没有掌握，你看别人手指是张开的，就使劲把指头张得挺开，就使劲儿了，一绷紧，就不对了。绷紧就相当于把气的开关给关掉了，内气不畅，过不来了，一松开，气就正常通过了。所以外形的东西很重要。

第二个要素是结构。每个桩都有一个结构，这个结构建立起身体各个部分之间的连带、对应关系，就像一个循环系统，我们先布好管道、布好网，就像互联网也是先把网络系统搭建好。结构科不科学，直接关系到要领能否真正落实到位，能不能做到动静相生，意气相合，形神并练，都和结构有关。

外形是能看见的，结构有外在的因素，也有内在的，是看不见的。调整外形比较直观，老师辅导你，对或者不对，一目了然。比如说按球桩这个手太低了，不行，要高一点，你也是立即可观可感的。但是结构就没那么直接，老师跟你讲结构上的问题，你自己要慢慢地调，慢慢地感觉。内在的结构很要紧，外形只是搭一个架子，结构赋予它功能。做一个比喻，外形相当于房子外部，你一眼就能看见它的结构，而内在的结构相当于内部的格局，比如三室一厅、两室一厅，坐北朝南，房间分布，房间里的摆设、布局甚至家具。盖房子外形要好看，但是更重要的是进去以后的结构，要很合理，很流畅，包括通风，各方面都属于结构，是关系到使用体验的，这是内在的。

第三个要素是状态。状态是指你在这个结构外形确定了以后，整个身体的状态。你摆的架子、结构如果不对，可能越站越泄气，越站越萎靡，所产生的状态是不对的。正确的站桩状态，就是虽然静立不动，但是越站越精神抖擞，有时候很疲劳，去站几分钟的桩，马上觉得神清气爽，这就是一个良好的状态。在站桩的过

站桩中内气自然流畅运行

程中,不能死气沉沉,又不能很兴奋。站桩的过程中思绪纷繁,兴奋起来就静不下来也不行。站桩的状态用两个字概括,就是"平和"。

第四个要素是内气。你练站桩有了合理的外形,有了科学的结构,产生了一种很好的状态,内气就自然而然地生发,这叫自然萌动。大家记住一定是"自然萌动",不是强努的,自然萌动的是真气,强努的是浮躁之气。不是说你使劲地拿意念去引导,就能引出来的。无源之水不活,要天然的、自然生发的,叫"天一生水"。站桩过程中一定要自然,千万不要憋气,不要有怒气,否则就失去了站桩的本来意义。

有的人强求、故意去求去找那种感觉,找那个内劲、内气。一听说别人有感觉、有气感,就焦虑自己为什么没有,就拼命去追求，这就偏离了站桩的核心要领。站桩，我们不要去强求，强求是站桩的大忌，要让一切油然而生。《黄帝内经》里面说上古有"真人"，什么叫真人呢？真人就是自然而然的人，自然状态的人，不放纵欲望的人，干净的人。我讲过练站桩的人应具备的品质，就包括发自内心的自信、乐观、自强，有品位，还有就是朴真。

第五个要素是神意。站桩颐养神气，用意练意。意为主帅，会用意，则桩充满活力、灵动，能养神气；则人神完气足，生命力充沛、旺盛。神意是什么？就像天降甘露，整个人滋润下来，从躯干到骨骼，到肌肉，到血脉，一注入，整个人就鲜活起来。站桩就是"独立守神"，中医十分讲究这个"神"，认为神居所，则人活。这一点难度更大一些，需要一步一步来。

这五个要素是互相关联、不可分割的，共同构成了一个桩的整体性。我们可以称之为桩的构成要素。不管你是什么桩，一个好的桩，站对了的桩，一定要具备这五个要素。

桩修：站桩的生命智慧

觉知力

觉知力

站桩要训练的第一种能力叫觉知力。

站桩首先要感知自己，然后才是改善自己。很多人在大多数时候，是没有关注自己的，也就少了很多改善自己的缘因。你感觉不到自己身体的存在，在忙忙碌碌中迷失了自己。等身体有了病痛了以后，才不得不感觉到自己，这实际上已经晚了。

平时我们的觉知是有"方向性"的，这种方向性带有强烈的主观色彩，比如我们对感兴趣的事情，觉知的能力就强一些，对不感兴趣的事情就迟钝一些。另外我们的觉知能力的强弱还会受到很多因素的制约，比如利害关系等。有利害关系的就会受到多种牵制，就会被"带偏"，没有利害关系或者利害关系少的就会觉知得透彻一些。站桩中我们要让身心处于干净的状态，摒弃外界干扰，提升我们的自醒、自省能力和自性，来增强一种圆融的、透彻的、纯净的觉知力。我们的觉知力不仅是对外界的，更重要的是向内的，是对自己身心的悟察。

所以我们在站桩的状态下，第一个要练习我们的觉知力，就是提升感觉到自己、知道自己、认识自己的这种能力，这种能力很重要，它包括了觉醒和知道。觉知力的提高要在静的状态中实现，日常的盲动中有很多干扰我们觉知的因素存在，这些因素就是枝枝蔓蔓，遮掩了我们身心本来的自然状态，给我们造成很多错觉，使我们偏离对自身的认知。站桩让我们回归对生命自然属性的把握。

觉知力既是预判能力，也是处理能力。这种觉知力是提升我们生命境界的一个通道。人有了这种觉知力，便有了强大的自我修补和持正的能力和能量。

混元态

有了觉知力以后，我们站桩就是要达到一种混元的状态。

混元态是什么？就是一种阴阳平衡且饱满的状态，就是内外如一的状态。气均匀地、浑厚地、柔和地运行。不骄不躁，没有焦虑、没有抑郁的这种混元态。

站桩中的混元态是活泼泼的，是流动的，是不断新陈代谢的。可以不断地有内省的新增能量出现。

站桩是由开始的"散"到逐步的"聚"，再到内在的"和"，从形的合到气的和，从肢体的静到神意的静，混元态逐步形成。

衡量站桩的质量如何，要看是否达到了混元态，这是一个重要标准。如果没有做到，那还是练到外，做到了才算练到内。

在混元态中，身体没有僵硬点，没有执着点，具有广阔的融通性，与自身和解了，也与外界融合了。不张狂，不卑责，有容乃大，无欲则刚。

混元态中内气是充盈的，身体功能也随着内气的增强而强大，并且有一种递增趋势。

在混元状态下，越站越有神，时间长短不是包袱了，而是享受。身体不再是负担了，而是宝藏。

混元态

空明境

　　空明境是一种境界，站桩对于调整心境非常重要。中医认为，人体百分之七八十的疾病，是由我们的情绪造成的，这也为西方医学和现代多学科的科学所证明。我们心境的变化会导致身心健康状态的变化。站桩中实现空明境，就是让身心达到一种纯净的状态，一种能量消耗最少、身体内部有序化程度最高的状态。

　　"空明"，一是要身空，身体无羁绊。站桩中身体处处呈现弧形，并保持着一种张力，一种阴阳相合的结构，这是使身体逐渐消除紧张、摆脱羁绊的一种充满奥妙的练习方法。真正的"空明"不是单向性的硬性的消除，而是多元化融合性的平衡，有乃为无，是真正的"空明"。保持我们身体的自在，同时具有高度的自洽。

　　"空明"，二是要意空，杂念不生。无序杂乱的意识会将生命能量逐渐消耗。空明是一种低耗能的状态，逐渐由自我转化到无我，无我不是放弃，而是获得高度自由的精神状态，对身体进行有益的反馈。

　　中国古人很早就提出了虚静养生的观点，这是"空明境"的理论缘由。老子说"致虚极，守静笃"，道出"空明境"的基本修持方法，而站桩是以有为法达到无为境的优选方式。内心是映照世界的镜子，心境的变化对身心的影响是长久的、深刻的，能空明，就是齐物，就能合道，拓开人的生命和自然契合的空间。

　　站桩的"空明境"和太极拳中的"无形无象，全身透空"异曲同工，都是由形入手，由实而虚，虚实结合，神形相合，以形炼神，以神养形。体悟了其中妙处，便得到站桩的真味。

空明境

天地流

天地的本质是流转，在不停运动，运动具有一定的规律性，这就是"流转"。流转的意思是有往复，所以有规律可把握；又有循环，有周期。对于人来说，最大的流转就是真气在周身内外运转，依照自然规律、生命规律而运行流动。

所以站桩练的就是在静中使得真气在体内流转得自然、流畅、充沛、循经。循经就是归位，各得其所。

流是什么意思？中国最早的哲学著作之一叫《易经》，易者变也，变者流也，流动、流转变化，有了"流"就具有了活力，没有流动就是死水一潭，流动起来才有生机，天地流转，真气流转。

我们人在天地间，人是一个小宇宙，天地是一个大宇宙，人和天地融为一体。所谓的"天人合一"就是流转，通过站桩把自己内气调动起来，让我们自身的"流"和天地之间的"流"合起来，应起来，共振起来。古代一些锻炼的方式，比如什么小周天、大周天，这都是注重人体真气流转通道的方式，也是古人通过实践使人体之"流"和天地之"流"沟通的实践方式。

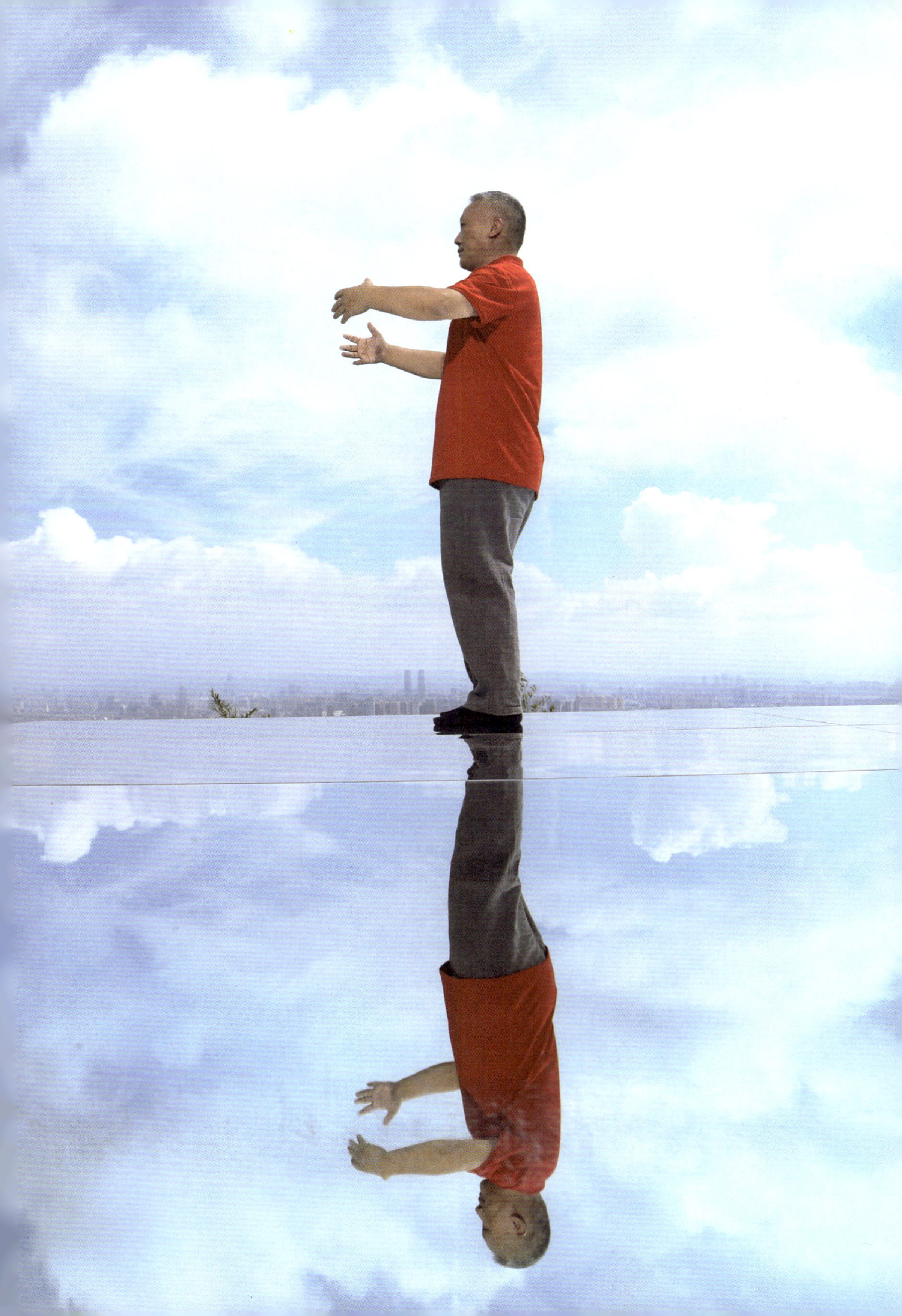

天地流转　阴阳互生

　　"我在天地间流转，真气在我体内流转，天地流转与我相应"，这是站桩的一个重要模式。"提挈天地，把握阴阳"的精义也就在这里，通过站桩练习，神敛意静，合于自然，与天地相通。

　　站桩中要使自己达到"空灵"状态，使得身体实有，并以"空"对接天地的"有"，这也是人和自然虚实相生的道理。

　　站桩练的不是封闭的我，而是开放的我，"其小无内，其大无外"，天地流就是焕发人与自然和谐的巨大生机。

桩架与桩态

桩架就是站桩的架子，这是站桩实践的第一步。站桩是个内外统一的练习方式，首先要有一定的外形，也就是我们所说的架子，和太极拳的走架一样，只不过站桩是静止的。

桩架正确与否，和练习效果密切相关，一些内练的效果都要通过一定的桩架来实现。桩架如同盛水的杯子，形状和内容是一体的。太极拳中有"走架行功"一说，在站桩中是"立架行功"，架子的质量如何，直接关系到行功的效果。

在桩修的课程中，我们会不断升级，讲解桩修的很多内在要素以及它们的练习方法，但我们始终不能忽视桩架的作用。有些人存在一个误区，认为站桩主要是练内功，架子不那么重要，觉得桩架摆得差不多就行了，不用下太多功夫。这显然是没有深刻体会到架子和内功的相互作用以及架子的效能。

桩态是站桩的状态。这个桩态既可感，也可见。好的桩态，旁人观之很舒服，中正、有气势，又自然、顺和。自己感到踏实、充实、舒畅、和顺。

所以我们站桩，特别是在开始阶段，要不断观察、校正我们的桩架，还要细心感知自己的桩态。校正包括以下几个方面的内容：

桩架是不是正？有没有明显的歪斜？如果歪斜，站时间长了会造成身体变形，影响脏腑的正确"归位"，造成内在的负担。桩架是不是散的？松松垮垮起不到很好的锻炼效果。圆不圆润？桩架不圆就会影响内在的抱合，桩架不能见棱见角，那样就会影响气的顺畅。桩态是否舒适？如果总是感到别别扭扭，就要找出

桩修：站桩的生命智慧

原因。桩态的内外是否都饱满：不能有懈怠感，要保持适当的张力。更重要的是桩态是否自然愉快：桩站对了，越站越有精神，越站越轻松自如。久而久之，通过站桩改变气质，人就会更加高雅、自信、坚定和从容。

桩态

桩修太极图

我根据桩修的理法和功技整理制作了一个"桩修太极图",把一些核心的要素融合进去。

该图总体分为两个部分,每个部分都是相合的。中间是一个旋转的太极图,既静止,又运动。中国传统养生术讲究性命双修,内外兼修。

桩修课上讲解桩修太极图

桩修太极图周围有两排字,我们讲是一个字一个字地讲,但是每个字当中都是你中有我,我中有你的。这六个字是站桩的"六妙法门",不是说只做到一个就行,而是整体性地贯穿在站桩当中,我们来逐一了解一下。

"松"字,练习太极拳也好,站桩也好,首先要松,婴儿刚出生时的状态是彻底放松的,状态就是内外没有障碍的。但是随着我们后期很长时间的劳作以及生活各方面的习惯形成，身体逐步有了不同程度的紧张感。所以站桩的第一步是要练松。在站桩时，各个关节都没有死弯，有变化也是圆转的，这就是松开关节，松开肌肉，更重要的是松开经脉，松开意识，松开状态。

"圆"字，站桩不管是外形和内在，都是圆转的。站桩如果哪个地方出现了死角，就不对了。比如这个要领，站桩讲究敛臀，臀部不能后撅，因为撅起就会出现一个死角，影响大小周天的运转。臀部一敛，尾闾内收，会阴穴跟百会穴就上下贯通了，领一身之正气。这个"圆"字很重要，在站桩过程中要处处体现圆，比如撑抱桩中，我们的手掌、手指也处处都是圆形，每个手指缝里边也是圆的、长的弧形；腋下也是圆的，不能夹得太死；膝盖微屈，也是圆形。圆还不光是从外形上来理解，它更是指一种圆融的状态，这种状态更重要。

"合"字，是一种整体性的状态，是构成系统每一部分之间的连带、对应、感应的关系。站桩时身体的每一部分都是合的，即使无极桩两手垂立在侧面，它也是一种合。在形体上要合，内劲上要合，更重要的是在神意上要合，抱在一起。

每一种桩在形态上检查，都要符合这三个字，做到了，站桩时内在的气机才能启动。

我们再看桩修太极图的下面三个字，静、守、运。

第一部分　桩法自然

桩修太极图

　　"静"是指你的神意，包括我们说的心性。现代人常有很多浮躁的点、浮躁的时段和浮躁的状态。人若不静，就会给我们带来很大的损耗，人不能静，心智就会蒙上灰尘，内在的气血就会受阻碍。真正的静不是什么都不想，如果那样就简单了，比如站桩里边也有冥想的成分。静是一种高级的动态平衡。我们知道初学开车的司机握着方向盘就很紧张，手紧张，眼睛盯着前方也很紧张，这就是没有松，没有静。有经验的老司机就相对松、静多了。站桩是一种若有若无的"静"的状态，静中有动。

　　站桩还有个要点是"守"。我们平时散得太多，各种状态中散出去的东西太多，没有守住，收不回来。《黄帝内经》中有一句重要的话叫"独立守神"，神是要守住的，站桩就是帮助我们守神。很多人日常状态中，神是处于游离的状态，脑能量都浪费了。我们看到一些朋友在练太极拳时也处于一个游离状态，那就是没有守住神。如果练拳没有守住神，就练不出来内在的感觉，养不了这口气。即使练了这口气，如果守不住，随练随散，拳也是"空架子"。所以我们在站桩中一个重要的训练内容就是"守"，守中用中。守可不是简单地把意念放在某一处，更不是用意念使劲想着某一点。这个"守"是在恍兮惚兮，若有若无，空灵澄澈和松、圆、静基础上的守，这叫"守中"，不偏不执。

"运"字也很要紧，运什么？运气、运化。站桩要领一对，很快就会有内气的感觉，有了以后一定要给它运通。站桩是让自己内生出无限的生机来。古代把一种内气运转的模式叫作"河车转运"，就像过去的水车运水，圆转运行。练的内气要运到全身经脉，运到脏腑各处。站桩外形是静的，但本质上是动的，是生生不已之动。如果站桩一直站着，像个榆木桩子站在那儿，那可不行，它是内动的。很多人把站桩比作大树，大树为什么能存活百年千年？它可不是把木头砍成一个木桩放在那儿，它是植根大地、有巨大生机的，树的表皮之下是循环不断的生命过程。上边有枝枝叶叶繁茂，下面有深入地下的根脉。所以我们站桩要做活的大树，不要做死的木桩。所以"运"很重要。

桩修图中的这六个字，每个字我们在桩修课中都会详细展开来讲解。每个字彼此之间都有关联，每个字都内含太极阴阳平衡元素，又相互形成太极阴阳动态平衡关系。

站桩的模式

站桩要构建三大模式：

一个叫节能模式。

一个叫理气模式。

一个叫颐养模式。

节能模式就是减少耗能，要把能量花在有用之处。生命要维持正常活动，一定会消耗能量，我们消耗能量就要讲究效率。人的生命的能量在一定的阶段是相对固定的，消耗得越多，生命力越弱。效率越低，无用的消耗就越大，生命消耗得越快，健康状况就差，免疫力就低。所以节能模式非常重要。站桩就是帮助我们身体建立起自动的节能模式，这一点大家在站桩实践中会有所体会。我们在日常生活中，大脑活动，包括一些情绪消耗的能量比重很大，通过站桩锻炼，可以平静心态，减少大脑不必要的无序化活动，对生命的节能很有帮助。节能的核心就是"静气"。静不是不动，站桩是外静内动。太极拳的动中求静，也是静。

站桩的模式

桩修：站桩的生命智慧

理气模式就是调理内气。站桩要站活桩，不能站死桩。活桩就是让内气动起来，在动的过程中进行调理。调理有很多方法，比如循经行气的方法、大小周天的方法、呼吸的方法、意念导引的方法等等。我们在桩修课程中会讲太极桩，这也是通过太极拳的式子结合站桩进行理气的一种方式。站桩的核心之一是"以静致动，静极生动"，由静中生的动才是生生不已的动。所以站桩不是简单的一站了事，身体内在有很丰富的内容。我们在桩修课中还会介绍"延年九转法"等练习，也是让大家增强理气的感受。如果站桩没有内气的循动，说明桩效还没达到。

静气养桩

要颐养就需要静，我曾经写过一副关于站桩的对联：

桩内存知己

静气颐天机

什么叫"静气颐天机"？你静下来，气才能养你，不静，气是养不了的。站桩、练太极拳，不能有躁动之气，更不能有火气、戾气。有的人练太极拳练了很多年还急躁，沉不住气，甚至老想着打人。你可以有技击的能力，但是不要常存打人之心。这就是为什么太极拳讲究以静制动、上善若水。养好了自己才会发现自己真正的美好，发现独一无二、不可取代的自己。现在社会上经常讲"成功人士"，成功不一定要用金钱、地位去衡量，真正的成功是你拥有健康快乐的人生，做不到这一点，就不能算是真正的成功人士。

站桩的这三个模式是我们练习的作用，也是方法。

桩修：站桩的生命智慧

站桩三诀

第一诀叫"托放诀"，第二诀叫"经纬诀"，第三诀叫"曲直诀"。接下来以托球桩为例说明，其他桩也是异曲同工。

第一诀叫托放诀。托放诀是什么意思？就是有托有放，托放结合，托放一体。我们在站托球桩的时候，两手向侧面打开，往前抱合，托放诀就是托中有放、放中有托、托放合一的感觉。

托球桩托得不要太高，高了托起来有点累；也不要太低，太低，手腕会出现转折的死角。两手弧形圆转，中间合抱。

托放诀有上托之意，犹如两只手各托一个球，轻轻地掂一下就能感觉到。两只手向外拉也拉不开，往中间合也合不上，有这种气感。放松往上下托、掂一下，感受这两个球，一手一个，两

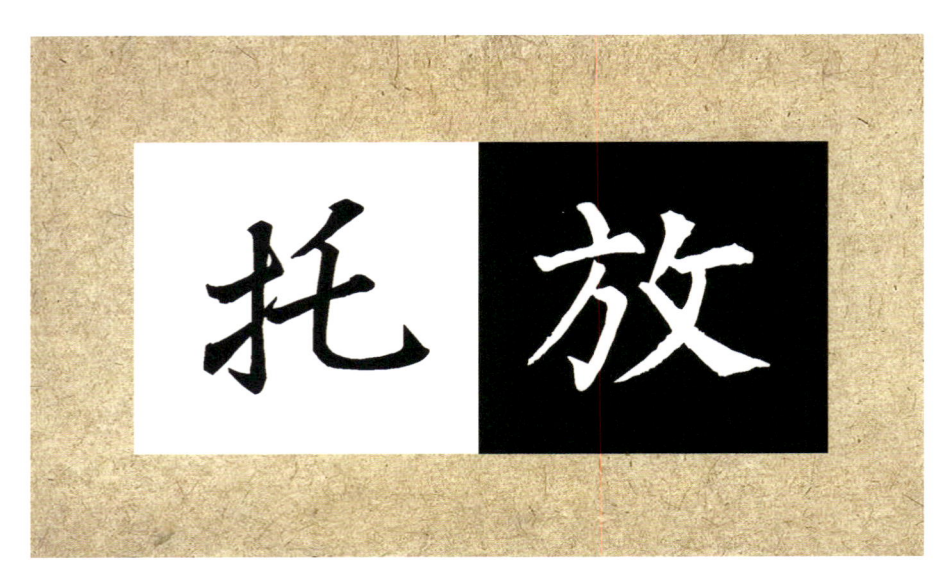

托放

第一部分　桩法自然

经纬

手指缝里边犹如各夹一串小球，别让它掉了，也别夹碎。托中要有放，沉下，放松，安放在一个合适的位置。如果两只手过于懈怠就不是放，懈了，气就散了，这就是放得过头了。

"合适"是一个中间状态，既有托又有放。放下便自如，托起来有内容。能放得下，能拿得起，这就是中和，守中用中。放很重要，放不是放弃，不是懈掉，而是放中有托，自如的状态。

第二诀叫经纬诀。我们学地理的时候学过，地球有经度和纬度。经度为纵，纬度为横。人也有"经纬"。

我们站桩时候抱的圈，外形是横的圈，实际上也有纵的含义在里面，是横纵相感应的。

两臂缓缓打开，直接感受这个圈。手形保持不变，打开了再合上，这是一个立体的圈。两只手之间形成一个圈，两个掌臂之间、两个腋下、腹部都形成圈，这些圈相连、相应，就形成了一个个纵向的圈，九曲连环就是圈的对应和感应。一纵一横，经纬代表纵横立体感，这里是借用地理学上的概念。中国古代讲经天纬地，练站桩就是经天纬地，把自己装在大自然中，把大自然中的经纬和自身的经纬相连接，相感应。

经纬诀就是体现桩的立体性。任督二脉是立体的，人站桩的时候和天地之间要画一个圆。前边跟无限远处的天地连接，后边跟你的无限远处连接，是一种经纬的纵横交错，形成混元一体的感觉。每一个桩都不能只是平面的，要找到桩的立体感。整个人沉浸在大气当中，它是个立体的场，就像千年的树根深入地下，上边笔直，整个的枝叶蓬松舒展，站桩一定要站出这种气势来。

站桩各个诀之间是相互交融的，托放之中有经纬。

第三诀叫曲直诀。曲直诀就是站桩的形态中有曲有直，曲直相合，互为支撑。

膝盖微曲，这是腿的弯曲。弧形环抱，这是胳膊的弯曲。敛臀圆裆松胯，这是身体中部的弯曲，等等。

上身要松直，虚灵顶劲，是上面的直。身体要有挺拔之势，这是身法的直，等等。

练习中可以先蹲得低一点，再稍稍站起来一下，感觉一下曲直的变化。大腿要有张力，但是不能有明显的负重感。有的朋友练站桩时间长了，会觉得腿有点重，那就蹲得高一点。口诀是我们练习当中的要领，具体要在练习中体会。

头顶百会，下颌内收，圆裆松胯，把尾闾稍稍往后敛。不要

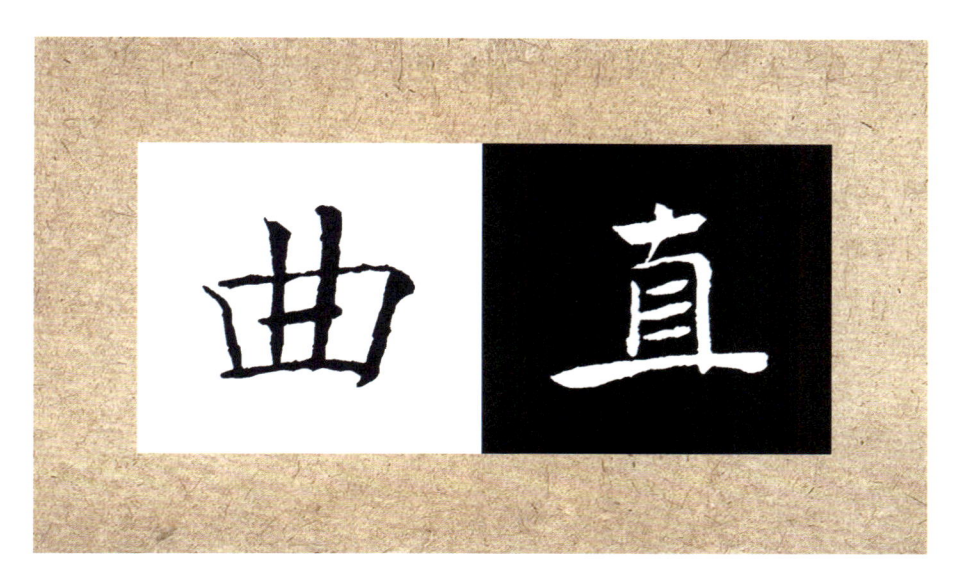

曲直

太挺，放松呼气，但不能窝着，依然很挺拔，很气宇轩昂，这样来回找一下曲直感。

人体的脊柱结构就是曲的，中线必须中正，中直松直，这个直就是一股中气立起来。立起来了，才能"独立守神"，先直，然后曲才能守住。

每个桩在这三个诀中都会有不同程度的呈现。

桩修：站桩的生命智慧

桩之初，性自然

太极拳的很多东西都是道法自然的，抱虎归山、金鸡独立、白鹤亮翅这些拳式就是这种思维的体现。当然它不是简单地模仿动物的外在形态，而是有更深的生物学理念、生命运动学理念在里边。

杨澄甫先生金鸡独立　　　　　　吴鉴泉先生白鹤亮翅

站桩的第一原则就是自然，因为人的生命就是一种自然的存在，是在大自然中经过进化、淘汰而生存至今的，生命的第一属性也就是自然。

一年四季的变化是自然，二十四节气是自然循行的一种体现。古代一些内修理法强调"后天返先天"，这个先天说的也是自然状态。

　　站桩、练拳的一切要领，都是方法、是途径，都是在帮助我们返回生命的自然状态，在那种状态下，人的潜能才能得到充分发挥，人也才能真正感受到生命的愉悦和本原。

　　人刚出生的时候，天性是自然的，状态也是自然的，那是一种没被"污染"的状态。在后天的漫长过程中，由于种种原因，人逐渐变得复杂，越复杂就越脱离自然。我们看待社会时，往往从自己的视角，这就不一定完全客观，逐渐会增加很多的欲望和要求。

　　站桩就是还原一个清清爽爽、轻轻松松的自己，卸包袱，去杂质，见天地，见众生，见自己，见自性。这个自性是自然的，通过站桩归还一个自然的自己。

　　站桩的所有要领中，如果违反了"自然"这一大原则，就要做出相应的调整。因为每个要领都不是一成不变的，在不同阶段，表现形式有所不同。

　　所以，我们在桩修中会专门讲到一个专题——"桩内存知己"。

桩修：站桩的生命智慧

站桩是养自己的"风水"

古代所讲的"风水"，有一些是有封建迷信因素的，应该加以辨别，批判地看待。有些内容，依照现代的观点看，就是环境地理学，应从科学角度加以分析。依照中国传统的理论，人也是有"风水"的，这个所谓的"风水"就是人体内环境。中国古人建立的五行、八卦等系统论的思想，把自然万物分类，这种分类法也应用到人的身体上，于是人体也有了五行、八卦，也有了金、木、水、火、土，也有了天、地、山、水、风等。

站桩就是把人体的这些相关因素调理和谐，使之完整一气，使之产生互相补充、互相扶助的正能量。补不足、去有余，并形

在大自然中站桩

成高能共振。

所以站桩也是养风水，养自己的风水，通过内养自我提升，这是最彻底地改善自己生命结构的思路和方法。通过站桩，把身心的风水调整到最优的状态。人体有五行，有八卦，有阴阳，自然万物在身体中都有对应，我们站桩时也可以根据条件到大自然中去站，去养。

人体"风水"中有不同的元素，有实体，如筋、骨、血、肉等，也有看不见的功能元素，包括经络、穴位等。惚兮恍兮，其中有象，恍兮惚兮，其中有物。这个物不是实体，而是精气神，是我们身体风水中最重要的内在元素。

全面、均衡地锻炼，综合调配好各种内外因素，这是站桩的大格局。

桩修：站桩的生命智慧

上善若桩——桩修

我们讲的这门课程叫桩修，包括站桩的要领、理法，但又不仅仅是站桩，是以站桩为核心技术架构，融合了武学、国学、科学和文学艺术等多种内容，都是围绕着生命质量的改善和境界的提高这一主线的，是中国古人关于生命智慧的成果。

我们大家知道，《道德经》中有句话叫"上善若水"。桩也是水，水代表一种柔和的力量。桩修的很多原理跟水也相通。同时站桩对改善和享受生命有着非常重要的积极作用，如同水滋养我们的生命。

无论我们多大年龄，是小朋友、青少年、中年人还是老年人，始终都要保持一颗童心，童心具有希望、想象力、生命力，始终保持如水般纯洁纯净，放松，保持激情。站桩就是立足当下，面向未来，享受生命。所以，在站桩中注意体验它的"水性"是很关键的一步。

桩修讲的是一门课，不是一个简单的技术培训，不是简单地讲一些练法，所以要科学化、系统化，还要实用化、层次化，这是桩修体系的要求。整个体系也会环环相扣，相互呼应。有些内容会在不同阶段反复出现，但都不是简单重复，而是逐步深化。

站桩要达到一种喜悦的状态，这个是很宝贵的状态。一个人可能有财富，有地位，但是不一定喜悦。我们很多东西可以没有，生命当中不能没有喜悦。有了喜悦，你才能真正享受生命、理解生命，生命对你来说才是一个美好的旅程。没有喜悦，整天愁眉苦脸，整天被不良的情绪包围着，生命就是一种折磨，一种痛苦。所以能够享受生命的人一定喜悦。尽管我们面对纷繁的世界，经常有各种压力、焦虑，甚至有各种坎坷和不如意，但是我们要在内心深处保留这份喜悦。

第一部分　桩法自然

要达到喜悦的状态，身体和精神方面的因素同样重要，一方面要炼神，另一方面还要修心，形神兼备，同步发展。在桩修中我们强调要练、要悟，还要修。

桩修是身心修养的系统工程

我们通过桩修实现这种喜悦的触动。

自信是对生命的逐渐理解，使得生命逐渐变得美好、变得健康，也使我们跟自然更加和谐。很多训练方法比如读书等，都有助于建立自信。但是真正的自信一定是你自己内心感到了一种踏实感、一种安心感，是对自身能力的一种透彻了解，对你身心状态的自我触摸、对内心的自我触达，这就是太极拳论中所说的"知己"的功夫。有了这种深层自信，我们才能够坦然地面对自然，

49

桩修：站桩的生命智慧

面对社会，面对家庭中出现的很多问题。

我们通过桩修实现自信的触达。

沉静为站桩的基础。我们会在桩修课中专门讲"沉静的力量"。没有沉静感，拳架子再漂亮，劲力发得再通畅，最后的气不稳，太极拳的水平也不能算高。这时候你可能越下功夫，效果就越不明显，甚至有些副作用。桩修修的也是沉静的功夫。

为什么叫桩修？就是强调除了站，除了练，还要有修，这个修包括技术要领的修、功法的修、心法的修、涵养的修、眼界的修、生命境界的修，等等，是一个综合的修。这个修是跟技术的练习密切相关的，不是可有可无的，也不是说说而已的，这就是中国文化的奇妙之处，文化在这里是落地的，不是抽象的。

桩修是一个知行合一的过程，我们在上课时既有教学讲解，也有练，有体悟，还有一些国学、科学的分享，修是一个综合的、立体的结构和过程。

孙禄堂先生在论述武术的时候强调，武学的高境界就是"技进乎道"，技术是基础，道有更大的包容性，道使得技术更加深化，

直播讲授桩修课

更好理解，更好执行，更具效能。

桩修是一个系统的体系。它是融我们的武学、国学、科学为一体的系统工程。

第一部分是功技，功技主要包括四个方面：起、安、站、运。起桩，我们桩修体系里边特别强调的就是起桩。每个桩不是上来就站的，它是有规矩的，动则有法，这个起很重要，是把气调整到一个相合的状态。然后安桩，安稳安放以后才是站桩，之后是运桩。运桩有静运法和动运法。第二部分是理法，包括阴阳、五行、八卦、天人观、精气神等理论。第三部分是国学，包括诸子百家、儒释道……著作有《道德经》《易经》《黄帝内经》《孙子兵法》《论语》，等等。第四部分是科学，包括物理、化学、生物、医学、心理学等现代科学。

八大山人书法"修"

桩修这门课的特点就是学习站桩的技术、理论和文化，同时提升对生命境界的理解，更能感悟我们几千年来中华文明的璀璨。

第二部分 独立天地间

无极桩

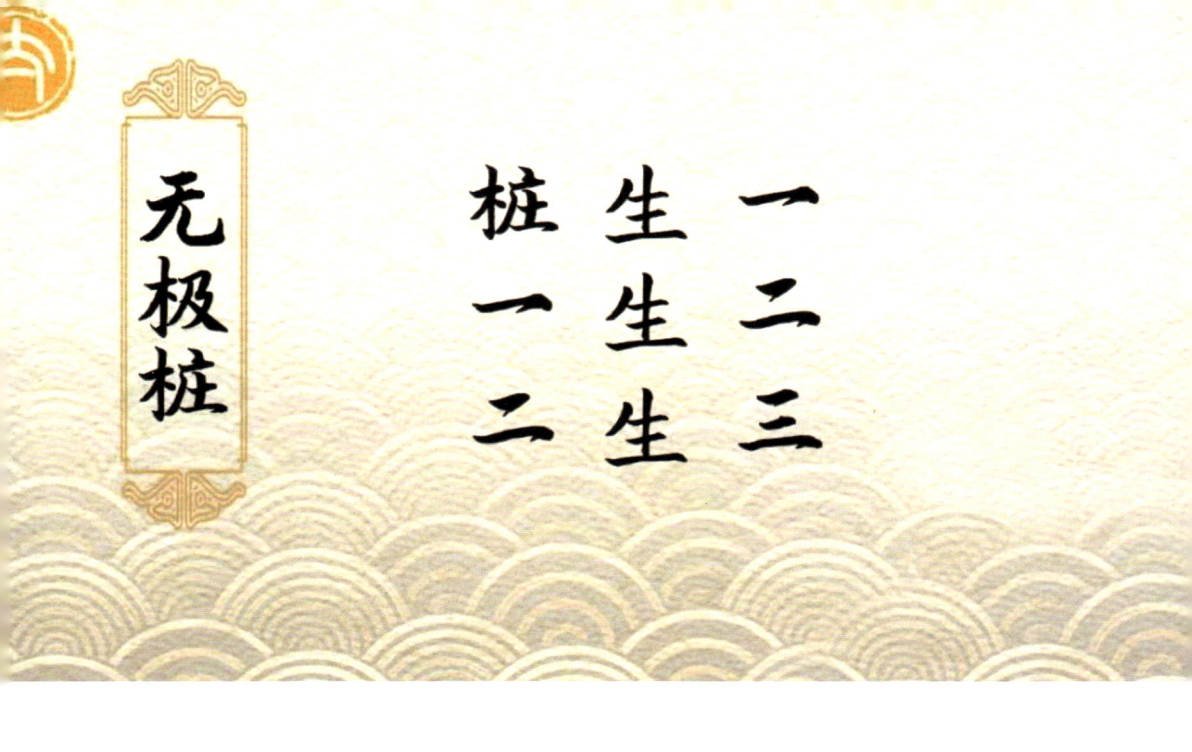

桩生一
生二
生三

桩生一

刚开始练站桩时，我们一般先站无极桩，由无极生太极，太极就是阴阳合一，就是"桩生一"。这个"一"就是混元态，阴阳平衡，互为其用。然后"一生二，二生三"，大家看看是不是很熟悉，这就是《道德经》"道生一，一生二，二生三，三生万物"在站桩中的应用和具体化。

桩生一，一就是你的外形、你的体，就是状态、体感等。"一"是可感可知、易感易知的。

桩生一要从无极桩练起，无极桩被称为"万桩之母"，它跟我们讲的几个桩都密切相关，主体功能是一样的。无极生太极，太极生两仪，对于太极拳来说，这个桩，特别是桩态很重要。

桩生一，要有鼓荡，有生于无，真正的"有"是内动。从桩态生发太极状态，就会形成自然的内动，实现太极拳的内练。

桩修课上讲解"桩生一"

桩生一

很多人练不好太极拳，或者练了多年却没有内在的感觉，就是没有进入无极状态。练太极拳不管站不站桩，都要先进入无极状态，然后再起式。拳就是阴阳相合，动静相生，由一生二，"二"就是"一阴一阳之谓动"。在"桩生一"的过程中，我们先把外形、状态、体态、体感、气感练好，然后由一生二。

"二"就是阴阳，阴阳就是太极。由无极桩开始，一抬手一起式，这就有了阴阳，所以就是二。练太极拳过程中，要明白阴阳元素，知阴阳，懂阴阳，在"二"中合一，就是阴阳相合的动态平衡状态。

其实在"桩生一""一生二"中间还有一个状态非常重要，就是"一生零"，零就是我们讲的"空明境"，你先要虚空，身体干净了，把杂念去掉了。

太极拳传下来一个《授秘歌》，以前是秘传的，现在都公开了。上来第一句就是"无形无象，全身透空"，这就是"零"的状态。通过站桩实现归零、清空、格式化，让身心更纯净，是我们现在经常讲的"再出发"。

四点如钟　两面如弓　三线如松

"二生三"是什么？"三"就是天地人合一了，就是我们讲的天地流转。通过站桩、练拳，由技入道，在桩、拳中体悟、理解，实现天人合一的理念和境界，体悟生命的精妙。《黄帝内经》中说"提挈天地，把握阴阳"，提挈天地就是这个"三"，三生万物就是人在自然当中的一个状态。人作为一个开放的系统，实现身体内循环和外循环的统一，不断地吐故纳新，并且不断提高与自然界和社会的和谐程度。练了站桩以后你再去看《道德经》，包括《黄帝内经》《孙子兵法》《易经》这些经典，会有完全不一样的更深入的感觉。所以我们通过站桩，会对中国传统文化有一个更深层次的理解。

三线如松

站桩先要掌握一些核心要领，把身体的形态调整到优化状态，有几个要领是贯穿于所有桩里边的。

第一个要领叫"三线如松"。

站如松，不挺直，但挺拔。站桩中人体三条线，要直，要松，要对应。头顶百会穴和两腿中间会阴穴连成一条线，这叫第一条线。第二、三条线是左右肩井穴和涌泉穴的连线。这三条线要像松树一样，上下对应，上下贯通。

头虚虚领起，不要使劲往上顶，把下颌微微内收就行了，下颌一内收，百会穴自然就向上松领起来，而不是强顶，是虚领顶劲。头不要低得太厉害，也不要扬头、趾高气扬的。舌抵上颚，把舌头放平，不要使劲拿舌头往前戳。把舌头放平了，一闭口，它自然就顶住上颚了，都是自然的状态。

会阴穴松开，要圆裆松胯，裆不能夹得太紧。两肩上的肩井穴分别对应左右脚的涌泉穴，这个对应不是用尺子量的，一定得垂直、笔直，而是意态对应、气感对应。

两肩放松，肩井穴对涌泉穴，重心稍放低。每个人体形不同，幅度也不一样。但重心千万不要太靠后，重心太靠后了，脚跟容易抖动。重心可以放在两脚中间或者稍稍往前一点都没关系。

三线如松　马向东演示

"三线"找好了，就把身体躯干、两腿位置放好了，再根据不同桩的要求找双臂、双手的位置和感觉。比如无极桩，两肩放松，两手含露松垂，每个手指指尖感觉如同含着一个个水滴，自然地垂下，在身体两侧，很放松。

臀微微地内敛，膝盖微屈，不要蹲得太厉害，但要有明显的屈的感觉。我们放松站立的时候，腿有个自然的生理弯曲。稍稍地再往下一点，这样，身体就好像一个气球，站对了就是充气的状态。

三线如松，外挺拔，内虚灵。

两面如弓

站桩的另一个要领叫"两面如弓"。

"两面"既是指两手之间,又不局限于此。两臂和后背之间也是"两面"。比如两手环抱于体前,有外张之劲意,如同拉开的弓。这种"弓"的劲意使得站桩保持一种充盈的感觉。"如弓"就是开张、饱满,又是弧形,又不僵直。手掌是张开的,手臂环抱时要拉开,但是还不能拉过头,拉过头就"绷断"了。所以它既要饱满又要圆润。物理学上有一个概念叫"弹性限度",超过弹性限度物体

两面如弓

就会变形。站桩中，两面的弓开的幅度也要适度，拉得不充分，形、气就是瘪的，气不通畅；拉得过大，形、气就紧了。所以"两面如弓"第一是要拉开，第二是肢体彼此之间保持有弹性的张力。

每个桩"两面如弓"的表现方式有所不同，要根据桩形要领分别对待。比如无极桩的两只手，虽然下垂，但也有张力，垂在身体两侧如弓。抱球桩两只手之间如弓的状态更明显。按球桩，手掌和大地之间也是两面如弓的状态。托球桩，手心和天空阴阳对应，状态也"如弓"。

每一个桩，都有身体的外接面和它相对应的面，面与面之间都有"如弓"的关系，这样，身体就是一个松松撑开的充盈体。

四点如钟

站桩还有个要领叫"四点如钟"。

站桩要稳如钟。古代的大钟有传递、报知时间的作用，也有祭祀、礼仪、祈福的作用，造型精美圆转，稳固从容。外形稳，中间通。

这里的"四点"是指四个部位，不是具体局限于四个点。

第一点是丹田。丹田的概念很复杂，也有多种说法，这里指小腹部位。站桩的时候，小腹要自然放松，沉气。站桩的很多要领是相关联的，只要腰胯放松不紧绷，圆裆，自然微蹲，小腹就会松下去。同时意念稍稍守一下丹田即可，不用使劲去想。丹田沉实是整个身形稳固的基础。

第二点是下颌。我们刚开始站桩时不过多讲百会，因为百会为诸阳之首，如果一开始把注意力集中到百会，容易使气往上涌，造成头晕目眩。所以我们这里讲下颌，只要下颌内收了，百会自然领起。

第三点是夹脊，后背夹脊。夹脊是一组穴位，从第 1 胸椎开始，一直到第 5 腰椎，后正中线向两侧约半寸，每一侧有 17 个点，两侧就是 34 个夹脊穴。夹脊穴展开支撑起了人体中部的主干，并且靠后。夹脊要松开，与前胸形成涵容、饱满的气机空间。站桩内练中的"藏心于背"之说，就是人体中部要松、张、展、合。夹脊也是内气运转周行的重要通道，"夹脊双关透顶门，修行径路此为尊"，太极拳的"气贴背"练法与夹脊密切相关。周天行气中夹脊也是重要通道。

第四点是膝盖，重点穴位是足三里。两腿膝盖虽然是两点，但因为是人体的一个部位，所以我们把它作为一点来讲。

桩修：站桩的生命智慧

站桩四点如钟　谢永广演示

所以这上下、前后、左右的四点对应，构成一个钟。

在站桩的时候，这四点构成一个相互对应的整体结构，饱满、圆润，有张力，有流畅性，稳定但不呆板，有容量，有活力。

第二部分　独立天地间

桩修课上讲解"身心五松"

身心五松

要修好身，先要做好五松，就是心松、眉头松、口松、腰眼松、膝盖松。

一要心松。心松是最关键的，就是首先精神、意志、意气要放松，不能紧张。所以如果大家处于一种特殊的精神状态，就不要去练。练桩修、练太极的过程也是调节心境、逐渐放松的过程。

二要眉头松。眉头不能皱，站桩眉头一皱，就把心给锁住了。有句俗语叫"才下眉头，却上心头"。眉头一锁，手也紧，心也紧，腰也不松了，一皱眉，全身都紧了，气是憋住的。眉头一松，舒展开，胸也随之打开了。所以站桩时不要紧皱眉头。

三要口松。站桩的时候嘴不要噘着、撇着、紧紧合着，这样容易紧张。舌抵上颚，就是轻轻地闭口，不要使劲抿嘴，舌自然平放，不要用力翘起来，也不要使劲去顶上颚，自然状态就是对的。

桩修：站桩的生命智慧

嘴唇轻轻地合住，放松即可，嘴唇一紧，下巴也不能放松；下巴一紧，喉咙、百会穴也会紧，跟着肩井穴也会紧。

四要腰眼松。腰为枢纽，一身之中枢。松腰眼的要领在于做到圆裆、敛臀、松胯，让身体中部保持松直。腰眼紧绷，整个人就断掉了，如同铁板一块，这不是整，而是僵，全身气不通。

五要膝盖松。站桩时膝盖不能绷得太直，一定要有曲度。曲度的大小可以因人而异，太直或者太过弯曲都做不到膝盖松。太极拳、八卦掌的很多步法都要求膝盖松。比如八卦掌的趟泥步，也是动桩，就要求膝盖松，这样步子才能迈得开。膝盖松了也有益于腰部的放松。形意拳也一样，"劈崩钻炮横"，膝盖松了，整个身体的劲儿才能发出去，蓄劲如弓，松了才有弹抖劲。

身心五松

站桩的数字密码

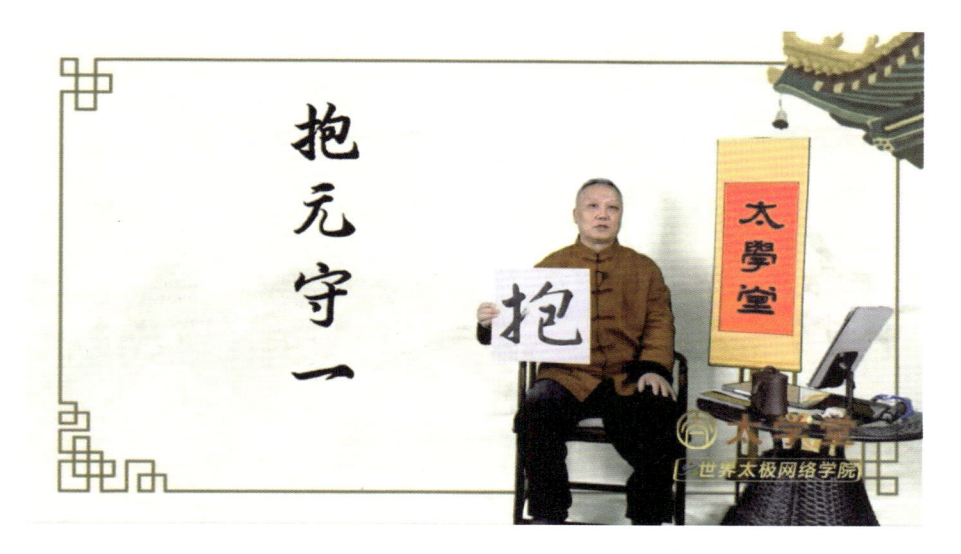

桩修课上讲解"抱元守一"

数字一的密码。

这个"一"竖起来就是站桩,顶天立地的一个桩。"一"就是抱元守一,两手相抱就是要一团神气。在各种桩中都有"抱",撑抱桩中的抱比较明显。自然桩中两手在身体两侧,相应如弓。身体要抱成一团,没有一块是游离的,没有一块是分离的。

整个身体是一个大家庭,是一个有机的、高精密度的、系统的整体。这个整体就是这个"一",就是阴阳合一这个整体。首先是身体要抱,而后就是神气要抱,要抱成一团,神气不能散。如果眼睛空洞无神,神散出去了,或者眼睛使劲盯着前边来的一只飞鸟,也不行,你看着远方,在那儿天马行空、胡思乱想,这个也不行,这都是没有抱住。所以抱要把形抱、气抱、意抱、神抱相结合,就是把一团神抱住,这就是抱元守一。

桩修课上讲解"二向不争"

数字二的密码。

二就是阴阳。一生二，生出了阴阳。站桩和太极拳练的就是阴阳相合。我们在撑抱桩中讲了"二向不争"。这个"向"是什么，也是两极，不仅仅是方向，还是两种属性。在撑抱桩里边有外压，也有内压，所以叫"撑抱"，这叫二向，也叫阴阳。阴阳不争什么意思？不是在静止、有限中去争，而是动态平衡；不要去争，向更广阔的空间、维度去找平衡；不是互相损耗，而是互相支撑、找平衡。

数字四的密码。

四梢相应，手梢和足梢相应。站桩的时候，人体如同一个气球。它有一个边际。这四梢就相当于我们的大门，四梢相应就如同把大门把住了，手指、脚趾间像有电流一样互通互联，形成一个回路，并且构成一个横向和纵向交叉的圆球。把梢节稳固住了，好比大门守好了，相应的气就圆了，就好像一个气球充气以后，这个球就饱满了。

第二部分　独立天地间

　　做到四梢相应，将来打太极拳，气运全身就能鼓荡起来。一个搂膝拗步，脚自然地往前、往中心一移，脚一落，两个脚尖踏稳，逐渐以腰带胯、带肘，整个儿旋转转腰，四梢气就有了。站了桩以后，将来你一动，白鹤亮翅往上一亮，就是一个四梢相应的状态，上手外撑，下手下按，左右手掌之间互相感应，互相连带，左右手掌与左右脚之间也有对应关系，周身浑然一体，一处动，四梢皆有感知，这样就实现气血周流全身了。

　　数字八的密码。
　　支撑八面。古代以"八面"指代各个方面。支撑八面，是身体各个方面都有支撑。站桩是外挺拔，内轻灵。含胸不是缩胸，

太极拳的"白鹤亮翅"　陈骊珠演示

不挺即为含。肩胛骨要张开，手张开，很挺拔。在"含"中有八面支撑之势。站桩一定会越站精气神越好，气质越好。人很自信地往那儿一站，站桩就是这么一个范儿，桩范儿。

桩范儿就是既不张扬，又挺拔张开；不飞扬跋扈，又不萎靡，也不自卑。太极拳论上说"我守我疆，不卑不亢"，自信从容大气，这就叫桩范儿，有了八面支撑才有真正的桩范儿。

数字九的密码。

九曲连环，代表身体一个一个的弧形。太极拳是弧形运动，是动态的。站桩也是弧形运动，外形是静态的。"九曲"指代身体九个主要的弧形结构，把握了这些弧形结构，主要体态就确定了。但这里的九还有一个意思就是多，中国古代往往以"九"来表示数量很多，其实站桩时身体的弧形结构也不止九个，处处弧形，既具有张力，又通达流畅，就是纵横交错的弧，横的弧，纵的弧，这样的弧如同一个个感应器，接纳天地人的精华之气，滋养身体。

桩元论

大自然有各种元素，人体内也有各种元素。通过站桩所关联、激发的我们体内喜悦的、正向的能量元素，我们也可称之为"桩元"。

练站桩就是内练体内的能量，这些能量很多本来就储存在人体之内，但由于各种原因被压抑了、被削弱了。通过站桩，能调节人体的身心状态，把这些潜在的能量重新释放出来。还有些人的情绪能量，包括积极向上的、健康的能量，也能让它们发挥更主动的作用，消解不健康的负能量元素。

元

"桩元"包括阴阳两个方面的属性。

我们强调桩的混元是阴阳浑然合一，就是练这个桩元的纯度和强度。整个宇宙是阴阳相合的，阴阳合一谓之圆。

我们所有的站桩，撑抱桩也好，其他桩也好，站对了就是阴阳合一的。比如站桩中的掌，掌心向内叫阴，手背向外叫阳。而手背在平时又是阴，所以在桩中阴变阳、阳变阴，抱在一起，处处都是在一个阴阳合一的互变之中。

站桩中的很多要领，就是要构建一种阴阳相合的结构，这种结构一旦建立，桩元能量就会逐渐生发、积累、转运、应用。

这个"元"等于站桩里边的一个能量元素，就像我们日常生活中的各种科学元素一样。我们练站桩，使身体内充满了桩元这个要素，它是一个浑然一体的能量的概念。理解这个"桩元"的意义在于，在站桩中，从整体来说，人体要保持一种阴阳平衡的状态；从微观层面来说，每一个局部、每一个细小单元都要处于阴阳平衡的状态。一个个基本的能量平衡单位构成了整体的能量优化结构。这就要求我们站桩既有宏观的视野，也有微观的思维，就是"致广大，尽精微"。

专气致柔

老子《道德经》里边有一句话："载营魄抱一，能无离乎？专气致柔，能如婴儿乎？"这里面讲了"抱一"和"专气致柔"这两个站桩、太极拳、导引里边非常重要的锻炼方式。

"载"就是承载，营魄是一个词，相当于魂魄，我们的生命是承载魂魄的。魂主动，魄主静，我们一般连在一起讲，这也是传统养生的重要概念。"载营魄抱一，能无离乎？"这句话老子是通过反问的方式来强调。抱一就是你的魂魄跟你的身体要抱一。魂和魄，一个主动一个主静，魂魄跟身体抱一了，你才能在动中不躁动、不妄动，才能有静。在静中既不死气沉沉，不沉沦，又有生机勃勃的动，所以叫"载营魄抱一，能无离乎？"不要分离的意思。

专气致柔

桩修：站桩的生命智慧

"专气致柔，能如婴儿乎？"我们生下来元气最满的状态就是婴儿的状态，这里的"柔"有柔软之意，更是指"柔和"，不僵硬，很自然，很顺畅，很和煦，是一种温养的属性。"专气"就是自然地抱在一团，不散乱，不散漫。站桩、练太极拳就是要专气致柔，通过锻炼达到气的"抱一"，柔和如婴儿那样。"载营魄抱一，能无离乎？"就相当于太极，一动一静，一阴一阳，动中有静，静中有动，这是站桩的基本属性。

站桩中的"专气致柔"，首先要把身体各关节松开，身体肌肉不僵硬。还要使身形处于自然膨胀的状态，不能故意下坠，更不能耸起。身体柔和了，情绪还要保持柔和，心神不荡漾。在身心达到柔和状态时，内气运行柔顺，不淤堵。站桩是一种"弹性状态"，这是"致柔"的基本保障。

"去僵化柔"在站桩的动态中似乎更好理解，但是在静态中需要更加深入地从内在去体会这个"致柔"的道理和练法，了解了"致柔"，站桩的内练就大大进了一步。

对中国的很多传统经典，从不同角度理解也不一样。练了站桩，有一番体验了以后，再去看这些传统经典，又是不一样的感受。

柔顺见生机

第二部分　独立天地间

九曲连环

　　九曲连环是站桩的内在要领。什么叫九曲连环？就是身体在站桩时，如果站对了，应该有九个圆圈，九道弧，互相切换、互相交叉。这九个圆纵横交织，立体汇聚，形成一个有序化的圆转综合体，这叫"九曲连环"。

九曲连环

　　第一个曲，两个手胸前环抱，手臂保持弧形，如同抱着一个球。手掌掌心内含，两臂、两掌和圆含的胸构成一个圆圈。
　　第二、第三个曲，沉肩松肘，两臂也随之松沉下来，两臂上方在身体两侧构成两个弧形。

第四、第五个曲，两臂自然张开后，身体两侧腋下形成两个弧；两腋不可夹住，不能形成死角。站桩的要领中有一项"虚腋"，即保持腋下适度的空松，呈现弧形曲线。腋下松开后，腋下的许多经络就容易通，气就容易到达手上，实现"气达梢节"的锻炼效果。

第六个曲，圆裆。这是站桩中一个十分关键的要领。我们平时走路乃至运动中，裆部基本是夹住、裹住的状态，身体的众多穴位都是露在身体外面的，而裆部的会阴穴则是在内侧，它是人体精气神的重要通道。并且圆裆对于站桩中大小周天的运行也有关键作用。传统练桩的要领中认为，裆不圆，周身的合一劲练不出来，两腿无力，练习效果大打折扣。

第七、第八个曲，两个膝盖保持弧形；微微屈膝，幅度一开始不用过大，但膝盖一定要弯曲。两个膝盖如果是绷直的，劲气不畅，内力、内气就不容易到达脚部，足下无根，站桩不稳，不能实现上虚下实的桩态。

第九个曲，敛臀，臀部形成一个圆。平常的大部分时间，我们的臀部都是后翘的，站桩时要求臀微微向里收敛，和提肛、松胯相结合，可以对脊柱产生引拉作用，使脊柱松直，腰和腿实现一体化连接，气也能自然沉入小腹丹田。另外，敛臀可使臀部以及胯部和两臂环抱时，形成对称结构，使身体形态饱满圆润，气血流畅。大家可以尝试一下敛臀和不敛臀时两臂环抱的整体感觉，体会其中的差别和奥妙。

以上每个曲度形成的圆同步下来，互相交会，一共是九个圆，所以叫九曲连环。各个圆相互感应，形成一个环。

神意在体

站桩有几个重要口诀，比如下面这四句话，大家可以细心去体会、琢磨。这是老一辈武术家、意拳创始人王芗斋先生总结的：

神不外溢

意不露形

形不破体

力不出尖

第一句话叫神不外溢。中国传统武术、养生，包括中医都很重视"神"，虽然在各自领域范围，"神"的概念有所区别，但内涵大体一致。站桩就是要"抱"，神不能散。独立守神就是要涵住，不向外散。人只要神在气就在，气在意就在，生命力就在。神散了气就没了，生命力就衰弱了。"神完气足"向来是功夫的重要标准，所以站桩时，神要涵住。

王芗斋先生站桩照

第二句话叫意不露形。站桩有意念，但不能太重。练到高级阶段，意是若有若无的。站桩中形是静的，意在里面活动，不能通过形表现出来，表现出来了，意就漏了。就像太极拳，人不知我，我独知人，一搭手感觉到你劲儿动了，你的劲气在腰处走，直接打你的意点、力点，你就会失去平衡。形和意既相互融合，又不能完全捆绑，否则，就是太极拳所说的"双重"，就不能实现"意气须换得灵"。

第三句话叫形不破体。什么叫破体？就是体不圆了，破坏了

桩修：站桩的生命智慧

浑然一体的状态。比如站桩的时候，肘出来了，就是破体了；双手环抱的时候手臂张开太大了，拢不住气，也是破体了。如果膝盖太低，向前跪了，也是破体了。形是站桩的基础，外形必须符合桩法的要求，最基本的特征是含，是一个聚气的结构。如果破体，气劲就容易外泄。

　　第四句话叫力不出尖。不能有单一的、孤立的力点，所有的力都是复合的、有结构的，不能出"尖"的地方，整个身体结构在劲力上是处处对应、处处相合的。通常说的"外三合、内三合"也适用于桩。力如果在一点或者几点"出尖"，就减弱了整体的松张的状态，出现了极点，就不是混元的了。所以太极拳中称"劲"，而不叫"力"，是符合这种状态的。桩的基本的外形要求就是，人体保持一个统一的整体状态，严格来说是感觉不到"力"的。

　　大家记住：神不外溢，意不露形，形不破体，力不出尖，概括起来就是神意在体，这是我们几个重要的要领。做到了，就是"不二"。

空松自然

桩感、桩态的第一步是空松，站桩时的外形就是一种空松的姿态，如同杯子中间，如同大树张开枝丫。空松了才能给气血的流通、鼓荡以空间、张力和动力。这是站桩的技术形态基础，没有空松感的桩是僵化的、死板的。但是空松不能刻意为之，而是要让身体的各个局部之间以及局部和整体之间建立一种自然的互相贯通的连带关系。

松

空松就是把紧张去掉，把所有负担都去掉，包括意念在内，什么都不想。有人问，把意念去掉要怎么做？这就是一种无意识的空的状态，就是自然。用一句通俗的话来讲，就是四个字，"解甲归田"。我们平时整天在拼搏，在"打仗"，背负着各种沉重的负担，有各种紧张，有各样的压力，来自生活、事业、家庭、朋友等各方面，更多的是来自我们自己意识方面的各种观念、分析、判断、结论，以及由此带来的情绪变化和心境的变化，这些都是束缚我们的"甲胄"，让我们负重前行。现在练站桩，就是解甲归田。这个"田"是什么？就是太极平衡的自然状态，就是自然的精神家园、生命的桃花源。

练站桩，服装一定要宽松，环境要安静，注意不要着凉。站桩既要通风，又不可在风口，特别不要后背对着敞开的风较大的窗口。这些都能为我们要达到的自然状态创造有利的环境。

刚开始练习时，不要求闭眼，特别是不要长时间地闭眼。要领还没掌握的时候，可以"垂帘"，也可以睁眼，也可以慢慢地往前看，但不能使劲向前看。为了帮助入静，也可以稍稍闭一下眼睛。有的人在刚开始站桩的时候觉得沉不下气，这时可以稍稍想一下丹田或者脚底涌泉，不用太着意，一切都自然而然，不要去强求。

人在桩"中"

"中"是最常用的重要汉字之一,从站桩的角度来理解,又有独特的丰富内涵。

会稽刻石"中"字

站桩的形态就是一个"中"字,中间一竖为身体中轴,为我们的形体,先把它站出来,是实有的,然后再把它站"无"。中轴周围的"口"是鼓荡,是真气流动。一个无极桩站在这儿,我们是人,是中,四周天地环绕。在无极桩中进入无极的状态,一虚一空站没了,内气萌生,鼓荡自然产生。

我们自己和周围的楼宇、山川、自然合写了一个中字。人就是中间一竖。守中用中,守住中间,鼓荡四周,一动一静,动中有静,

桩修：站桩的生命智慧

气中和

静中生动。

整个站桩的过程，是寻找体验、享受生命内在的自在喜悦的过程。

很多人长时间东寻西找，不断向外追求，最终发现，真正带给我们深层喜悦的自在因素，原来在我们身体的内部。当然也需要调动一些外在因素，通过内在因素起作用。

站桩的桩生一，这个"一"就是自己，是本真的自己，要把迷失的自己在静的状态中找回来。找到了自己，才能享受生命，所以桩在你就在，生命的喜悦就在。不真正地静下来，很难找到自己。

"中"不仅是身体外形不歪不斜，更主要的是，我们在"处变"当中随时觉察、把握动态的元素，并掌握大的阴阳平衡法则，自动实现阴阳的互相调剂作用。这个"自动"很要紧，站桩就是让身体自动形成处于"中"的能力。培养能够长时间处于"中"的能量，我们可以称之为"维中能量"。

"中"的一个标准是达到"气中和"，中和就是以中和为要，以中和为上，以中和为天下宗。我们把这些要领概括在一起，就是气中和。气中和是我们人体的环保，让人体更加干净。

第二部分　独立天地间

站桩的大原则与小原则

站桩中的小原则要让位于大原则，大原则就是自然舒适，感觉顺畅，归位。

山水之间，无限桩意

比如两脚平行向前，不是数学的量化，而是物理的状态，不用拿尺子量。每个人的脚形不一样，是以中趾为准，双脚平行向前，还是拿脚的侧面作参照，是不一样的。许多人站立的时候，脚稍稍外撇一点，感觉是向前的，也没关系，但是偏移的幅度不能太大，基本上是双脚平行向前。有的时候双脚稍微张开一点，有个活动范围比较舒服，都没有大问题。但是双脚不能捌得太大，捌大了就不是圆裆了。所以双脚是自然平行向前，大约与肩同宽。这是一个范围、一个区间，有自由度。

站桩到最后是一个特别简单的事情，要领掌握后，一下子就到了那个状态，那时候就不用管这么多要领了。但是一开始做不到，还必须用些方法，我们会带着大家来感受这些方法，迅速进入状态。

越往后练，要领越少。就好像我们教小孩子用筷子，一开始会教他手怎么握，怎么抬，怎么夹，他会用了之后，就不会去想任何要领，自然运用，抬手就有。

这就是"出入无方，盈虚有象"，是一个返璞归真的过程。一开始看山是山，看水是水，这是讲规矩阶段。然后深化一步，看山不是山，看水不是水，具体的技术上升了，是逐渐脱离规矩的过程。到了高层次、高水平，看山依然是山，看水依然是水。因为你跟山水融为一体了，你跟桩融为一体了。

飞叶飘雪尽随意

站桩离不开意念。站桩中的意念处理很关键，很多人往往在这个问题上把握不好分寸。

很多前辈根据自己的实践，总结了很精辟的论述。但后学者有时候不太明白，因为不同的人讲的似乎有所区别。

站桩中要处理好意念的问题，就要抓住两个关键点，一个是分阶段，再一个就是把复杂的问题简单化。

所有人在一开始练站桩的时候，只要一静下来，一定会有各种意念、思绪纷至沓来，避免不了，不可能一下子就到达万虑皆空的境界。所以对初始阶段的各种意念要坦然处之。但是我们又不能信马由缰，还要处理好意念，这个处理过程就是"练意"。练意不能硬来，不能强行勒马。一个简单的处理方式就是因势利导，随物赋形，随曲就伸，疏导加引导。

初始阶段对于各种意念可采用不追求、不抵抗的态度，武术名家王芗斋打了一个比方，说我们站桩如同"洪炉大冶"，像一个炉子在冶炼一样。古人一度很讲究炼丹，有很多人误入歧途，包括秦始皇、汉武帝这样的君主也落入陷阱。早期不少人去追求炼外丹，最后服食丹药中毒。后来发展出内丹修炼的功夫，研修者认识到真正的丹在自己身体内部，就是以人为"炉"，以人体的生命元素为"药"来修炼，提升人的生命能量状态。站桩过程中，当各种思绪、意念蜂拥而至的时候，要不慌不忙，不惊不惧，不随不追，使思绪如同枯叶飞雪，人如同洪炉大冶，枯叶飞雪飞来就自然融化了，杂念就会越来越少了。当意念依然不断时，我们也尽量稍稍导引，想一些美好的意念景象。

这个过程实际上锻炼了人的定力，就是不动。站桩的外形不动，心神再不动，一开始的杂念就会越来越少，慢慢消失，最后归于淡然。

自然随意

这就是在随意中出真意。到了下一个阶段，就可适当运用一些意念引导，用意守、观想等方法练意。到了更高级的阶段，往那儿一站，就能做到无形无象，全身透空，便是"无意之中是真意"。

站桩的呼吸

呼吸是一件特别平凡的事。平凡到我们平时不太注意它，不大能感觉到它的存在，但它对我们生命活动来说又是须臾不可离的，对我们生命活动的影响其实很大，它看似无足轻重，实际上至关重要。

呼吸对于生命活动来说，最基本的功能有两个。第一个是能够系统、精微地反映我们的情绪和心理，以及对身心造成的影响。第二个是能够调节我们的情绪、心理以及对身心造成的影响。一个是反映，一个是调节，但是我们平时往往会忽略呼吸这个重要的生命因素。所以在桩修课上，我们会专门学习一些呼吸调节的方法。

站桩调息

当我们情绪紧张的时候，一个不由自主的表现就是呼吸急促。我们也可以把调节呼吸作为舒缓紧张情绪的一个特别重要的手段。一个人在很紧张的时候，比如说上台演讲之前，你劝他别紧张，有时候没有用，这时候最简单有效的方法可能就是让他深呼吸几下，调整一下呼吸节奏，随着呼吸平复一下心境，他的情绪就会逐渐平复下来，紧张就消除了，这是个特别有效的办法。

所以呼吸的调节能够让情绪平和，减少身心负面因素的影响。一个人一生当中一般会有几千次紧张情绪波动，有时甚至更多，它必然会导致身体内环境的破坏。所以学会调节呼吸，对健康很重要。

紧张的情绪除了对我们身心造成直接伤害以外，还会带来很多次生伤害。比如说你因为控制不住紧张情绪导致的血压升高，情绪不稳定造成的决策错误，情绪波动导致的人际关系紊乱，还有家庭的不和睦，等等。

在站桩时，通过一些呼吸训练，掌握用呼吸调节身心的方法并养成习惯，使我们的呼吸成为一种良性的自发调节情绪的功能。

一开始站桩时，呼吸应顺其自然，由自然的呼吸逐渐过渡到自然的腹式呼吸。细匀深长的腹式呼吸能够有效促进肠胃蠕动，但这种腹式呼吸一定得是自然的，不要刻意地去收放肚子。

还有一些特殊的呼吸方法，比如人称"毛孔呼吸"的方法，可以想象自己周身的毛孔张开，参与呼吸，毛孔张开与我们的呼吸相融合，可借此体会周身与大气相呼应的感觉。

我们通过一个桩来练习一下调节呼吸。无极桩，十个脚趾微微抓地，然后松开，屈膝、微蹲、松胯、松腰，眼观鼻、鼻观口、口问心。平时大家常说练拳站桩入不了静，一个最基本、最简单的解决方法是从调节呼吸入手。

鼻吸口呼九次。在天地之间，把自己想象成一个开合呼吸、气息交换的个体。可以过滤，可以消毒，可以平衡，欣欣然，生机盎然。去除所有的杂念，慢慢地、缓缓地、若有若无地，恍兮惚兮。嘴巴不要张大，轻轻地留条小缝，呼吸的同时把意念导向丹田小腹。这时候敏感的人会觉得一股热流通过心脏，通过脾胃，五脏六腑沉到小腹。再随着沉气慢慢呼出去，眼睛内观，就好像看着这团气轻轻浸润了你的五脏六腑。在呼吸中，意念将气下送到十个手指头。

轻轻吸气，随着呼气，让气从两臂向十个手指头慢慢沉下去，练太极拳起式这么来一下，然后再带气上抬，练拳架就会有很强的气感。

下一单元，在吸气后呼气的过程中，用意念将气送到两足。鼻吸，随着呼气，意念中让气缓缓地通过你的全身五脏六腑，由胯、腰、大腿输送到两足。

注意，我们的调节呼吸不是控制呼吸，而是一种自然的反应、自然的过程，让呼吸成自然。不要强行去控制所有的过程，调节只是一种方法。

我们中国古人总结的呼吸调节的方法就有几十种，瑜伽也有人总结，说有七十多种最主要的呼吸方法，包括自然呼吸法、腹式呼吸法等等，但是最核心的就那么几点。不管哪种呼吸法，都是对呼吸的有规律的深度调节。

桩修：站桩的生命智慧

站桩如树

中国一个重要的传统养生理念就是道法自然，向自然学习。站桩也是向大树学习。大树一动不动，它能够活几十年、几百年、上千年，一年一轮，顺应自然，呼吸于天地之间，生机勃勃。

站桩就如同大树，要站活桩而不是死桩，我们不能站成木头桩，站桩就像一棵生机勃勃的大树，是活的。

大树顺应四季的变化，道法自然。人体的生命运行规律也和四时变化相关，不同的季节、不同的节气都有相应的特点和变化规律。站桩是提升自己内外敏感度的过程，对外界的变化有更显著的感知，为适应、协调这些变化提供基础。所以，站桩要知冷暖、知变化，并能随机应变。站桩的外形是静止的，但神意是活泼泼的，生机是盎然的。就像大树，外形短时间看不出明显变化，但内里的生命运行、交换过程，随时都在进行。

树有根，这是它生命力旺盛的最重要因素之一。深深植根于大地，不断汲取大地的营养。站桩也要有根，有根才能站得稳。站桩过程中不能晃来晃去，定不下来。身形定不下来，状态就不稳定，气机就不平和，这样外在的干扰就多。站桩也要植根大地，脚下如同深入大地，有时候我们会要求开始站桩的时候或者站桩过程中，脚下的涌泉穴虚一下，脚趾抓一下地，这也是在启动气机，让人体和大地连通。"独立守神"，要立得住才能守得住。

树的另一个特征是上下内外贯通，是一体化的。每一片树叶都不是孤立的，它的生机来自整个大树，来自深植大地的树根，树叶靠树根吸收的水分和养分来生长，这就是"气达梢节"。站桩要站"通"、站"达"，不是着眼于某一点，某一处，而是着眼于整体。

大树从树冠、树干到树根，脉络遍布整棵树，是一个有机的、

桩修

二部分　独立天地间

站桩如树

不可分割的整体。树根从土壤中吸取的水分及矿物质，由树干自下而上地输送到树叶，树叶光合作用，制造出溶于水的有机养料，又自上而下地输送到树根。树干除了进行输送外，还能储藏营养物质和支撑树冠。还有很多细微的地方，共生共荣，阴阳循环。站桩也应是这样，促进全身的代谢功能、给养功能、补修功能、强健功能。有的人站桩过于关注某一点的感觉和效应，失去对全身总体的把握，长期这样，效果就会受影响。

　　站桩，改善的是整体的生命体、生命态和生命功能。

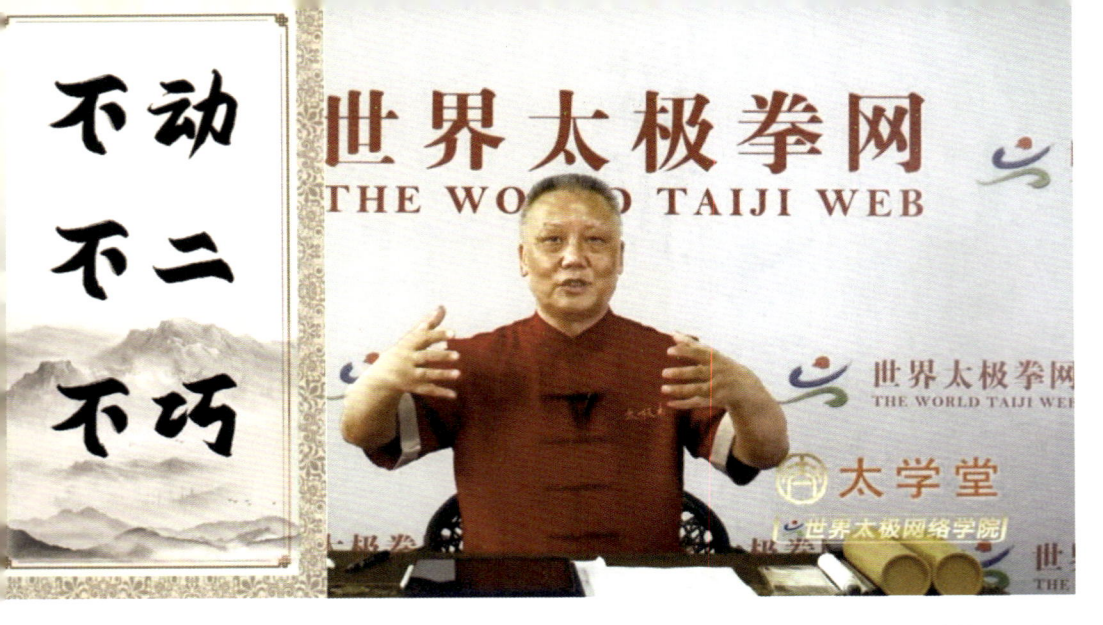

站桩"三不"

桩修"三不"

桩修"三不"就是不动、不二、不巧。

站桩学会几分钟，精修几十年，这里面奥妙无穷。我曾经说过，我在桩就在。两层意思，一是只要你站下去，你这股元气就会越来越充沛，就能保持健康、快乐。二是你越站越有，越站越足，越站越实，越站越有趣味，越站觉得里面空间越大。所以站桩很简单也很复杂。

不要追求短时间内站成，不要求完美，世界上没有完美的事。练功夫没有练成之说，只有练得更好。什么叫练成？一段时间内也许你觉得练成了，后来你会发现，只是一个阶段感觉到有提升，继续练就又破圈了，又提升了，要不断地站。特别是站桩结合了传统文化以后，你会觉得身心兼修是个无止境的大学问。

站桩里边有很多要领，是需要逐步去体会的，也可以归纳出一些简单的东西，简而化之，返璞归真，大道至简。这些简单的东西是和具体要领相结合的。比如站桩的"三不"要则，即不动、不二、不巧。

不动就是静，跟静定有点类似。只有不动，你才能够静下来。这个不动，一个是指外形的不动，一个是指你的心性不浮躁。外形不动要求有控制力，心性不躁要求有静悟力。

不二就是如一，要抱元守一、独立守神。双手环抱是形，神要守住是内。如果神没有抱住，站几个小时也没有用。神抱住了，站几分钟就能神完气足，这个感觉应该是非常明显的。我在《桩修赋》里写的"粗粗色身，清清朗朗"也是不二的意思，不二就是归根复命。

不巧就是不去追求精巧，不浮躁，不要小聪明。站桩是大智慧，跟练太极拳一样，要练得大气，气宇轩昂，境界高远，不躁，不急于求成，不局限于局部。有的人老想走捷径，急于求成，这就躁了。所以不巧就是返璞归真，大巧若拙。更透彻地讲就是自然。

桩修：站桩的生命智慧

桩之场

　　"场"是一个物理学的概念。中国古代也早就有类似的概念。物理学的场是物质存在的一种特殊状态。举一个例子，拿一个磁铁，它周围都有磁场，虽然看不见，但它是存在的，磁铁旁边放一根小铁钉就会被吸过去。我们人体也有场，人体生物场。人体生物场的结构很复杂，有热，有电，还有力等。我们身体的发热、各种感觉是这种场的外在表现。

　　过去古代中国人练功夫，内功越深，人体场的自我感觉越灵敏。有人说经络穴位的发现，就是古人在打坐站桩内练导引过程中对自身感应的记录，有的地方感应比较明显，将这样的感觉系统化整理就出现了穴位，把穴位的连线记下来，就是经络。

　　站桩也是在锻炼人体场，我们可以称之为"桩场"，跟物理学的场相比，人体的场既与其密切相关，又有独特性。通过站桩可以优化人体场。

我们人体是有场的。不同的身心结构形成不同的人体场。无极桩、抱球桩、按球桩，每个桩都有一定的结构，具有一定的功能，形成一定的变化趋势，构成一定的呼应关系，这就是桩场。所以这个场的概念，在不同的语境下有不同的表述方法。

其实每一个太极拳的拳式动作也都是一个独立的场。云手是一种场，单鞭是一种场，懒扎衣是一种场，金刚捣碓也是一种场，动作不一样，场就不一样。从太极内功的角度来说，要掌握每个动作，不光是外形怎么摆，空间怎么运动，更重要的是掌握这个动作的场，知道它是怎样的。掌握了这个场的视角，就容易掌握太极拳的和站桩的精髓。

练拳和站桩，要体验到场的感觉才能站得更加深入。中国古代早就有这种场的观念。太极、五行、八卦就是场的概念，一个太极图就是一个场的结构图。

阴阳对应的结构。我们在看阴阳的时候，不能单纯地说阴，说阴一定离不开阳,阳一定离不开阴。所以一个阴阳就是一个场。五行也是人体的一种场。金、木、水、火、土对应着我们的心、肝、脾、肺、肾,肾属水,肝属木,心属火,脾为土,肺为金。我们的情绪也是一种场,喜、怒、哀、乐,各种各样的感觉都是场。我们实际上总是处在不同的场之中。你和一个朋友喝茶聊天,两人也构成一个场。我们古代有很通俗的话叫"近朱者赤,近墨者黑",这就是场的互相感应。为什么你愿意跟有能量的、乐观的人在一起?因为这个人的乐观豁达会影响你,你会感受到他的场对你的影响,你也会很愉快。人是很敏感的,经常跟乐观的人相处,也会变得越来越乐观。

物以类聚是有深刻道理的。它有两层含义。第一层含义是具有同样的场、同样习性的人喜欢待在一起,舒服。第二层含义是场是互相影响的。要跟有正能量、优能量、层次高的人经常相聚,这会不断提高自身的能量水平。

八卦也是场,它跟五行、阴阳都有对应关系。比如离卦属火、乾卦属金、坎卦为水,跟五行对应。太极、五行、八卦是中国对于生命场的不同层次、不同角度的描述。

站桩时,依照要领呈现一定的身体结构。这个身体结构具有一定的功能,从而不断地形成一种优化性的变化趋势,这就是场。

站桩的环境也是一个场,环境要安静,空气要好,还有视觉光线因素等。人的生命状态也受环境中各种因素的影响。

桩场的特性

"场"是自然界中的客观存在,虽然看不见摸不着,但是实实在在地存在,包括电场、磁场,在我们周围有很多场,我们人也有生物场。

站桩可形成独特的桩场,只要要领对,我们的体感、气感、意感都是可以感觉到的桩场,还有很多看不见的能量场。站桩要领对了,就会自身体内部进行一种优化结构的内循环,人跟自然界的沟通则形成一种外循环,这就是我们中国古人所说的天人合一。

桩场的特点,大家在不同的阶段会有不同的感受。要不断地学、不断地站、不断地悟,会有不同的体会。就跟打拳一样,作为终身学习项目。

这里总结一下桩场的五个突出特性,大家可以在练习的时候体悟。桩场的特点不止这五个,大家也可以自行总结。

第一个特性,桩场是圆融的,不是尖锐的。

桩场从外形到内在的感觉都是圆融的,不是尖锐的。所以在所有的桩里身体形状都不能出死角。身体局部翘起来就会出现死角,使劲扣也不对,不圆融,外形不圆融,身体感觉也不会圆融。练太极拳为什么要引进落空,以柔克刚?你要是老想着去打人,练的时候就会出现一个尖锐的点。你练好了自身的内功,强大,劲力饱满,自然就能提高健身和技击的能力。所以中国武术的根本在于强大的自身。

第二个特性,桩场是细润的,不

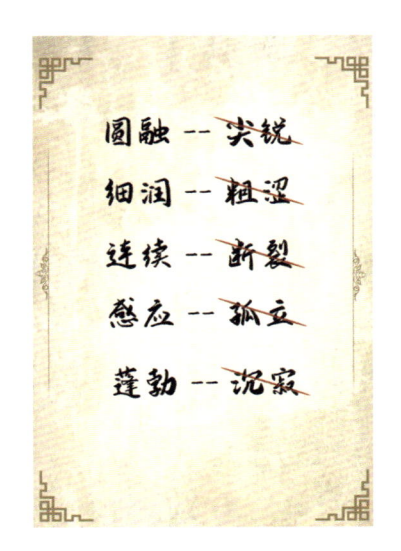

桩场的特性

是粗涩的。

桩场是细润的，呼吸也是细的，如春雨般润物细无声，如果练站桩时大口大口地喘气，这叫粗涩。如果内气的导引不稳，蹦蹦跳跳的，也是粗涩。行气应如细润雨丝，而不是狂风暴雨。

第三个特性，桩场是连续的，不是断裂的。

我们所有的气脉、气息，包括外形，一定是连续的。太极拳也一样，运桩时大家会感觉到连绵不断的劲、气，不能有断裂之处。形不能断，意不能断，气不能断。所以桩场也是连续的，它不是舀一瓢水倒一下，而是潺潺细流，源源不断，不绝如缕。

第四个特性，桩场是感应的，不是孤立的。

身体的每一个部分相互感应，身体的内外也是相互感应的。我们讲的九曲连环、三线如松，其中百会和会阴、肩井和涌泉等穴位，都有感应。我们站乾坤桩时，内外劳宫和涌泉等穴位都是有感应的。这个感应可不是机械的外形上的对应，而是内在的应和。有些穴位虽然没在一条直线上，但也有感应。比如百会和涌泉，尾闾、夹脊、玉枕，从头顶百会到印堂、关元等各个地方，互相都有感应。再广泛地说，所有的穴位也都是有感应的，每一个部分不是孤立的。但是站桩有个过程，有时候大家站桩，可能一开始觉得某个点感应比较强，有的点感应不太深，这也没关系，这些内在的结构功能和内气的体验需要逐步来，不能急。站桩是一个整体的状态，最后的目标不是马上就能实现的。练太极拳也要感应。一个白鹤亮翅，你亮出来以后，身体各部分都是相互感应的，手、腰、肩、胯、膝、肘，每一处都是一个感应点。

第五个特性，桩场是蓬勃的，不是沉寂的。

站桩时即使不动，也具有蓬勃的内在生命力，所以不要站死桩。如果你不懂内在要领，看见一个外形动作就去站，很容易导致越站越死。所有的锻炼方法，包括现代体育，包括我们传统的太极拳、武术都是这样的，应该是越练生命力越旺盛。所以站桩

如果不得法，单纯地去追求时间长，站着站着，腿会越来越酸，肌肉会越来越紧，还会站出毛病来。如果要领不对，练的时间越长越容易出问题。有的人站桩，越站精神越萎靡，这个道理跟练太极拳一样，太极拳一定是蓬勃向上、积极昂扬的。练起来虽然是柔的、缓的、慢的、内在的，但是它的激情、它的能量是在不断孕育的。站桩要是站对了，站两三年后，好久没见的朋友看到你，会觉得你的精神状态焕然一新。站桩的时候，眼睛是含蓄的，神光内敛，站完了眼睛是有神的。虽然不往外放，但一看这个人就是气宇轩昂的。

所以要按照正确的要领、正确的方法练，任何锻炼都要讲究科学，站桩也一样，不是说外形对了，一站就行了。站桩要有系统的训练，特别是内在的练习一定要得法。

桩场是互相感应的系统，站桩中的每一点，头、肩、肘、手、腕、腰、胯、膝等，都互相感应。每个穴位、每条经络既是一个完整的系统，又相互感应，组成一个更大的系统。人和天地自然也相互感应，融为一体，这就是天人合一的感应系统。这样，我们就从自然当中获得无穷无尽的能量，和身体内部的能量融为一体。这样越站生命力就越旺盛，越站精神就越抖擞，但要注意神不外溢，力不出尖。

返观内视

古代有一种练习的方式叫返观内视,据说经络穴位就是在这种返观内视的过程中发现的。在呼吸和运气过程中,人就好像用意念看着这团气到达小腹、到达全身各处。目光好像在向体内看,主要是神意内守。

站桩过程中的返观内视,并不是真正地认真地看,也不是用眼睛去看,而是用意看。是似看非看,在有意无意之间。更准确地说,是一种观照。所以也称为"返观内照"。在佛学中也有返观内视的说法,主要意思就是自我觉察、自省,觉察自身的紧张、障碍,进而消除,达到无碍畅达。

内观

古人说，返观者，存神内观，"心居身内，存观一体之象也"，其作用在于"当以目内视时，思想集中，元气充沛，返观内照，心平躁释"。返观内视，能够静心，净化身体内部，所以在站桩中有时会用到返观内视的方法，有时会出现返观内视的现象。

有的人在站桩时看到一些景象，感觉有些奇怪或者害怕，要用科学的态度对待这些现象，不要神秘化，这是人的生理、心理结构基础上的一种正常反应。人的神经系统，构成和功能都很复杂，很奇妙，比如我们在梦中经常会看到各种景象，甚至产生很强的感受，千百年来，各领域的专家也在不断研究，取得了各种各样的成果，但还有很多问题没有完全搞清楚。

中国古人在生命修持实践中总结积累了很多经验和方法，有人专门绘制了《内景图》等，阐释种种现象及处理办法。人在高度入静时，神经系统会发生显著的变化，人的视觉、听觉、感觉上也会有不同的体验。对于感受到的"景象"，在站桩时我们应采取不理、不惧、不求、不躲的态度，自然而然，它们慢慢就会消失，一定不要刻意去感受。

返观内视也是站桩中入静的一种有效方法。通过神意观照体内，使意气内敛，容易专注，也屏蔽了许多外来的杂乱信息，能很快让形、气静下来。

返观内视的核心实际上是神意内守，并不是使劲向身体里面看，这一点要明白。

周天运转

站桩与周天

人体有大小周天之说。在传统内练体系中，有许多关于小周天、大周天的理论和练法，再加上一些武侠小说的渲染，使得周天练法和功能被蒙上了一层神秘的面纱。

其实简单地说，周天练法就是内气的循经练习方法，当然这种练习方法可能会带来一系列衍生的效能。传统周天理论和方法，有的说得很复杂，很玄虚，甚至采用了大量隐晦的专有术语，使得很多人如坠云雾。

站桩中，大都不去专门练习周天运转，或者说，可以不去专门练习周天运转。这是因为，通过站桩的要领，调整好状态，坚持不懈地练习，可以达到不练之练的效果。虽不专门练周天，但内气强大起来，运行起来，也会产生周天运转的现象或者效果。

所以，初练站桩不一定要专门去练小周天，但内气往往沿着周天自然运转，自然形成周天。

在有些站桩的练法中，当按照基本要领达到了状态以后，在内气导引时，也会适当运用一些周天的练习方法。所以适当了解一些周天的知识，在遇到相关问题时心里明白，不至于犯糊涂。

这里我们简单介绍一下小周天的理法、技术和练法。

什么是小周天？什么是大周天？说得简单一点，小周天就是人体任督二脉的运转，大周天就是全身经络系统的内气运转。

我们人体的经络系统中有任督二脉，任脉在体前，督脉在体后，小周天中任督二脉的运转方向是：内气沿督脉从后向上走，再转到体前，沿任脉而下，这就是一个小周天的基本运转。

有的人在学习站桩、太极拳时，会遇到传统的老师傅，他会给你讲每个拳式走哪个穴位，意想哪个穴位，这也是在引导走周天。有的时候你不用去想它，只要要领对了，也会走周天。

桩修：站桩的生命智慧

大周天内气运转

云手走周天

比如"云手"练习时就会走周天。我们一个搂膝拗步，手有前后、左右的旋动，也是走周天，自然地走。随着翻掌抬臂，气就随着这个手，从会阴到后面走督脉上来，再转从任脉下来。一个云手，阴生阳降，就是走了一个小周天。

有很多人练了一辈子，没有老师给他讲过，或者他自己没意识到，但是如果练对了，走的就是一个小周天。所以不用刻意走周天，周天也会练得很通畅。就是这个道理。但是我们有意识地去练，效果可能会更明显，并且知道了感受如何，会更容易处理。

任脉最早在《黄帝内经·素问》里边就介绍过，我们看一下任脉的图。

任脉起于中极之下，起于小腹，向上止于承浆穴，在下颌这个地方，这就是为什么我们经常强调舌抵上颚，因为任脉止于下颌，督脉止于上颌牙龈，所以舌抵上颌

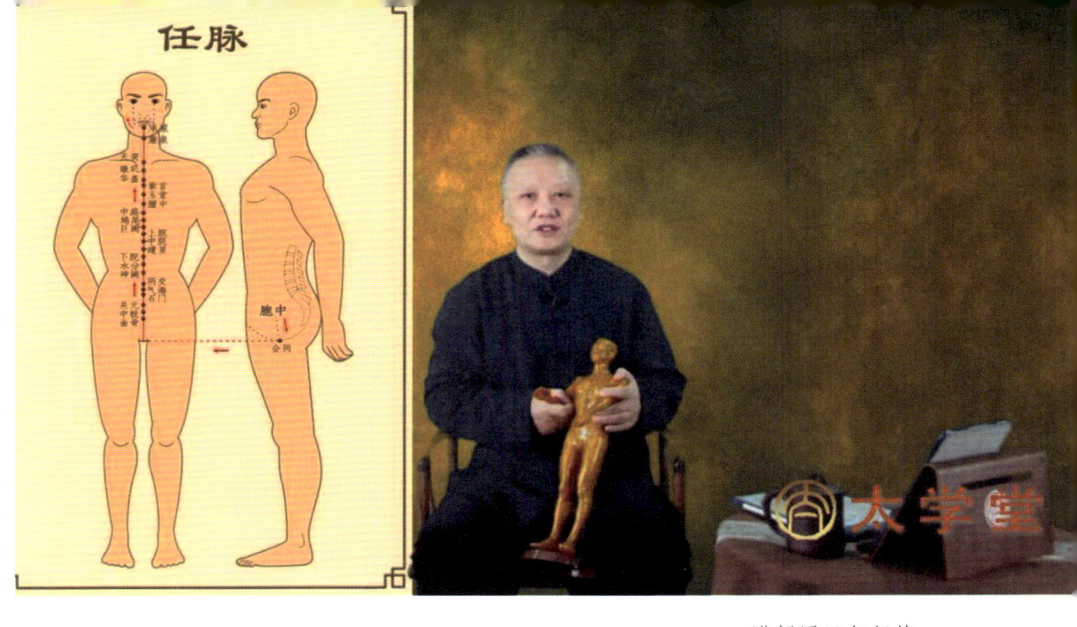

讲解周天与经络

就把任督二脉接通了。这在内功学里有个术语叫"搭鹊桥"，好比牛郎织女鹊桥相会。

任脉总揽一身的阴经，所有人体的阴经经络都经过任脉，所以它叫"阴脉之海"。它包括关元、气海、神阙、中脘、中极、膻中、廉泉等穴位。任脉和督脉都属于奇经八脉，督脉在背后，它也是起于小腹之内往下，出于会阴，到长强穴，然后沿着脊柱上升，经过夹脊，经过大椎，经过玉枕到百会，再到龈交穴，当然中间还经过很多穴位，我们就不一一说了。督脉为"阳脉之海"，任督二脉就形成一个小周天。

这里给大家绘制了一个站桩小周天的循行示意图，大家可以参照练习。我大概说一下，我们吸气调匀呼吸以后，意念从丹田开始，在小腹部位，然后往下到会阴穴，圆裆松胯，从会阴穴往后走，到尾闾，再到命门，向上到夹脊，在后背中间，夹脊再往上走到大椎，大椎再往上走到脑后玉枕，玉枕往上到百会穴，然后转向下到印堂。有的人把这里称作上丹田，眉心中间。然后抿口合齿，经过龈交穴往下到膻中穴，这是我们一般所说的中丹田，再向下回归下丹田，就是走这么一个圈。当然具体练习中还有很多要领，大家要在明白的老师指导下练习，不要自己随便去练，

103

桩修：站桩的生命智慧

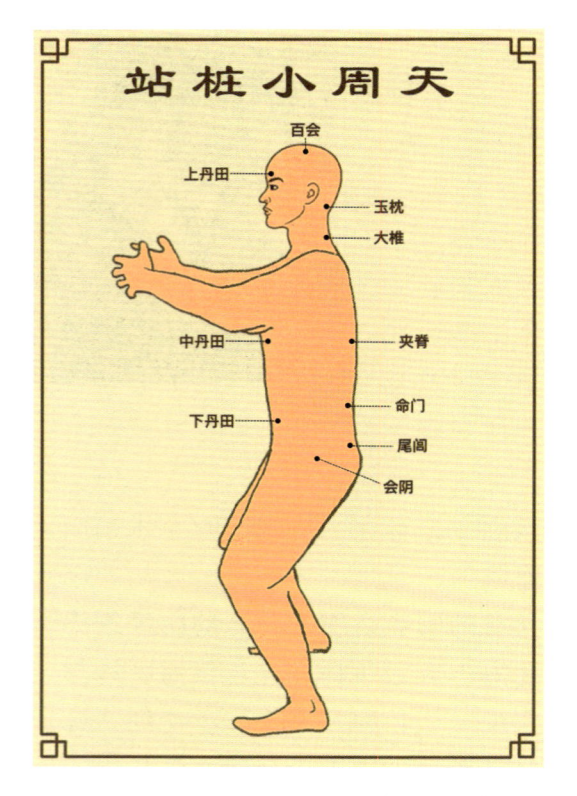

站桩小周天循行图

包括站桩，刚开始的时候最好有老师指导。

在站桩时经常用到的一种练习大周天的方法就是呼吸法，通过呼吸把气送到手指，送到五脏六腑，送到脚底，沿全身的经络走一遍。

周天的概念是系统论在人体中的运用。人体自身是一个完整的体系，内有周天，自然也是周天，天人合一的含义之一就是人和自然形成一个周天，人的周天和自然的周天相互感应，相互影响。

104

练气、调气、养气

　　练气、调气、养气，它们之间有内在的联系，有一致的地方，但也有不一致的地方。

　　很多人练习太极拳，练习导引，练了很多年，对这三个概念、三种方法还是不太清楚，或者是混在一起，或者是不太了解，或者没有太关注。

　　站桩也好，练太极拳也好，内练都是核心的东西，这是区别于一般的肢体性体育运动的一个特征。现在一般的体育概念是肢体上的锻炼，比如说有没有肌肉，有没有腹肌，最主要的还是肢体。我们练内主要是内气的练习，但也不要忽视对肢体运动的理解和对肢体的锻炼，肢体运动对于内练也有重要作用。比如导引就是通过很多动作来导引肢体，叫"导气令和，引体致柔"，通过身体的运动来引动内气。

　　如果站桩站了半天，没有气的感觉，这样的锻炼就是不完整的。那么练气、调气和养气，这三个方面有什么关系？有什么区别？

　　有的人把它们混在一起，比如练气就只是练气，一辈子都在练气，光练不会调，不会养，结果一开始效果很好，练着练着就会如同抛物线，上升到顶头，突然就下降了，身体越来越虚弱。因为只练，不调，不养，不完整。

　　练、调、养是三位一体的。不管是练太极拳还是练站桩，必须都要有练气、调气、养气这三个方面。如果你一辈子只会练气，不会调，不会养，刚开始效果不错，但是练到一定程度，功夫一定受限。如果只会练，只会调，不会养，如同没有蓄水池，或者像一个湖，底下有漏洞。不会养，水就会一直流走，所以也无法不断地提升。

　　练气、调气和养气有点像书法，运笔有藏锋、露锋、逆锋。

桩修：站桩的生命智慧

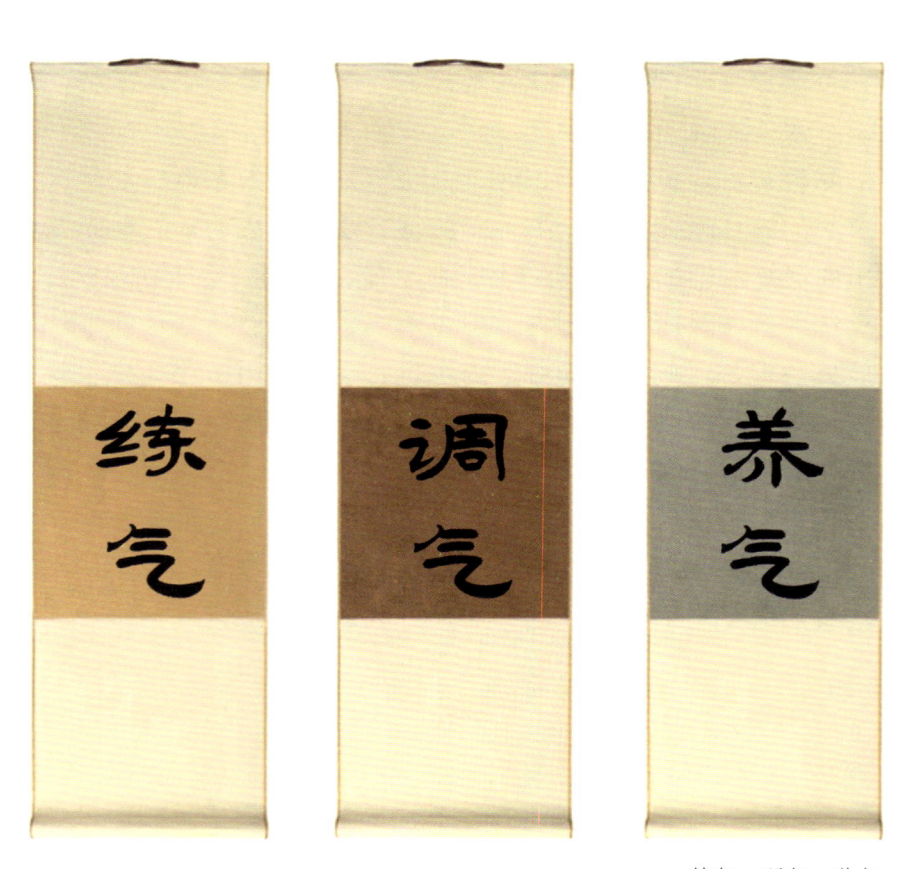

练气　调气　养气

养气是内在的，相当于藏锋。练气相当于露锋，但光露锋也不行，调气相当于布局，所以练气、调气、养气这三个方面的区别和联系大家一定要注意。明白这个关系，是内功登堂入室的一个重要标志。有的人练了多年，始终停留在练气的层次上，甚至都没有调气，更谈不上养气，这是一个大问题。

历史上有的武术家就出现了这样的问题，功夫很好，但是在调、养方面做得不够，最后精气神逐渐消耗，不能做到体用兼备，练养结合。

我们在站桩、练太极拳时，练气和养气特别重要，中间有一个方法过渡，叫"调气"。练气的过程是一个由小到大、由弱到强的过程。站桩的时候，如果要领正确，很快就可以感觉到气，我们在上课的时候，带着大家一起安桩，这就是调气，站桩站好了本身就是在养气。

所以很多太极拳老师主张，有条件可以站一站桩，就是不站，也要懂得练拳过程中的养气，相当于建一个蓄水池。所以练气的过程是由小到大，由无到有的。练气的过程中，如果没有调气和养气，就储存不了能量。练是中间过程，是有一些损耗的，就像我们开汽车，车轮转动时一定会消耗能量，但是这种消耗在练的过程中是必要的，就是人体在"做功"。一旦我们懂得了调和养，这种消耗就能形成新的更多更高级的生命能量，做到消一补二，消二补五，消五补十，不断地生成，越练越多。

练气会有一定的人体能量消耗，包括我们练各种武术，有的练法、有的方面是有损的，这是正常的，有很多人回避这一点，其实不必回避它。知道有损耗，我们就能够补充，把这个"损"变成了"增"，这就是做好"调""养"的关键意义。

调气是疏导化塞，把堵塞处给导通了，把淤化开。比如孙氏太极拳的"开合"，它也是调气，陈氏太极拳的"六封四闭"也是调气。就算大家觉得比较刚猛的"金刚捣碓"实际上也是调气。

桩修：站桩的生命智慧

调气、养气的作用在于培根复原，归根复命，养心养性。

一棵树要茁壮成长，需要培土，给它浇水，有适宜的阳光、温度等。这些都是养气。养气是什么？是化有为无。这个"无"是在一定层面上看的，真的"无"了吗？没有，是实有，就是把实有化入你的五脏六腑、四肢百骸，充盈全身，这叫大有、实有。

站桩就是站内气，有练气、调气、养气才完整，这三者没有绝对的顺序，它们是一个循环，一个动态圆圈，不断地循环，正的逆的，循环往复，不同的内功流派，练习顺序不同。有的先练养，然后练调；有的先练气，再练调。大家通常所说的周天，就是三者结合的，但是它更侧重于练和调，当然也有一些养在练习过程中。

这三者结合就是一个练内功的重要法门——动静结合。静坐也是一种重要练习方法，但是不能只是长期静坐。如果不结合站桩和导引或者一些太极拳的动作，就会有一定的不足。有些长期只静坐的人会出现一些问题。所以我们在站桩的课程里面专门讲"运桩"，就是实现动静结合，桩本身就是动静结合的。

练和调必须在养气充足的基础上进行。所以三者要结合，不要孤立地练。站桩是什么，它就是自然地养内气，让内气自然充盈。所以站桩是从养入手，让养为基础，然后以养结合着练，结合着调，不断地形成循环。

举个例子，用壶烧开水。没加水或没加热时，要把壶盖揭开，怎么办？你只能拿手强行去揭，这个过程如同"练"。但是如果我们在壶中加上水，在壶底下加火，慢慢加热，慢慢煮，煮到100度水开了，水由液态变成气态，水蒸气就会自动把壶盖顶起来。过去有些内功练法就用茶壶煮水来比喻，就是要把内气练充盈，水蒸气自然升腾，把壶盖顶起来，这就相当于把内气养出来。养出来以后火还不能过旺。练出来还要守得住，守得住就是你的，守不住就流失了。火还分文火、武火，这个比较复杂。火不要太旺，让水慢慢地变成水蒸气，又冷凝变成水滴下来，形成一个循环，不外溢。

　　大家一定要记住，练气是一个由小到大、由弱到强、由无到有的过程；调气是疏导化塞，去堵治通；养气是培根复原，归根复命，是化有为无。

太极拳练调养

各个流派太极拳的每个拳式，都有练、调、养三个方面的内涵。中国一些传统的生命修持方法，包括太极拳、导引、内丹等，都是在太极文化的基础上孕育出来的，中国古人的内练是一个非常了不起的成就，包括我们的中医，它是在古代没有任何解剖手段的情况下，完全按照自己的身体规律去实践，从而总结出的非常高级的一套体系，其核心的原则就是动静结合、性命双修、体用兼备。

我们结合几个桩来具体说一下练、调、养。

站桩之前，先把身体的各个部位检查一遍，这个就是调，调身、调心、调息，调好了再站。调身，比如无极桩，刚开始练，微微下蹲，如坐高凳，把凳子撤走，你不能一下子坐到地上。松胯，尾闾稍稍内收，圆裆。百会穴虚虚上领，不要使劲顶，下颌微微内收，合齿闭口，舌抵上颚。舌尖平放，不要使劲顶。沉肩松肘。无极桩，两个手指自然向下，叫"含露松垂"。手指尖像含着露珠一样，别让露珠滴下去，滴下去就懈了，跑了。要收住，这就是养，练中就有养。

调息，调节呼吸，轻轻三次，鼻子缓缓地吸气，细匀深长，然后用嘴轻轻地吐气。练习的时候，可以根据自己的肺活量，慢慢来调整细匀深长的程度。

调心，空明澄澈，恍兮惚兮，不要去想任何东西。不执着，不追求，进入空明澄澈的状态。把状态调好以后。站的过程就是练，方法对了，站在这儿就是养，也会越站越精神，越站越舒服。

无极状态就是无形无象，无阴无阳。天地浑然一体。

再比如浑元桩的练和调：

两手内旋，两手上提，手心劳宫穴轻轻贴住肾俞穴，这就是练。接通气机，启动气机，两个穴位一接，内气就开始运转，接通经脉。每个经络穴位都有它自己的作用，两手外劳宫往肾俞穴一搭，就会觉得热，为下边的混元抱球、气达四梢、气运周身奠定基础。

所以大家不要小看这个动作，我们叫它"起桩"。起桩就是练，是站桩的开始。两手从腋下掏出，手背向前，不是自己使劲向外撑，而是由内而外地缓缓撑开，慢慢撑开，沉肘松肩，这叫"安桩"。

安桩安好了就是调，把各个要领过一遍，自我调节的过程就是调，站着不动就是养。抱球时两手劳宫穴相对，手的十指如夹小球。不要用劲夹住，夹得太紧，气就不通了，手指微微张开，每个手指头中间仿佛夹着小球，轻轻地夹一夹，别让它掉下来，也别故意去夹住，有就行了，不要专门去想它。大拇指也是微微自然张开的。两个掌心向内环抱。

脚趾轻轻地先抓一下地，再松开，脚松的同时手也一松，展开了。我们有时候通过用脚趾微微地抓地和手掌劳宫穴产生的感应，来体会手脚相合的关系。

乾坤桩的练和调，虎口向前，手抬起，这又是练和调，起桩就是练，安桩就是调，手心向上起，十指就好像被下面两个球往上一顶就起来了，手上气感很充分，两臂内旋，很放松，轻轻地微微下蹲，安桩。然后调一下，两个手指头这个轴不要太朝外，

桩修：站桩的生命智慧

养浩然之气。

桩修课上讲"养浩然之气"

自然保持两个手肘向前，不要斜。安桩，调一下呼吸。两只手像按着两个球，别松开，感受这两个球仿佛慢慢化掉了。化有为无，这就是养，意想这两个球慢慢地弥散了，弥漫到全身，收入五脏六腑，两手手心和两脚脚心相对。

感觉一下两个手掌心和两个脚心分别相对。两脚十趾轻轻抓一下地，再慢慢地松开，启动气机。站桩就是培养真气，培根固元。站乾坤桩的低位桩，把手慢慢放下来，像按住两个球，这两个球放在低位，不要低过肚脐。

有练习者问站桩是高一点好，还是低一点好。因人而异，根据不同的体质、身心状况以及锻炼目的而论，有的人体能好，站低位桩舒服，那就多站低位桩；站高位桩舒服，就多站高位桩，不用特别强求。

站乾坤桩，两只手向下如同按住球，腋下虚，不要夹紧或过分张开，百会微微上领，下颌微微内收，沉肩松肘，松腰松胯，圆裆。

什么是四点如钟？这个"四点"是指四个区域。四个区域合成一个钟的结构。

我们来练习运气，通过转的方法。左右运动，用腰转，转胯转腰。不要单纯摆手，手随身动，感觉好像在大海里边搅动，气势浩大，顺时针、逆时针转。胯、腰、手协调一致转。带着这种鼓荡的感觉练太极拳，感觉一下这种运气练气的方法，通过站桩练习，可以很好地解决练太极拳没有气感的问题。这是练，也是调。

练养结合是中国传统养生功夫的核心要旨。过去古人都特别注重这个"养"字。比如中医，不是吃药就完了，中医是练、养、调结合的。华佗是著名的神医，五禽戏相传是他创编的，里边有很多导引的内容。中医有一句话叫"善服药者不如善保养"。明代有一本很有名的书《寿世保元》，里边也专门强调了"善养生者养内，不善养生者养外"。站桩、太极拳都是练内、养内的。

最早提出养气并且影响很大的是孟子，《孟子·公孙丑上》有一句话非常有名，叫"我善养吾浩然之气"。

儒家的很多著作讲修身养性，修身、齐家、治国、平天下，首先要修身，所以讲究养。发展到宋明理学，提倡静坐。

我们练站桩时一定要有空明澄澈的境界，不要着急。只要要领对，慢慢地练就行。

会养是师傅

练气、调气、养气是三位一体的，不是分割开的。练中有调，调中有养。

练气、调气、养气可以贯穿于太极拳乃至其他的武术、健身方法当中，是行之有效的。在不同的阶段侧重点可以有所不同。比如在开始阶段，我们重点在练气、调气。在深入的阶段，我们重点在养气。

养气是根本。练、调一定要养，养气是对练气、调气成果的固化。养就是通过练、调，让我们的身心达到一种最优化的状态、最省能量的状态。

过去练功夫有一句话，"会练是徒弟，会养是师傅"。站桩从根本上来说就是养，有的人会练不会养，这就是个问题。养就是不做无谓的浪费，但只要有生命的活动，一定会有能量的消耗。我们说的是不做无谓的浪费，不做浪费能量的动作。站桩就是形成一个稳定的状态，在充分保障生命活动所需能量的同时，还能不断产生能量，积蓄能量。实际上调和练都是有一定能量消耗的，所以要和养结合，而调和练又优化了养的结构，它们之间是有一个平衡点的。人体的阴阳平衡状态就是不虚耗能量的状态。动中求静的一个根本目的就是找到那个平衡状态，由此形成一个低耗能的合理的动态平衡的状态。

所以养是站桩的一个要诀，不会养，功夫就没达到，中国哲学、生命修持学把大部分的功夫都下在这个"养"字上。

儒释道都讲养，孟子说"我善养吾浩然之气"，佛家的戒、定，道家强调阴阳平衡都是养气，儒释道在养这个问题上是一致的。

中国古代养的形式很多。站桩、太极拳是养，书法是养，品茶也是养。不是你口渴了，匆匆倒杯茶，一咕噜喝下去，而是慢慢地喝，进入一个平心静气的状态。从中医的角度来说，不同的情绪环境中，不同的心境状态下，同样的茶，喝起来不仅感觉不一样，功用也不一样。

太极拳的慢练就是养，因为慢练是把生命过程放大了让你去感受。站桩的静练也是养。静养就是减少耗能、耗神。

站桩叫"独立守神"。独立是什么？就是你处于一个安静的状态，不受外界干扰，这种平和的状态就叫独立。按照一定的要领，独立守神，就是进入了养的状态，只有达到静、和的状态才能养。

如果是乱动、盲动，甚至是妄动，那就不会养。所以太极拳不是说你练了就一定有很好的效能，如果没有进入到这个守神、祥和的状态，那你就是乱动，不仅不能增强体质，还会越练越耗费能量。

王宗岳《太极拳论》第一句话强调：太极者，无极而生，动静之机，阴阳之母也。无极状态很重要，我们每次练拳，不管你练的是不是"无极式"，就算你练别的式，也一定要进入这个无极状态。否则拳乱了，神也散了，一定养不住。

第三部分 站桩实修

桩修：站桩的生命智慧

无极桩

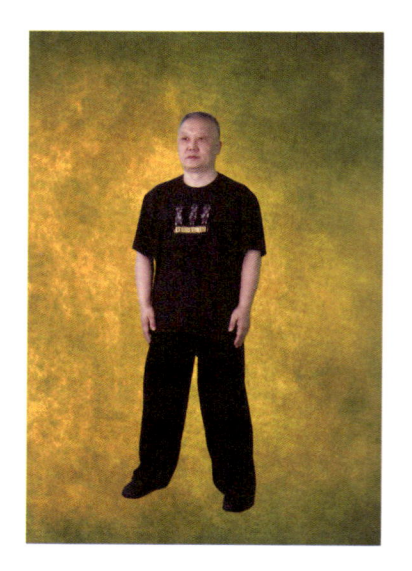

无极桩外形虽很简单，但它是基础中的基础，内涵很丰富，是万桩之母，所有的桩法都由它变化而出。

两脚自然分开，约与肩同宽，就是大体上与肩同宽，但不是严格地限定在某个尺度，是一个范围，以你自己感觉到舒适的宽度为宜，可以宽一点或窄一点。这个宽度跟太极拳的要求类似，但也不完全一样，以自己舒服为最好，但又有一个前提条件，约与肩同宽。两脚分开不能很大，超出一定的范围，你说这样我舒服，那不行。其实超出范围，即使你暂时觉得合适，时间长了还是会感到不舒服的。或者两个脚并在一起，说这样我舒服，那也不对，大概跟肩同宽有一个活动的区间。

微屈膝，一定要有弯曲度。我们说过"四点如钟"，膝盖这个地方是重要一方面。不要挺直，也不要曲得过大。松腰松胯，头顶百会穴微微上领，千万不要使劲顶。下颌微微内收，松肩沉肘。松肩，我不讲"沉肩坠肘"，是更强调松。把肩稍稍地松下来，松肩沉肘，自然垂下。两手臂自然地松垂在体侧，不要端着，也不要使劲夹住，就是自然的。

无极桩正面

无极桩侧面

两个手掌自然分开，既不要使劲并拢，也不要故意张开，手指微微地分开，呈松弛的状态，五指之间各分开一条缝，自然地挨着也无妨。

下面四个字非常重要，大家要注意理解。指尖自然下垂叫"悬针垂露"，也叫"含露松垂"。什么意思呢？就是下垂的每个手指头末端像悬着一滴露珠一样，这个露珠既要不让它掉下去了也不要让它破了，不用使劲，不要紧紧的像被胶水粘着，它是自然垂下来的。这样我们的指尖就好像有水轻轻渗进去，保持张力，一拿起来有五个小水珠，这种感觉很重要。两个手掌心相对，如两弓相应。

松肩沉肘，下颌要内收，百会穴稍稍领起来，腋下是虚的。口齿轻闭，别张着嘴，口齿也别使劲地闭合，不用力咬牙。舌抵上颚，怎么抵？就是舌头平放，轻轻地合上嘴，舌头稍稍往上一点儿，微微地有一点翘，甚至不翘，平伸出去就搭住了上颚。舌抵上颚即舌尖抵上齿龈。为什么要舌抵上颚呢？因为要把任督二脉接通，传统内练称之为"搭鹊桥"。中医学认为，督脉循背，总督周身阳脉，为阳脉之海；任脉沿腹，总任一身阴脉，为阴脉之海；两脉各止于上唇内龈交穴和下颌承浆穴。通过舌抵上颚，把任督二脉一接通，就有助于内气运转。有人说，任督二脉接通不就是小周天吗？我们先不去管它，如果你站对了，小周天自然地通了，先不去刻意练这些。脑子里边先排除一切杂念，清净无私，这就是无极桩的核心要领。口中如有津液，就轻轻咽一下。

圆裆松胯，这是跟太极拳相类似的动作。轻轻敛臀，臀部不能撅起来，也不能使劲往前挺，微微地敛臀，松肩，沉肘，圆裆，两腿不能使劲往外撇，也不能用力向内扣，自然松开就是圆裆。

全身一松就能感觉到气，内气也是自然充盈的，不要故意去导引。在无极桩中也不要去想"气沉丹田"，因为意念往丹田一想，这就有极了。无极，是一个整体圆融的状态。我们现在的无

119

极桩是什么意念都没有的。更不要往头顶上想。没有掌握正确要领、功夫还不到位、不会内气导引的时候，长时间向头顶上想，会引起头重、头晕，称为"乌云压顶"。

站桩是一种状态，平时不站的时候也要保持这种状态，就是站桩生活化，这需要逐步来。

无极桩的重点就是两个字，一个是无，一个是极。这个"无"在中国的传统文化里边非常重要，很多武术流派都有这个概念，可能说的不一样，有的是无，有的是虚空等，叫法不一样。

两只脚平行，刚开始时脚趾微微抓地，再缓缓放松。两个膝盖微屈。松胯敛臀，松腰松肩，放下来，松下来。从头顶开始，百会穴放松，两肩肩井穴放松，会阴穴放松，膝盖足三里放松，涌泉穴放松，三线如松。

孙禄堂拳照

惚兮恍兮，其中有象，恍兮惚兮，其中有物。全身透空。任何事都不要想，任何意念都不要有，站着站着，感觉把自己站没了，跟周围、跟大自然融为一体。

再强调一下，十个脚趾轻轻地抓一下地，微微地把涌泉松开，全身气机启动。再慢慢松开，意想脚趾伸入大地。人如同在一团气中站立，越站越无。眼睛垂帘，神光内敛，整个人感觉到虚空、纯澈、放松。

太极拳起式必须是无极。如果没达到无极桩这个状态，后边的练习就很难进入状态。起式做对了，拳就练对了一半儿。

浑元桩

浑元桩也叫撑抱桩，还有人叫抱球桩。过去给桩法命名有两种方式，一种是象形，一种是取意。我们在桩修课程中讲的几个桩法都有两套名字，一套名字是用外形动作，很通俗，一目了然，很接地气，比如"撑抱桩"。还有一套名字含有练法要领、文化意味，比如"浑元桩"。

浑元桩这个桩法是现在站桩练习比较多的一个桩法。"浑"在古代汉字里边是全、全部的意思，也是自然、天然的意思，还指完整的整体。有个词叫"浑然一体"，这个浑就是完整、整合的意思。浑然天成也是这个浑，是浑厚、淳朴、自然的意思。所以浑元桩就是天然一体。

浑元桩练的是周身一体，内外如一。撑抱是要领的核心，有撑有抱，这就是阴阳如一，在矛盾中取得平衡。

练习浑元桩时，下蹲可以比无极桩稍稍低一点儿，具体高度根据自己的身高、体质来调节，一般刚开始练的时候不需要蹲得太低。定式动作中，两个手抱起来，两臂高不过肩，低不过肚脐。两个肘不高过臂，沉肩松肘，让肘自然地垂下来。两个手指自然张开，每个手指头缝里边像轻轻夹着一串小球，不能让它掉了，也不能给它夹碎了。

掌心内含，不能使劲儿翘，手腕子是平的，不能折，折了气就被阻碍，过不去了。大拇指微微张开，不能使劲地翘，也不能使劲地扣，自然地张开。两掌的距离不能过近，站桩时两掌有一个感应距离，这个感应距离太近了不行，太远了也不行。可以跟肩宽差不多。

身体松直，敛臀沉肩，下颌内收，头顶百会，外挺拔，内虚灵。大家站桩时，一定不要一说含胸就含着、窝在里边，这是很多人

浑元桩

第三部分　站桩实修

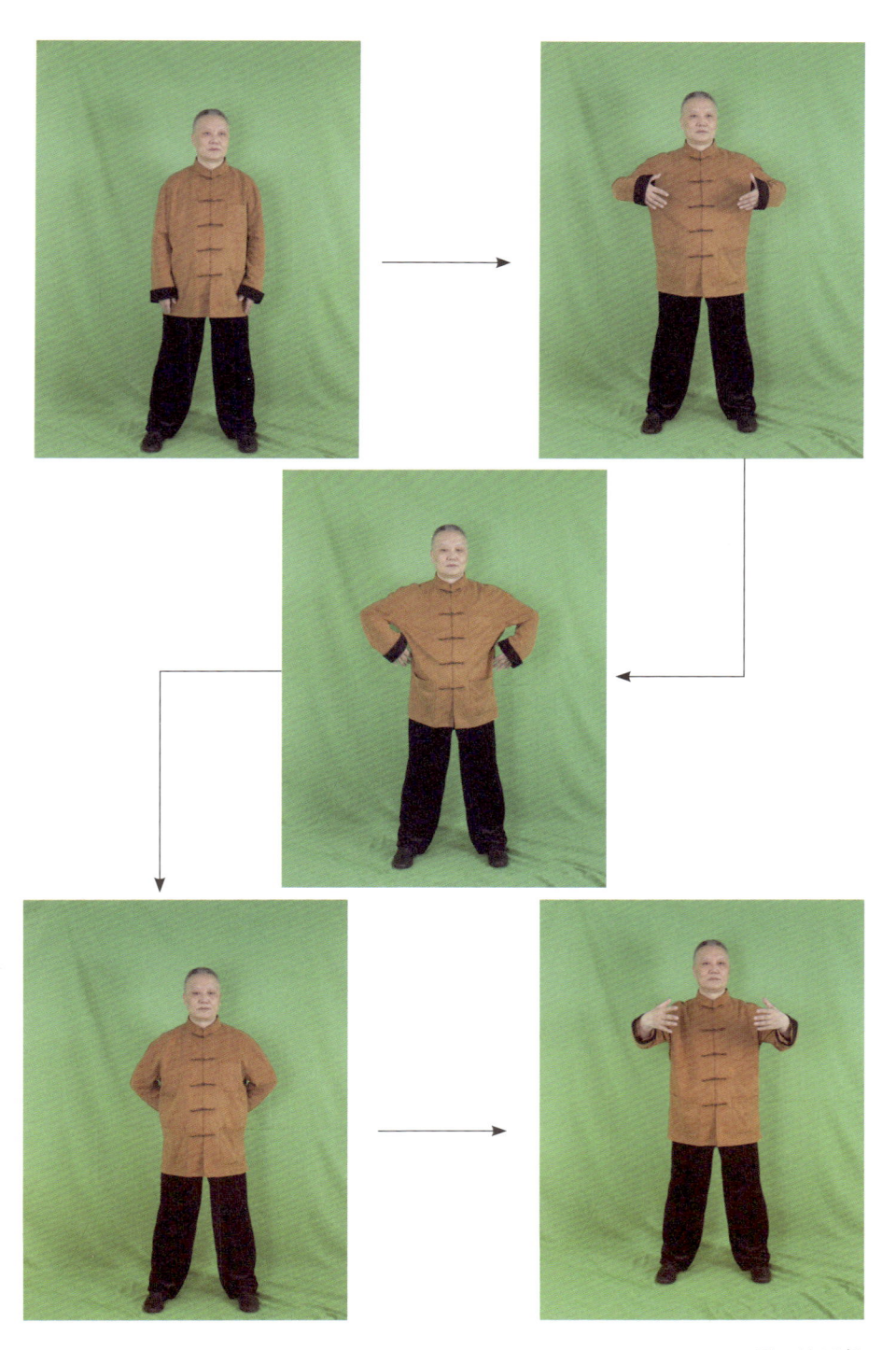

浑元桩图解

容易犯的一个毛病。但是你也不能使劲地向外挺，要有那种又内含又挺拔的感觉。眼睛垂帘或者是看前方都可以，但是眼神不能放出去，要含着。

撑抱桩练习时的气感会比较强。有人说练太极拳时没有感觉到气。有的人把气感说得很神秘，很玄乎。气感实际上不复杂，它是人体一种自然的生命现象。只要要领正确，练撑抱桩五分钟之内，大部分人都能感觉到内气。

练撑抱桩先从无极桩开始，站好无极桩后，两个手臂微微地内旋，手背朝前，掌心向后，轻轻地上提，两手的外劳宫穴对着两个肾俞穴。

撑抱桩开始的这个动作非常重要。"劳宫"，顾名思义，是我们劳作主神的地方、安神的地方，把外劳宫跟肾俞穴接通，也是要启动气机，让阴阳相合，生气长气。

两手贴在后腰，两边贴住，不要着急，有的人贴上不久就会感觉到热了。然后两手缓缓地抬起来，从腋下向前掏出来，再抱起来。两手慢慢向前送的时候，感觉不是你自己在往前送，而是有一团气把你向前撑出去。

两掌移到胸前之后，胸中仿佛有一团气，慢慢地把两掌撑开了，在胸前形成环抱。所以这里的"抱"有外撑之意，但是你不要使劲地往外用力撑，要在撑、合抱中形成一种很舒服的平衡感。抱的时候，全身各处不要有死角，不要有凹陷的地方。

检查一遍，你是否头正、身直、沉肩松肘、五指张开。这个时候可以适当调节一下呼吸。

撑的时候不要使劲外撑，是均匀地撑圆。"撑"在这里是个形容词，大家不要理解为用劲儿去撑，而是用内气把它胀圆，像一个气球一样把它变饱满、撑圆。

这个"抱"字很重要，是练这个桩的一个核心要领。抱有几重含义，随着练习的深化，要逐一理解，逐一落实，逐一深化。

第一个是形抱，身体外形都在抱，抱住一团气。圆裆也是"抱"，敛臀也是"抱"，后背圆也是抱，这样就处处有抱。

有人圆裆掌握不太好，其实它也是一个自然状态，我们蹲下来以后，两只脚自然平行向前，两腿松下来，膝盖自然弯曲，松腰松胯，这样就自然圆裆了。大家不要把两只脚使劲往外撇，把腿往外拧，那样裆就不圆，腿、脚、裆就紧张了。也不要使劲往里扣，圆裆是一种自然的抱。

形抱实现了，还有意抱，我们的神意要抱成一团。

浑元桩浑然天成，浑然一体，浑厚天然。所以它的这个抱，更重要的是实现神意的抱，从形到意，到神，到气，抱成一团，成为一体，就是"元"，这就是"抱元守一"。这就是为什么这个桩叫"浑元桩"。天然一体的神气抱成一团。说白了就两个字——"不散"，不能散开。一个人生命力衰竭，表现就是神气散了，一散开气就完了。人应该始终有一股元气不散。要形抱、意抱、神抱、气抱，这些合在一起就是完整的"抱"。

全身放松，注意圆裆松肩，手指头感觉到含露，如同指尖挂着十滴小露珠，别让它们破了，别让它们掉下去。两肩上如同各搁着一个杯子，杯子装满水不能洒，但是也不能使劲耸肩，你要使劲往上一耸，那水肯定也洒了。也不可出溜肩，自然平放，水就不会洒。

下面把整个身形再调整一下。两脚约与肩同宽，平行向前，微微下蹲，要有明显的蹲姿，但开始时不要太过。合齿闭口，舌平放，轻轻地抵住上颚，接通任督二脉。百会穴微微上领，下颌内收、沉肩、松肘、松胯、松腰、溜臀，尾闾微微内收，溜臀放松，轻轻地提肛，不要太用劲儿。

两臂环抱在胸前，两掌心斜相对。十个手指缝里如同夹着一串小球，不能下坠，大拇指不要使劲翘，也不要使劲扣，自然张开。沉肩松肘，可以张开眼睛，目视前方，收敛心神，目不外泄，

桩修：站桩的生命智慧

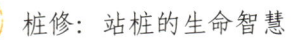

抱

神不外溢。眼可以保持垂帘状态，眼帘低垂，也可以轻轻地闭上。

轻轻用鼻吸气，深吸一口气，用嘴缓缓吐出，细匀深长。

站桩过程中，一开始可以感受两掌环抱时的气感。两手微微外撑，感觉到拉不开掌心之间的气，是很厚重又很轻灵、很纯净的气感。两只手再微微内压，压不进去，很充盈。外挺拔，内虚灵，感觉自己就像一座高山，耸立于天地之间，又像一棵大树，生机勃勃。

通过站桩，在天地之间汲取养料，净化身心。

乾坤桩

乾坤桩也叫按球桩，定桩的时候两手掌心向下，如同按着两个球，故名。乾坤桩有两个体位。一个是高桩体位，一个是低桩体位。对很多人来说，长时间练习低桩体位可能更舒服更自然一些。大家练习时，两个体位都可以试一试，感受一下哪个更适合自己。

练高桩体位时，手高不过肩，练低桩体位手低不过肚脐。有的时候你站高位，站着一段以后，有点累了，可以稍稍放低一点没关系。低位手不能折成死角。

乾坤桩也是以无极桩为起式的。

两只手虎口向上，手指微微地张开，抬起的时候注意，不要有意识地抬，用意不用力，心念一动即起。

两掌心向下，掌心内含，每个手指缝里边像夹了一个，掌心也像含着水珠。一开始我们是按着球，别给它完全按下去，也别让它给你托起来，搭在这儿也像含着一个水珠。

大家看这张照片。

垂露悬针

垂露悬针是一个重要的要领和感觉，做无极桩的时候，每个手指尖都像垂着这个露珠一样，晶莹剔透，这就叫垂露。

刚开始时，十个脚趾头微微地抓一下地，然后再缓缓松开，松入大地，把涌泉穴气机打开。两手依然自然垂露悬针，十个手指头像滴着露珠一样。

膝盖微屈、放松敛臀。脊柱松直，命门穴稍稍外凸、外贴一下。鼻子轻轻地吸一口气，细匀深长。然后用嘴轻轻地吐气。吐完气，轻轻地合齿、闭口，舌抵上颚，把舌尖自然放平，舌抵上颚，打通任督二脉。

百会微上领，下颌微内收。尾闾内收、会阴穴放松。百会穴、会阴穴相应，肩井穴、涌泉穴相应。两手虎口向上，轻轻抬起。臂外旋，缓缓地旋转。两掌心向上。沉肩，肩不要耸起来，一边托掌，一边沉肩、松肘，手抬到与肩平的时候，向内旋转，变为掌心向下。

手翻转向下的时候，自然地慢慢地内旋。然后轻轻下按。旋转的过程中，气达梢节，手上两团气很明显，但又不能散出去，而是周行全身。

托掌向上的时候，身体处于无极状态，微蹲，随着托掌，身体可以慢慢地升起来，然后旋转掌心向下的时候，随着落掌，身体再微微下蹲。

掌慢慢地下按时，意想将两个球慢慢按到水中，身体随之微微下蹲。两只手大拇指斜相对，十指自然分开，掌心内含，掌指向前。

按球这个状态，不要把球按下去，按下去它又有点往上顶。同时也不要让它飘走，别太用劲儿，轻轻地搭在这里，这是一种中和劲。

气沉丹田，尾闾内收，会阴穴、百会穴相对，肩井穴、涌泉穴相对。手掌高不过肩，低不过肚脐。

练乾坤桩时，气感也会很强。特别是对我们练太极拳、导引、八段锦、易筋经等，有相辅相成的作用。

　　这里有两个关于肘的要领，很关键。一个要领是肘不能起。从大的方面来说是沉肩松肘，但也不可使劲，故意把肩向下沉，或者故意把肘向下压。手有两个位置，一个是靠上一些，高约与胸齐；一个是低一些，约与腹齐。第二个要领是肘要微微外张，但是外张时不能张得太厉害。我这里用的是"张"字、没有用"撑"字，是自然地膨胀、张开，撑呢就有个用劲儿的意识。我们不去用劲儿，肘微微外张后，两臂中间就是圆的。

乾坤桩

第三部分　站桩实修

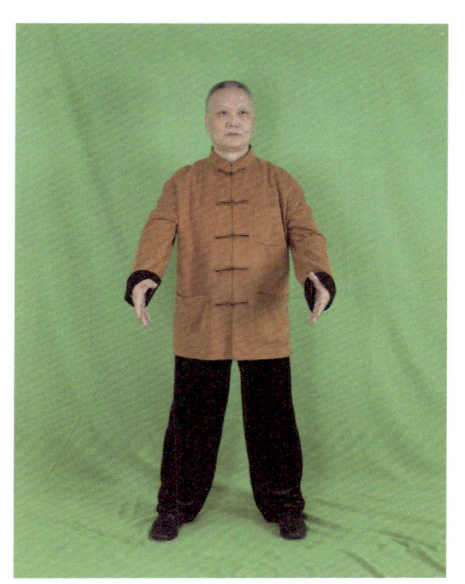

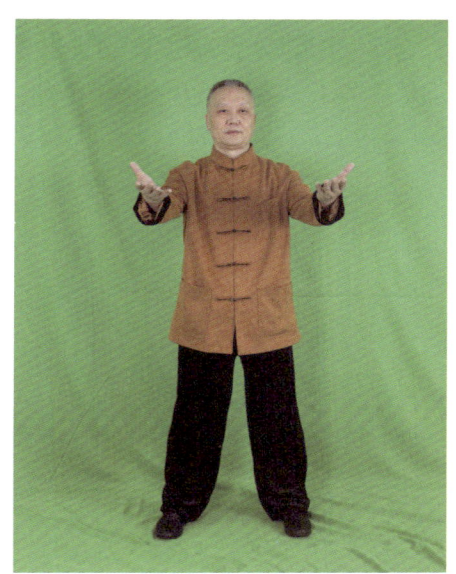

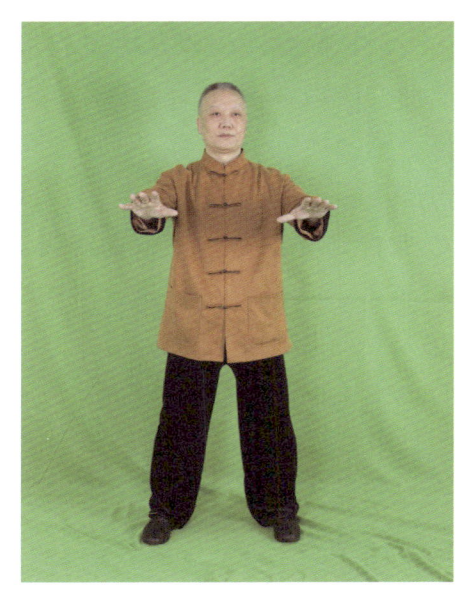

乾坤桩图解

站桩可以在地上，也可以在垫子上。在垫子上练站桩时不要光脚，要穿袜子，就是夏天也要穿袜子，可以穿薄的、透气的袜子。这是前人内练总结的一个经验，不要光着脚、光着膀子练，再热也要穿一双很薄的袜子，这样不散气。

站桩的过程虽然要放松，但不能随便，要有专注力。就像我们写书法，进入状态，绝对不要随随便便，要有一种很肃穆的、很神圣的感觉。拿着一支笔，凝神静气，正襟危坐，进入状态，一笔一画地写就是好。这是超越了字形间架结构的内练。站桩也一样，养成一种惯性，一站，全身马上进入这种状态，就是生命如一的状态。站桩生活化，这就是修为、修养。

乾坤桩低位桩时，下按的手腕注意不要死折，一定要松平、松畅。两手宽度跟自己身体的宽度差不多，稍宽一点、舒服一点也行，但是不能太窄，太窄了，胸中的气就淤了。指尖向前，不要扣着，不能掀肘。过去武术界认为，一掀肘，就代表功夫不高，一出手，肘一定是松沉的，太极拳也一样。

舌抵上颚，呼吸细匀深长。鼻子轻轻地吸一口气，随着吐气，气沉丹田，圆裆松胯。两只手如同按着两个球在水中。

练的时候即使睁着眼睛，也不要使劲往前看，要视而不见。闭着眼睛感受一下也可以，也可以垂帘，就是眼帘低垂，神意内敛，返观内视。眼睛即使睁着，也是往身体里边看的。意想手中这两个球慢慢地化掉。手上按球的感觉还在，是球在慢慢地膨胀，无边无际。真气充盈，独立守神，肌肉若一。

按球桩，手的高低上下有一个幅度，高桩体位如果站的时间长了有点累，可以把手再放低些，可以调整。

第三部分　站桩实修

安立桩

安立桩

安立桩也叫托球桩。

安立桩还是从无极桩开始。两脚自然平行开立，窄一点或宽一点问题都不大，身体微蹲，进入无极桩的状态。含露松垂、手心放松，然后两臂手背向上，由身体两侧缓缓向上抬起。五指始终保持自然分开，不要扭劲。有的朋友一开始很放松，一抬起来

133

桩修：站桩的生命智慧

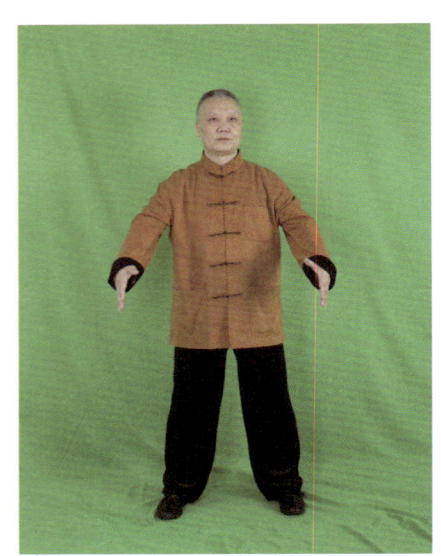

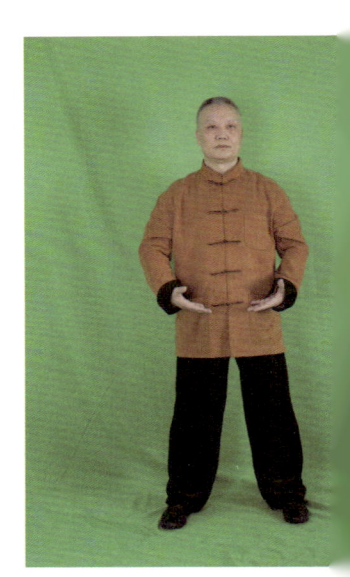

安立桩图解

手就绷着了，往后一提就吃劲了。两臂还是随意念而动，让它们自己起来，不要像做广播体操，一二三，起来，不能这样。两掌侧面好像有线细细地牵起来，呼吸自然。

掌心向下内含，抬到什么程度？大约45度，不是一定要像量角器测量的那样准确，你说我44.8度行不行？50.1度行不行？当然行，我讲过，我们站桩是物理状态，不用数学度量，大概是那个状态就行，状态要对，要准。

然后两手缓缓地向体前捧起，意念中把天地精华之气捧起来，托捧。这个时候身体微微下蹲，整个身体状态像一个钟一样。两掌心向上托捧，大概在肚脐附近，也就是我们通常说的下丹田。不要太高，太高就端起来了；也不要太低，太低就拖下去了。两臂还是保持圆形。

两掌之间的距离大约与肩同宽，不要捌出去太大，也不要挤在中间，大概在觉得舒服的范围。大拇指微微张开，十指自然分开，指缝间像夹着一串小球。好像托着两碗水，不能洒了，十指相对，虎口斜向前。手不要碰着身体，稍稍离开一点，也不能使劲向外、离身体太远，不能送出去，送出去气就散了。

舌顶上颚，眼睛视而不见。两手缓缓向两侧自然抬起来，意到气到。手背上有压力的感觉，两臂如同展翅，感觉像仙鹤飘飘欲飞。

双手向胸前合抱，再收于腹前。这时候手心很快会发热发胀。沉肩松肘，注意这个时候容易耸肩，检查一下肩部是否自然松下来。找到怀抱日月、怀抱乾坤的感觉。

我们站桩、练太极拳不是总说丹田吗？不用专门去练，专门练丹田要用很复杂的方法。站桩刚开始练习和到了高级阶段都要大道至简，就练托球桩。两手托在丹田这儿，就是在充实丹田之气，练虚心实腹，这就是不练而练的丹田功夫。

有的朋友说，我练的时间长了，觉得身体沉重，或者是气有

冯志强先生托球桩

点憋。这就是气上浮，没有沉下来。或者你太使劲儿、太较劲儿了。站安立桩有助于身体的松沉和气的下沉。站这个桩长了以后，气会自然地下沉。

这个桩法在过去武术内功里边也是非常重要的，很多武术家都练。大家看这张照片，是冯志强先生在练托球桩。

站安立桩，从进入无极桩的状态开始，到托球定桩，气息要稳。定式的时候两手心向上，在腹前如托球状。第一要给它托起来，我们在站桩教学中采用了一些假借、冥想的训练方法，这里两个手好像托着两个球，你要感受到这两个球的体感、气感、意感。练习到一定程度，不用再专门想具体的形象，也会有这种感觉。

我们讲过"托放诀"，要找到平衡点。上下可以稍稍地轻轻颤一下，掂一下，感觉到实实在在、很充实、充盈的手中球。

注意是托，不是端。练的时候大家感受一下，检查你是不是在端，托和端是有区别的，你要端起一个脸盆很累，端着一个球也很累，端起来的时候肘就出尖了。站桩要求力不出尖，形要圆。很自然地托住，往下放松一点，安放而不是往下扔的感觉。手腕松平，不能折成死角。

桩修：站桩的生命智慧

站桩的程序

我们这门课为什么叫"桩修"而不是单纯的站桩？因为除了技术还有很多理法、文化的内容，是一种综合修为。

有些人练拳，练到一定水平再提高就很难了，为什么？就是修为的问题。

所以站桩不要一上来就站，功夫在桩外。站桩的过程是不断提升生命修养的过程，相对应的，综合提高自身的修养，对于不断提高站桩的功夫是很有帮助的。

还有就是站桩要讲究一些步骤、程序，不是上来就站，站完就走。在站桩和练太极拳时，很多人都容易忽视细节，把主要的注意力都放在站的过程，或者套路的练习过程，看重一天站了多长时间，套路练了多少遍。这些固然重要，但站桩、练拳的各个环节也要了解。站桩是一个静心的过程，要不急不躁，不妄不浮。

起、安、定、运四个环节，构成一个完整的桩态。

站桩的程序

起桩

station之前要调节身体,把姿势、身心状态调整到符合站桩对形、意、神的要求。这个过程我们称之为"起桩"。每个桩都要有一个起式,起桩决定了状态。太极拳也有起式,千万不要忽视练太极拳的起式,可以说,起式没起好,这套拳都打不好。站桩、打太极拳,行百里者一半在于做好了起式。

每个桩的起桩动作可以有一些区别。

在练无极桩的时候,一开始时十个脚趾要轻轻地抓地,然后松开,启动涌泉的气机。练浑元桩的时候,有一个动作很重要,两只手在身后,掌心向外,轻轻地用外劳宫穴贴住肾俞穴,然后由腋下推出来,在胸前抱住。还有乾坤桩,一开始是虎口向上,然后翻转掌心往上抬,之后转按。上面这些步骤都是"起桩"。

起桩,就是桩的起始,京剧里叫"起范儿"。起桩非常重要,它是一种身心准备的过程,包括动作,更包括神意。然后下去叫

桩修：站桩的生命智慧

浑元桩起桩

乾坤桩起桩

安桩，安好、安放、安稳，再有就是站桩、运桩。

起桩有一个过程，有导引行气的成分，不是上来就站。起桩后再站，效果就会不一样。起桩起好了再安桩，然后再站。站桩不要松松垮垮，随随便便抬起手就站，不行。哪怕动作很简单，也要有这个过程。起桩起到进入状态的作用，桩虽静，气犹动，先动再静，动归于静，由静而动，动静结合。

起桩有特殊作用，奠定练桩基础。我们很多朋友站桩，上来就站，匆匆忙忙，准备不充分，效果不一定好。

之所以有起桩这个阶段，正体现了站桩动静相生这一特点。站桩很容易了解它静的一面，从外形上看就是这样。但这也让一些练习者产生误解，他们对桩的"动"的属性认识不足，甚至认识不到，最后把桩站僵化了。

传统养生体系，历代都有主静派和主动派，双方强调的重点不一样。真正优秀的内练方法一定是动静结合的。

由动入静，由静生动，是中国传统内练学问的精华，在站桩中也充分体现出来，所以我们要认识到起桩的意义。

安桩

安桩就是把桩安放、安稳了。形安定,气安稳。

起桩要灵动、轻灵。安桩要沉着。安桩决定站桩的基本形态和状态。

比如乾坤桩,从起桩到安桩,两手自然地前抬,虎口向前抬起,很灵动,很飘逸,很潇洒。旋转掌心向上,接通天地之气、乾坤之气。反转掌心向下,面带微笑,自然沉落。放松肘,微微地外张,撑开,圆形下按,整个过程中调动内气,引体令柔,在此基础上要把我们的身心安放好。

安桩就是把桩的状态安放好,包括外形的安稳、状态的安定、心境的安和等。站桩一定要安放好身心。桩没安好,站下去就变形、变性了。

如果桩安歪了,安得不准确,站的时间长了,还可能形成憋气。安桩就像我们太极拳的定式,一定要准确。很多有经验的老师教学生,提前给你纠正定式,给你调整拳式。我们站桩也有调桩,把桩调得合适就是安桩。

起桩和安桩是一个衔接的过程,在起桩时进行动态调节,找好平衡点,在动中找到静的合适位置。

定桩

　　定桩就是我们通常所说的站桩的定式，不浮躁，不浮动，不走偏，定下来。

　　在定桩之前，我们起桩、安桩，对身体的内外部位、内外元素、内外状态进行动态的调节和安放，找到最合适的站桩的体位和体感，这样定下来，站下去，随着时间的积累，功夫不断增长。

　　定桩之后，依照各个要领来站，可避免站桩定型之后反复调整、反复找寻。定桩之后就要沉静，站得住，身不动，形不歪，心不躁，神不溢。

定桩之后也不是一点都不能动，不是一成不变的。有的人站好之后，一动不敢动，即使有的地方不太舒服，不太合适，也不敢调整，生怕一动，前面的功夫就白练了，这是一种误解。

就像太极拳的静不是一点不动的静，而是动中有静，是均匀状态下的动，是神意契合状态下的动，动时也是静。站桩也是同样的道理，站桩的动主要是内动，但内动往往会引起内外各部分的感觉，甚至引起一些外动感，这时候，根据感受适当做些调整，往往还有利于内气的运行。

当然，既然是定桩的状态，就要以定为主，不仅是外形不动的定，还有心意不动的定，是一种浑然如一的状态。真正定得住，定得下来，定得深，定得透，因此也就由定入慧。

第三部分　站桩实修

运桩

运桩是我们桩修课中一个重点介绍的内容，是关于桩的运用。我们站了桩，就要使之发挥更大效能，包括很多人练拳，要把桩和拳结合起来。就是不练拳，把桩的动静结合起来，效能也会更显著。

运桩是桩的运行、运用、运化，是在起桩、安桩、定桩三者基础上的深化，静中有动，动静结合。站桩不是呆板地站死桩，而是生机勃勃，气韵生动，是站桩定式过程中内气的运转。运桩有静运法、动运法。

有的研究者把太极拳称为"有为法"，有很多动作，有很多方法，有精气神运转。相对来说，站桩可称为"无为法"，它讲究自然空明，化繁为简，但精气神的运转是一样的。其实，有无是相辅相成、互相转化的。练到高级阶段，有就是无，无就是有。运桩阶段把有和无结合在一起。

所有的桩都必须要练活，不能像死水一潭，死站不行。运桩

运桩之法　赵晓玲演示

是把桩站活的一个重要方法。

运桩是站桩非常重要的一个部分，但是被很多人所忽略。站桩不只是就那么静静地一站，不是死死板板地静止不动，要站出活力。它是通过一定的静态方式，通过一定的要领，达到静极生动。外表虽静止，内里却是活泼泼的，生机盎然，在周流不息地运转。

站桩可以使我们的生命力更加旺盛，还可以跟太极拳结合，太极拳的每个式子都是一个桩法，太极拳要活，同样也要把桩站活，桩也是流动的，拳桩一体是基本道理。

运桩之法是站桩体系中一个重要的锻炼方式。运桩就是把站桩的气感、意感和体感相结合，进行综合运用。

运桩时有很多感觉会比较明显。比如我们站按球桩时，会有很多感觉。

松静站立，两手微微下按，身体慢慢站起来，像按着两个球，又像扶着桌子站起来一样，把两个球轻轻往下按在水里，身体随之慢慢站起来，就好像手把球往水里一按，反作用力把身体给顶起来了。

太极拳中有一个境界叫"陆地游泳"。你的手感觉不到用力，所以叫"用意不用力"。

两手按住两个球，由高位桩变低位桩，缓缓下按。不是自己的手往下按，而是意念一到，沉肩松肘，慢慢地感觉到两手各有一团气在掌中，按住这两团气。慢慢地由低位桩再转换到高位桩，是手下边的两团气慢慢托起来的，不是你抬起手，身体随之缓缓站起的。然后沉肩松肘再蹲下，由高位桩到低位桩，如此反复不断。这叫上下拉气法。

两手下按的时候，可以感觉到两个手热乎乎的，仿佛膨胀，按着两个球在水里时，手可以轻轻地晃动一下，幅度不要太大，有轻轻的微微的晃动感觉。按着这两个球，在水里揉它们，左右轻轻晃动，停下来按住，再慢慢把球往水里摁，身体慢慢站起来，

按球桩

就好像用手往下扶着桌子站起来一样。

这样就是把站桩体验到的劲感、气感运化在动作上，运在拳架上，就是桩拳合一了。

要找到扶着桌子站起来的感觉，但是一定要慢慢地按住球，缓缓地按，是手按着球把人给顶起来的，不是你自己站起来的。

再练低位按球桩，旋转腰，丹田内转，手随之在体前旋转画圈。不是手单独在体前转，而是身手一体。按住手下两个球，运球旋转，好像你在大海里边搅动海水，先逆时针转，再顺时针转。转的过程中身体中轴线不变，身体中正，这也练了丹田。转的时候要均匀，肩松、腰松、胯松、敛臀，脚不要来回地动。根要稳，不要前仰后合。

这些细微的感觉在运桩中有更显著的体会，然后在静站的时候再加以体察。

桩修：站桩的生命智慧

再比如站浑元桩。

两手环抱于体前，慢慢地让脊柱松直，百会穴轻轻上领，会阴穴与百会穴相应，两个肩井穴和两个涌泉穴相对，三线如松，以百会、会阴连线为中轴，圆裆松胯，慢慢旋转身体。

先缓缓向左，再缓缓向右，要体验不同体位抱着这团气的感觉。抱着这团气慢慢地运转。

中轴要松直，不要弯斜，这样越转越能感觉到全身的气在周流，脚趾不要掀起，轻轻地抓地。

浑元桩运桩练习法

身体回正，两手、两臂、全身中正，不是手在简单地拉，而是胸、腰、腹拉开。这样的训练法就是运桩法。

太极拳也是运桩之法。每个动作都要注意体会站桩的气感，把站桩的气感带到拳架当中去，充盈四肢百骸。

太极拳千变万化，理为一贯。太极拳可以有各种流派、各种动作，但是真正的太极拳就是两式，一式阴、一式阳，再练得深一步就是一式，就是阴阳合一这一式。所以天下太极就是一式。把一式练通了，一通百通。

太极拳就是动桩，就是活动的桩，就是运桩。同样道理，站桩就是静态的太极拳。广义地说，符合太极原理的运动我们都可以叫它太极运动。太极拳，拳既是武术的拳，又是"权"的运动，这个字在中国古代有动态平衡的含义，权衡，大家要深入理解。

148

胯圈

胯圈也叫自在圈，过去一些武术名家专门用它来练内功。练拳的重要一步就是开胯，胯不开，不仅身形难以灵动，气机也难以上下贯通。太极拳的每一步变化都涉及胯的运转，甚至有拳家强调："懂了胯，才算懂太极。"

胯圈的练习可以用来辅助练拳，辅助站桩。

无论是太极拳还是站桩，都要求圆裆松胯，尾闾内收，会阴放松。中节很重要，要上下连通。有人练拳练了很多年，腰还是断的，胯不活，这样上下之气不能贯通。胯圈就是帮助练习开胯的方式。

胯圈的基本练法就是百会穴跟会阴穴相对，保持中正，两个胯转圈。

讲解"胯圈"要领

胯蹓的动作是两条腿相结合的，两腿交互画圈，相对画圈，相互协调，配合画圈。还不仅仅是胯动，腰、腿、脊柱都会随之而动。

人的衰老首先体现在两个方面，一个是大脑，一个是腿。大脑要勤活动，看书、写东西或者是思考，越用越灵。《中华武术》的创刊主编昌沧先生，100岁，依然天天写东西，天天读书，思路非常敏捷。他就讲："我越不停地用，脑子越灵活。"还有就是"人老先由腿上见"，所以锻炼腿部的功夫也是一个重要方面。

中国传统功夫中锻炼腿部的方法很多，这里给大家介绍三个特别简便有效又容易练的方法。

一个是太极拳的猫步。猫步是虚实结合，沉实而又轻灵，左右腿重心来回互换，是太极拳行步的基础。

太极拳"猫步"练习　丁岑亮演示

第二个是八卦掌的趟泥步。有直着走的，也有转圈的，包括扣步和摆步。八卦掌的趟泥步左旋右旋，拧腰转胯，运动幅度较大。

第三个就是胯圈。胯圈是一种很高级的练习方法，太极拳的每个动作都会把它贯穿其中。比如一个简单的搂膝拗步，不是一搂就完了，要用腰，还要用胯，左右腿有顺逆的转动。过去一些传统的拳家教授弟子的时候，一开始就让练习胯圈。可以说，每个太极拳的动作都有胯圈。

胯圈练好了，站桩时体内会更加松柔、松畅，能消除很多的紧张点，特别是增强上下贯通的感觉，练习会顺畅许多。

八卦掌趟泥步练习

桩修：站桩的生命智慧

站桩的关窍

"关"古代指关隘如道路上设的关卡、自然形成的关隘等，还有时指战略要地，在这里指我们练习过程中重要的时空点、能量点。"窍"就是窍门、秘诀。

站桩中最基本的关窍就是若干个重要穴位。在这里我们向大家介绍一下与站桩关联比较紧密的九大穴位。

这九个穴位分布在人体的经络上。经络和穴位是中国古人关于人体生命的伟大的发现。在古代没有任何的仪器设备，没有现代的科学研究手段和技术，完全靠人的自我体验、自我感知、自我体悟，经络穴位就是中国古人总结出的一套非常奇妙的人体的生命能量流系统。

对于穴位和经络的认知，不同的系统、不同的流派有所不同。

站桩与穴位

中医是一种角度，道家内丹术是一种角度，导引是一种角度，武术又是一种角度。

比如从武术角度看，长强穴被击中能让人体麻痹瘫痪，从中医角度来看，这一穴位又重于其他角度。所以不同的角度有不同的认知方式、方法，可能有不同的说法，但是基本原则都是一样的，都是相通的，只是侧重点不一样。

我们今天是从站桩的角度来认知穴位。结合这些认知，我们也会带着大家做一些有针对性的练习。

九大穴位就是我们练桩当中的关窍。

我们今天说到九大穴位就是要通过站桩锻炼，让穴位各归其位，各自发挥功能，回归身体的自然状态。

百会——桩阳在天

百会穴在头顶，在两耳中间连线和中际连线交界的地方，在头顶正中稍稍偏后的地方。百会为诸阳之会，"诸阳之会，百脉之宗"，被认为是所有经脉的宗始，它是调节大脑功能的要穴，是我们练习站桩，包括练习导引内功时特别重要的一个穴位。它可以贯通周身的经穴，位于头顶，属阳。但是它阳中有阴，在练站桩和太极拳时，头顶百会要微微上领。

身形就涉及百会，内在感觉更是关键，虚领顶劲是基本要领。在百会穴微微上领的过程中，大家一定要注意，不能使劲往上顶。百会领一身之阳气，百会穴不领起来，阳气就竖不起来，中气就树不起来。

过去老先生讲，"低头猫腰，功夫不高"，练拳时百会穴低，阳气就领不起来，全身气机就鼓荡不起来。所以我们要"外挺拔，内虚灵"，最重要的就是百会穴要领起来。

怎么领？下颌稍稍地内收，百会穴就领起来了。既要领起来，又不能使劲往上顶，这是百会穴练习的一个要领。桩看着挺拔不挺拔，舒畅不舒畅，百会很关键。百会穴的练习有很多比喻，比如头微微上领，像有个细线绳拉着一样，这个绳不能拉得很紧，但是又不能耷拉着，太松懈。比喻都是为了帮助理解的，真正的掌握是要自己去细细地体验的。百会穴从站桩的角度看，我们总结出一句话，帮助大家去理解，叫作"桩阳在天"。

会阴——桩龙于田

会阴在两阴之间。站桩的一个关键要领是"圆裆松胯"，就是为了使百会、会阴贯通。人体的很多穴位都是在外侧的，而会阴穴在腿中间，是在内的。会阴是任脉、督脉、冲脉三脉的会聚之所，所以叫会阴，它跟我们的泌尿系统、跟我们的肾等都有连带关系。它是阴气会聚之所，阴气必须跟阳气连通鼓荡，阴阳相合。所以百会穴和会阴穴在站桩过程中要上下贯通。

我们讲的站桩要领"三线如松"，中间一线就是百会穴和会阴穴连线。会阴穴跟我们的醒脑、镇定都有关系，有的人容易郁结、

郁闷，昏昏沉沉，可能就是因为会阴不通。与会阴有关的调节锻炼也可以强肾，特别是在女性调经等方面有独特作用。会阴穴，我们在站桩中有一句相应的口诀叫"桩龙于田"，这也是借用了《易经》里边的话。"田"是什么？人体的小腹，它跟我们的泌尿系统、生殖系统都有关系，是生命的孕育之所。"桩龙于田"，阴阳二气相鼓荡。会阴、百会等于仁督二脉的两极，对内气的运转有至关重要的作用。

涌泉——桩能在渊

涌泉穴在脚心，大概在前脚掌三分之一处，它是肾经上的穴位。我们传统的站桩方法里边有一个说法，就是肾气来源于足下。所以练涌泉穴对于练站桩特别重要。它跟治疗前列腺、降血压都有密切关联。涌泉穴在传统养生理论中被认为具有接通地气的作用。按摩涌泉是中医穴位养生中最常用的方法之一。

还有一个练习穴位的方法是意守，有些穴位不能使劲去按。比如膻中穴，按摩力度过大不行。所以就用意念运转，意到气到，我们站桩时主要是用这种方法。当然大家也可以结合一些按摩。比如每天临睡前搓热了手，搓搓涌泉穴，也有通经调神的作用。

在站桩要领中我们经常讲到涌泉，站桩开始的时候，十个脚趾轻轻抓地，打开涌泉，接通地气，接通肾气，跟百会穴相应，然后再松开，扎根大地。涌泉为水，水为坤卦，坤为地，坤为万物之母，有生发、生养的作用，具有能源之效，

所以这一穴位的桩诀为"桩能在渊"。

肩井——桩能在渊

跟涌泉相关的肩井穴，我们合在一起说。肩井穴在肩头，但不是在两个肩的正中，而是稍稍有点偏里偏后。肩井穴也是阴气交会之所，它一个重要的作用就是疏通气机。如果颈椎疼痛、头痛，经常锻炼肩井穴会有所缓解。这里要强调一点，其实肩井穴还有个重要作用，它是贯通向下的，就像向下打一口井，和涌泉相应。我们说"三线如松"，就包括要肩井对着涌泉，涌泉是生命之泉，水生万物，涌泉打开了就是井，所以把肩井跟涌泉对上。这是生命之井，对应上了，井水才能抽上来，才能够滋润全身。生命入口在涌泉，动力在肩井。所以"肩井对涌泉"是一个重要的练习方法。怎么练习才能使肩井与涌泉贯通，把"水"吸上来？一个简单有效的方法就是沉肩，沉肩以后，一松开，穴位就打开了。如果耸肩，就是紧张，穴位就闭合了。门关了，就松不开了。所以一定要沉肩。肩井要跟涌泉结合在一起。我们统一用一句桩诀，叫"桩能在渊"。《易经》里边有一句话叫"潜龙在渊"，潜下去的龙吸收能量。

这里顺便讲一下，所有的站桩、练拳，意守的位置都不能太靠上，不能在胸以上，要虚心实腹，沉下气，经常往上意守，容易造成头晕等问题。

膻中——桩心无端

膻中属于任脉，在两乳中间，主心、主脑，对于心悸、心烦有调理作用，主治胸肺的疾病，跟呼吸也有关系。胸闷、心痛、心烦，还有女性乳腺增生、焦虑心慌等疾病，跟膻中穴都有很大的关系。这一穴位的桩诀叫"桩心无端"。无端是什么？就是没有节点，没有滞点，是一个循环，空明澄澈。膻中也是任脉上的穴位，在过去讲周天行气时，是个非常重要的穴位。

桩门流转　桩心无端

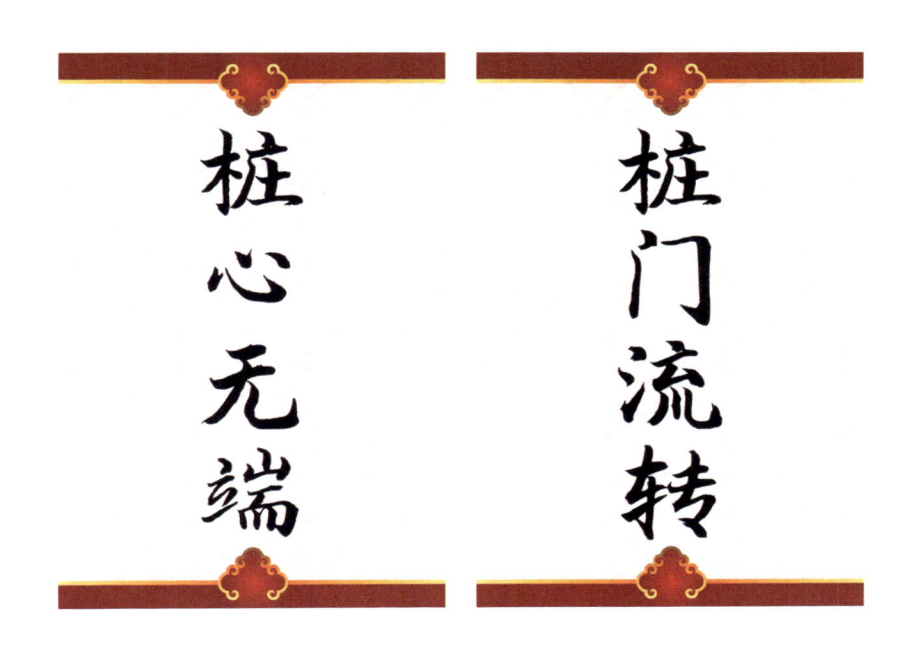

劳宫——桩门流转

劳宫穴在两掌心。劳宫是心包经的穴位，属火，可以泄肝火、化湿气等。我们站桩时，可通过劳宫穴将气门打开，劳宫穴在站桩时气感最强。气感有很多种，在人身上也有各种流动，各个穴位都会有感觉，但是劳宫的气感最强。它虽然属火，但是练的时候一定不能过火，所以我们有一句口诀叫"两项不争"。浑元桩就是双手劳宫穴相对环抱，正确的练法是斜相对。太靠里了手腕会折成死角，要平要圆，要斜相对。关于劳宫穴，我们也有一句话总结，叫"桩门流转"。它是练站桩的门户，要流转起来。流转起来有两个意思：一个是全身在流转，一个是这个门要打开，它不是死门。这个门始终有气在流转。

劳宫穴的开合，会带动全身的气机鼓荡。有一个健身方法就是搓手，搓劳宫就是搓手。还有拍手，有很多锻炼劳宫穴的方法。

足三里——桩基于乾

足三里在小腿外侧，是一个保健的重要穴位，可生发胃气，胃气又与四肢的功能相连带。所以有的人四肢僵硬，有的人四肢偏软，可能跟足三里不通有关。我们站桩要虚心实腹，特别是下盘要实，双腿微屈，这样的练法对足三里有锻炼的作用。下盘牢固、充实的同时，又不能笨拙，不能笨重，为的是打牢根基。所以足三里要实而不滞，充实不停滞，不塞不淤滞。足三里我们也总结一句话，叫"桩基于乾"，强调站桩的根基，"乾"就是实，三个阳爻要实，圆满、圆融、充盈。

命门——桩本固元

命门关乎人体虚损，跟腰肾相关。命门在身后，两边是肾俞穴。命门又在督脉上，是生命的门户，是元气的根本。所以它是站桩内练及太极拳中非常紧要的部分。站桩的时候，命门不可凹陷，不可塌进去。我们老讲尾闾内收、溜臀，这样命门就鼓起来了。

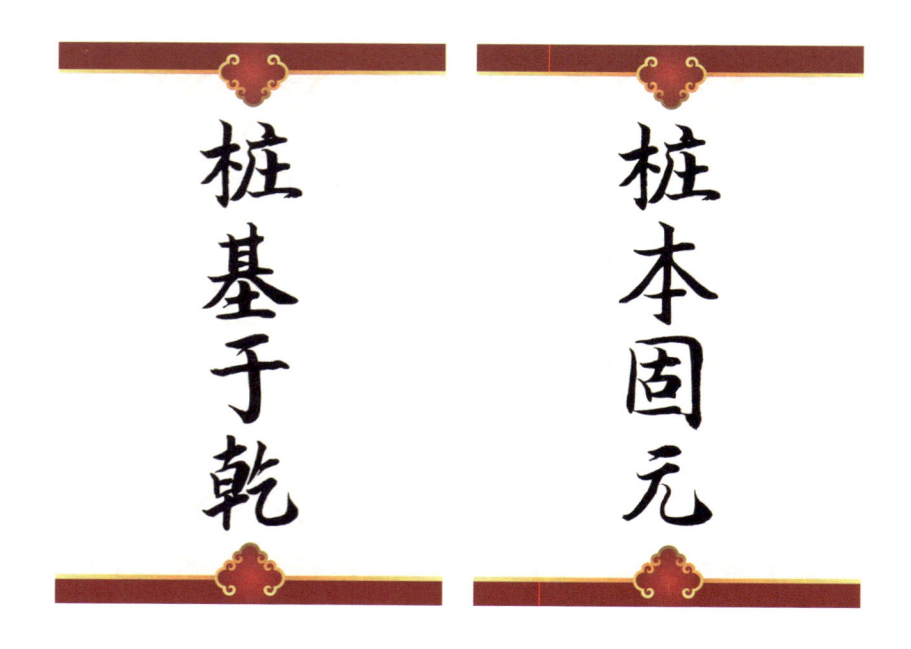

当然，每个人的身体结构不一样，也不能使劲往后拱，要自然而然。命门的作用就是培元固本，强健腰膝，跟足三里是相应的。命门的桩诀叫"桩本固元"，是站桩之本，固元的。站桩时，命门如果塌陷进去就会不舒服。一蹲下来，命门稍稍一松，丹田就松了，感觉整个身体都松了。

尾闾——桩海引见

尾闾穴也叫长强穴。尾闾是古代传说中的海水归纳之处，尾就是百川之下，闾就是水聚的地方。尾闾把人体内气内吸，汇聚到尾闾比作百川归海，所以我们也总结一句桩诀叫"桩海引见"。桩海承接所有的海水。这里面海水指代的是人体内气。桩海引见就是把内气如同海水一样引入。尾闾穴是连通任督二脉的一个非常重要的穴位，只有按照要领做对了，整个任督二脉的气才能够通畅。所以尾闾的一个作用是"引"，把内气引过来；一个作用是"送"，这样气被引进、引见，气机就鼓荡起来了。古代内丹术将周天行气称作"河车转运"，就是以水比喻气。如果尾闾不内收，要领不正确，就会影响丹田之气的运转。有一句话叫"尾闾中正神贯顶"，尾闾中正了，神才能领起来，保持中正的一个练习方法就是尾闾内收。

以上这九个穴位，讲的时候是一个一个地讲，实际上你往那儿一站，所有的穴位要领都要一下子做到。刚开始时一个个调整，等到了一定阶段就不用去想，一下子就都到位了。就像我们练太极拳，只要平时训练做到了，一举手就是那个状态。

桩修：站桩的生命智慧

站桩训练之"松"

松是放松，松下，放下，无挂碍。不放松就是紧张，身体就会僵硬。站桩时间长了就会觉得疲劳。能不能松下来，是衡量站桩水平和效果的重要指标。

站桩时一动不动，外在的架子要撑起来，内里要松下去。松是站桩的核心要领之一，也是训练的重点内容。松对站桩效果很关键，做到了"松"，内气才能自然流畅，心理也才能稳定。静立过程中，真松了，才能守神。在站桩中逐步消除身心的紧张，气血贯通，虚心实腹。

站桩的"松"和太极拳的"松"一样，指的是全身自然舒松，不是懈怠和疲沓，它要求肢体"曲中求直"。站桩姿态中，周身关节、肌肉，凡是能够或应当舒松的部分，都必须做到自然松开。松的目的，一是便于做到"柔、圆、开、达"，以求内气运动的灵活轻松；二是胸腹松静便于沉气，稳定重心，使气不虚浮。

要做到站桩的"松"，也要从两方面着手，一是从外在形态即人的躯体着手。头部，要求顶头悬，做到不丢顶。颈部要自然，颈肌要放松，避免颈项强直。躯干，要求立身中正，就是脊柱自然地呈现直立状态，不能倾斜，也不可绷着劲、拿着劲。安舒中心，顺应自然。要含胸拔背，内虚灵，外挺拔，胸部略内含，避免挺胸，则背部成自然微弧的背弓状态，其作用是使胸部松开，让内脏自然舒适。四肢，要求松肩垂肘，溜臀松胯。两肩自然下沉，不前扣、不后挤，前扣则胸紧，后挤则背紧。肘要自然松垂，不可有意使劲下坠。敛臀不凸出，要自然含垂，避免随便扭动。两胯要松，两腿自然微屈，不受影响。两脚掌和两手掌也应舒展、松开，不要用力。站桩时要逐步检查形体是否放松，各部分舒展、展开，肌肉、关节，表里处处松开，不使紧张累积。关键还要做到内脏的放松，内脏各得其位，各应其职。二是从内着手。对人体内部而言，要保持头脑安静，神经不紧张，以便周身松静。保持精神状态的松弛，心静如水，平和自然，没有杂念纷扰。

头脑安静，站桩时才能做到"神意自然"，不要努气。要放松腰、腹部位，"腹内松静气腾然"。腰、腹不用力，气自然下沉，就是利用腹呼吸，做到"气沉丹田"，既可避免气上浮，也可稳定重心，不迟不重。

松和沉是相连带的，在松中保持"沉"的感觉。做到了松沉，就有了太极拳的"蓄"，就有了养料。我们要特别注意体会"松"和"沉"连在一起的含义。沉着松，是自然向下的松法，由于重力的原因，人体向下的松是一种最省力的松法，实际上，只要我们调整好了身体各部分，使之互相没有消耗，没有矛盾纠缠，也就是完全"理顺"了，在重力的作用下，就能呈现一种"松"的状态。所以练站桩和太极拳，不是我们主动去架构一种状态，而是去掉多余的、束缚我们身体的羁绊，就达到了松，这就是一种阴阳和谐的太极状态。

站桩训练之"松"

桩爹：站桩的生命智慧

站桩训练之"静"

为什么要静？人在白天的大多数时候都是不静的，这就造成了大量的能量损耗，影响生命的能源。即使在夜晚，有些人也在做梦、失眠，不静，也会有能量损耗。

睡眠不好就是因为不静，日常生活中存在很多不必要的生命能量损耗。大脑活动占人体能量损耗的比重很大，而大脑活动中相当大的一部分是杂乱而不必要的。

在站桩中保持内三合、外三合

"静能减消耗养身心"

站桩训练之"静" 龙骄尔演示

站桩的作用之一，就是节省大脑不必要的能量损耗，通过静下来，减少杂念，把更多的能量供给五脏六腑，供给其他组织、系统生命活动的需求。站桩帮助人入静，不仅能减少能量的损耗，还能逐步帮助建立起节能机制。

站桩的"静"是形静和神静相结合，又与内气的"动"相应。"气须敛，神宜舒"。

相较而言，外形上的静要容易一些，而思维、意念上的静要难一点。进入站桩状态后，就要避免胡思乱想，静下心来，这样气机就会平稳。站桩时要沉静，避免心烦气躁。静首先要"沉"，就是把该放的东西都放下来，不要背包袱，站桩时思想上还沉甸甸的，就静不下来。

入静后，呼吸也会发生一些微妙的变化，逐渐均匀，更加深长。

越是达到静的程度，静得越彻底，就越容易静极生动，这个时候生的是"内动"，内里的动，动得深刻，锻炼的是内脏。站桩时心静很重要，一切深度效果取决于此。如果心动了，气就躁了，就收敛不住了。

需要强调的一点是，许多养生学家的切身体验告诉我们，动静结合是养生的大要。站桩本身就是动静结合的，外静内动。如果有条件，也可以学一点太极拳、八段锦等，这样把外动和内静结合起来，效果更全面、更显著。

站桩训练之"合"

站桩所要求的"合",一个主旨就是"内外相合",这是中国古代整体观的一个重要体现。

中国功夫"内三合、外三合"的理法,适用于很多拳种流派,特别是内练体系,同样也适用于站桩。

外三合:手与足合、肘与膝合、肩与胯合。站桩时,无论哪种桩法,手与足都是相合的,手上的经络、穴位与脚上的经络、穴位都是相对、相应的。比如浑元桩,两手环抱,手与手是相合的,直接相合,手指相对,掌心斜相对。两脚平行站立,也是相合的,可保持整个身体的中正安稳。两手和两足也是上下相合的,这种相合可以理解为遥遥相对、互相感应,形成了上下的"气合回路"。两肘与两膝、两肩和两胯也是同样道理。合是形上的上下相对,更是内在的应合、契合。站桩中很多形态是要求身体对称的,相应部位的合就使得身体形成一个均匀平衡的结构,有利于气的鼓荡、流转。

内三合:神与意合、意与气合、气与力合。内三合是更深层的合,使得神、意、气抱成一团,不散、不乱、不浮、不躁,这就是内养的结构。

外三合与内三合也要相合,二者各个因素要互相契合,所以实则是"六合",内外不分,内外如一。内外相合后,身体就变成了一个和谐的统一体。

很多人以为相合就是"外三""内三"一一对应,这是片面的。只有互相交叉契合,才是"内外相合"。在处处相合的状态下,人体就是一个动态的平衡系统。

站桩中的"合"还有一个比较高的层次,就是"天人合一",那是更大范围的"合",包括人与自然的合、人与社会的合等。

桩修：站桩的生命智慧

站桩训练之"圆"

站桩虽然是静静地站在那里，但不是像木头桩一样直愣愣地立着，桩态一出，处处都是圆。每种桩法，身体结构处处为弧形，处处体现"圆"的特征。

站桩时，每个关节都不要挺直，更不能僵直。两手垂下时是松垂，环抱时是圆抱，下按时是含按，上托时是圆托。

身体的每个部分也都是圆的。脚掌虚含，涌泉穴打开，两膝微屈，保持弧形、有弹力。两肩自然松沉，腋下虚含，敛臀圆裆。我们看：所有要领都扣住了"圆"。

在站桩时，"圆"不仅是外在特征，还是内在特性。内气运转要圆润，起桩、安桩、运桩要圆活。圆活才有趣味，圆活才有生机。

圆是一种身心放松的、自如的状态，不局限于某一点，每一点都充满变化，都互相连接。因为圆是一种最节省能量的连接方式。当身体内外保持圆的特征、体现圆的特性的时候，就最容易、最方便把内外各种因素连通起来。

所以在站桩中要学会体验圆、运用圆。

为了加深对圆的体感的了解，可以适当运用太极拳中的"云手"动作来进行训练。云手动作，两手两臂连环左右画圆，身体左右旋转画圆，移动过程中圆裆松胯，两腿也要圆转移动。

站桩中实现了"圆"，一个直接效果就是可使身体内外形成"圈"，圈的结构，圈的功能。

最好是通过形圈来练气圈。

形圈就是站桩依照要领保持好桩态后，身体就形成了立体化的内外圈，大小不一，纵横交错。和太极拳类似，太极拳是在动作中形成圈，站桩是在静态中形成圈。

太极云手处处圆　丁岑亮演示

站桩的气圈有三种：

内圈——气运内脏的立体圈，其作用在于滋养内脏。

外圈——手、脚梢节圈，气在梢节运行形成的圈。

身圈——气遍周身形成的圈，通过以气运身达到以气润身。

内圈、外圈、身圈相应。最典型的气圈是小周天，任督二脉构成一个完整的气路。

太极拳的圈大都是综合性的，具有多种属性，比如小周天既为气圈，同时也是前后立圈，还是身圈。

站桩练到高级阶段，圈也会逐渐被化无，练没了，就是无形无象阶段。所有这些都不能刻意追求，而是要在自然中形成，在自然中升级、升华。

无极就是一个空圈。

桩谙：站桩的生命智慧

站桩训练之"守"

站桩的守，核心是"守神""守气"，神不外溢，气不外泄。

练习站桩首先要练气，只要形态、要领准确，神不散乱，练气是不难做到的。

练气以后，如果气散了，如同接水，水龙头拧开就有水，但是你这个接水的盆是漏的，就存不住，还会带来损耗。这个问题怎么解决？涵养，具体方法就是守，守成，守住功夫才能成。

所以站桩中的这个"守"，本质是"涵养"，我们讲了桩修为什么不能简单地站，还要修，修就包括涵养，涵养道德、涵养性情、涵养功夫。

所以站桩首先要解决有气的问题，没有气那就练气，练了气就要守住，有效的解决办法是涵养，涵养好了有助于安神，有助于养气。

所以光练气不行，还要守住、涵住、养起来。还有就是练了气不会用，好比蓄了一池水但不会用，甚至水变质了也没用上，这样也没有效果。所以守的意思中还包含了用，就像粮仓囤粮，关键在于需要用时就能用，这就是"守中用中"。

"守"字篆书

站桩的"中"有身体中正的意思，一旦依照要领调整好了身形，那就要站得住、守得住，站桩时间长短可以根据自身状态适当调节，但站的时候就要保障质量、讲究效率，"不动"是衡量效率的指标之一。如果站桩过程中来回变，来回动，就偏离了"桩"的本义。还有，"中"就是中和状态，守住心神，情绪不要有大的起伏，并且逐渐归于平静。这个"中"就是保持平衡，不要有太大扰动。形一定，神一安，再把它们合住、让它们"和"起来，这个"守"就做好了。

守是一种整体性的"内敛"，不是长时间用意念关注某一点或某一局部，这一点要注意，大家不要从字面上理解这个"守"。

站桩训练之"守"

桩修：站桩的生命智慧

站桩训练之"运"

讲解运桩之法

　　站桩中的"运"，就是运转、运化，包括内气，也包括意念。有了意气的运转，桩才算站活了。

　　站桩从某种角度来说，就是心、意、气的功夫，运转就是用"意"的要领。太极拳是"意识体操"，核心在于用意，站桩也用意，以意运气，以意导气，以意练气。

意气运转要自然，不强求，不执着，不过度，还要用得灵，轻灵沉着，不要大起大落，是一种圆转的运化，不可激动。

站桩时，神意要专注，不要开小差，要专心致志。站到一定程度，心中只有桩，再深入一步，连桩也没有了，桩架被逐渐忽略，只剩浑然一体的感觉。就是所谓的"空"的感觉，进入一种高级的"修心"的境界。

站桩时如何以意运气？实际上是介于有意无意之间，不能太着意，太着意了就是在意而不是用意，内气就转换不灵了，就会气滞。因此用意贵在自然。

站桩时运气的方法基本有两种，一种是意念导引运气法，一种是神意静和自然运气法，后一种有一个词来形容，叫作"静运无慌"。

我们在桩修课程中还专门讲到过"运桩"，并运用一些动作导引来进行辅助。传统内修中还有周天运转的方法，本书也会进行介绍。

桩修：站桩的生命智慧

站桩训练之"定"

站桩之定有三，一为形定，二为态定，三为心定。

形定，根据要领确定、固定桩的外形，符合基本要领，比如中、正、圆等，一眼看去基本正确。形没有定好，就会影响内在训练。所以形定最基础，也是根基，很重要，不可忽视。如果桩形是歪的，或者看上去是正的，但内里不舒服，对某个脏器造成压力，这个形就有问题，这样练下去气就会不顺。

态定，就是桩要好。什么是好的桩态？一定是平和的，柔和的。身体内外做到三合的。桩态是一种感觉，自己能感觉到，别人也能部分感觉到。站桩中眉头紧锁、愁眉苦脸就不能算好的桩态。桩态虽然不能完全说清道明，但还是可感可知的。好的状态是符合"中"的原则的，不萎靡，不兴奋，中和为纲。

心定，也是入定，心静下来，神安下来，气顺下来，意和下来。心定了，对形定、态定起到很大的催化作用，把前两者做的准备运用起来，相当于动力引擎。如果一边站桩，一边盘算着很多事情，就不是心定，就不能完全汇聚能力。心定的程度，从某种意义上说，直接影响站桩的生命能量运用效率。

定

站桩训练之"顺"

身体要顺，各部分各归其位，各归自然，处处弧形，不塞不堵，这就是顺。站桩两脚约与肩同宽，放松下来，圆裆松胯，膝盖微屈，要有一定的弯曲度。敛臀，敛臀就是臀部不要撅起来，也不要太往前送，是顺下来的。顺下来就会松下来，同时保持脊柱的合理弯曲度。沉肩坠肘，十个手指不要故意夹死，也不要故意撑开，放松自然地放在腿的两侧。舌抵上颚，下颌微微内收，自然竖项。这些要领都是在确保身体的顺。

顺

呼吸要顺，呼吸不急促，随着站桩时间的增加，呼吸越来越细、匀、深、长，越来越和内气相协调，这就是呼吸之顺。为了锻炼呼吸，我们在课程中介绍了多种呼吸的调节方法，还要讲解比较深入一些的"观息"。其实，中国每一种传统的内练方法都和呼吸紧密相关。

气也要顺，内气运行通畅，周行无碍就是顺。站桩和练太极拳有相通的地方也有不同之处。太极拳有很多的拳式，可以在动势中导引内气的运行。而站桩的内气运行，更多具有"归""复"的特点，就是通过正确的姿势、状态、神意活动，让内气归位，循着体内经脉系统，根据脏腑的特征、需求，自行周流。这是站桩的奇妙之处，也是人体生命大道、是自然的奥妙。

人是万物之灵，通常我们在站桩中感觉到哪里不顺时，你可以找一找，研究一下，体验一下，是要领不对还是时间不够？是原来的习惯不符合站桩要求，还是某一处关窍没有领悟到位？站桩是个边练边悟的过程，不可埋头苦练，不问方法。

桩修：站桩的生命智慧

站桩与摩运

　　站桩是静态练习，训练、提升内气的质量和能量。如果静练适当配合一些动练的内容，则可增加锻炼的效能。过去一些传统的修炼家往往结合一些摩运的练习方法，效果很好，这也是站桩中对内气的一种有效运用。

　　传统的摩运练法就是通过对身体、脏腑的自我摩按，使内外相应，气运全身，气周全身，气养全身。

　　在传统内练摩运之法中，清代流传下来的"延年九转法"是一个优秀的经典代表，这里给大家介绍一下，它可作为桩修运气之法，活站活用。

　　延年九转法是一个非常有名的有效的传统养生方法。以前也

讲解"延年九转法"

有人在讲，它是古籍里留下来的。但是如果你结合站桩运用，效果就完全不一样了。它跟站桩相结合，如虎添翼，相得益彰，水到渠成，我们把它作为运桩的一部分。

太极拳有体用结合，站桩也有体用结合。过去有的人对体用结合的理解只是：体是拳架，用就是技击推手，这只是一个方面。体用结合更大更深层的意思，就是你通过练，把练的东西更好地运用到生命的结构状态和能量的提升方面，这是它的大用。如果我们把站桩比作"体"，延年九转法可以作为其中的"用"之一。

这个延年九转法记载在清代的一本书《颐身集》中，它里边有《内功图说》，收录了这套非常好的健身方法，是由清代一位叫方开的先生整理传承下来的。方开本人练习后有奇效，他近百岁的时候，仍然身手矫健，声如洪钟。据记载，他那时跟小伙子拔河都是非常有劲儿的。

延年九转法的核心就是通过自我的摩运来运化，一共九式，虽然很简单，但如果大家长期坚持做下去，又很玄妙。特别是结合站桩以后，内外有气机的感应，效果尤其明显。它整个的锻炼特点是外动带动内动，通过手的自我摩按，有重有轻，有点有面，以动化静，以静运动。合乎阴阳，顺乎五行，发其生机，神奇变化，故能通和上下。把上下都给你打通、运通，就能调理阴阳，去旧生新，充实五脏。大家一练就知道对五脏有充实的作用，可驱外感之诸邪，清内生之百症。

第一式：雪地生花。原来书上的版本，每一式没有具体名字，就叫第几式，我根据它们的练习特点给起了名字。

练这个之前最好先站会儿桩。从站桩抱球桩开始，手上有气感后，轻轻地将两手合拢于心窝。中间三指相交，叠在一起，合在心窝正中。然后沿着顺时针揉摩21圈。

很简单，但是千万不要小看了这种简单揉摩。需要注意的一点是外形动作，不要耸肩，不要抬肘，松沉，揉摩，男女都一样，右手在内。还有一点是注意不要使劲去按。特别是你心口窝这儿，轻揉21圈。不是在表面揉，而是内外相应的。放松，也不要专门特意去想心口。别太轻了，也不要太重，不要使劲压着揉。

第二式：暗香浮动。

接上式，两手交叉轻轻地往下推。推到肚脐以下，自然地往下推，推到小腹后松开。再从上沿任脉自下推，一共推九下。动作虽然很简单，但是推的时间长了，效果就会逐渐显现。有的人消化不好，来回推一段时间，吃得多了，也香了，肠胃病有所改善，整个人精神也好了。

第三式：清风朝澈。

双掌从腹部两侧分别揉摩而上，边揉摩边圆转向上，开肋、理气。轻轻地揉，揉9圈再上来。关于9这个数字，是一个意念中的数字，一开始你也不用专门去想，神意要放松。

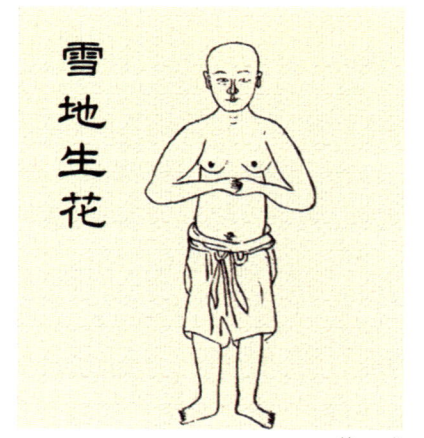

雪地生花

第一式

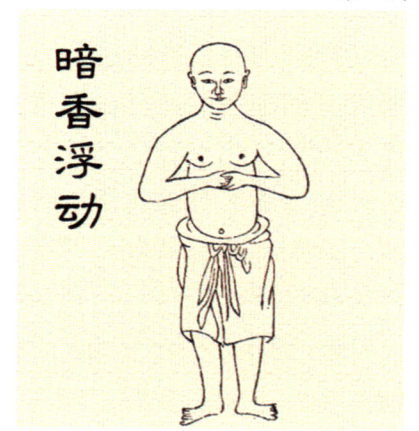

暗香浮动

第二式

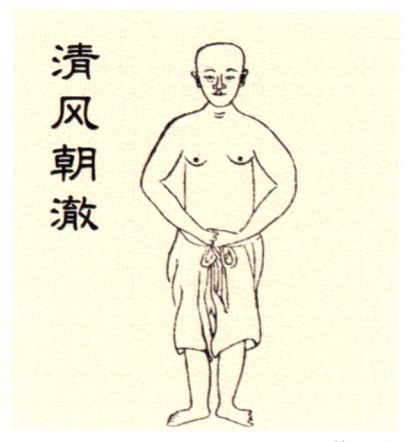

清风朝澈

第三式

第四式：月色中流。

月色中流跟第二式有类似的地方，都是由上而下的。过去有两种练法，一是两手相叠式，二是两手指尖相对式，两手中间三指，中指、食指、无名指相对，慢慢地揉转而下。揉转时右手顺时针，左手逆时针，一边揉转一边向下。

第五式空谷回音右式，第六式空谷回音左式，这两个式子练法完全一样，只不过左右互换，我们一起来讲。这两式的核心是揉腹。前面练了揉心口窝、揉两肋，这是揉腹部，依照顺时针、逆时针揉。

第五式空谷回音右式，左手轻轻地扶胯，右手掌放松自然地伸开，右手掌搭在腹部，逆时针揉摩腹部。揉摩不是简单的外形动，而是要内外相应。通过站桩，手上有气了，把手往腹部一搭，由外而内，内外相合。手在外头揉，气在里边行，揉摩21圈。揉得不要太快，感受一团气在腹部运行，调和阴阳，运化生机。一般揉一会儿腹部就会感觉热了。

第六式空谷回音左式，和右式完全对称。右手扶胯，左手自然伸开，左手顺时针揉腹。左右手揉摩的顺逆是有讲究的，在内养中，左右与阴阳相关联。这个揉，你可以揉得不那么机械，慢慢地、澄心静气地揉。手在外边运，气在里边转。

揉一揉，时间长了，精气神会很足。这就是把练拳、站桩用活了，练拳有气了，站桩有气了，咱们别给它浪费，要用到自身上。体内自有长生药，发掘自身潜能很重要。过去有很多封建迷信，很多皇帝都寻找所谓仙丹，有的人炼丹，有的人说得很玄乎，服丹药还造成外丹中毒。其实，加强自身锻炼，就是最好的"长生药"。

第七式绿霞成绮右式，第八式绿霞成绮左式。第七式跟第八式也是类似的，左右完全对称。

第七式绿霞成绮右式，这里边有一个小的关窍，大家要注意，捏肾。上面讲空谷回音时的手扶胯，掌指是向前的，大拇指在后。

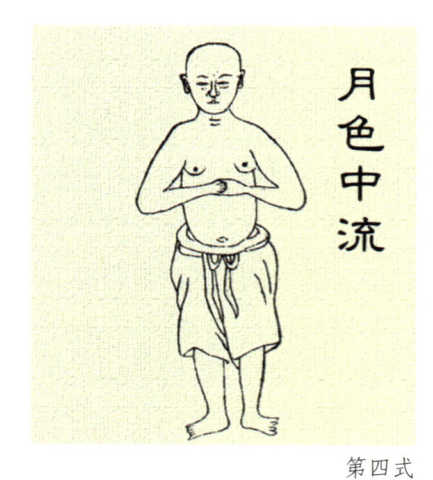

桩修：站桩的生命智慧

月色中流	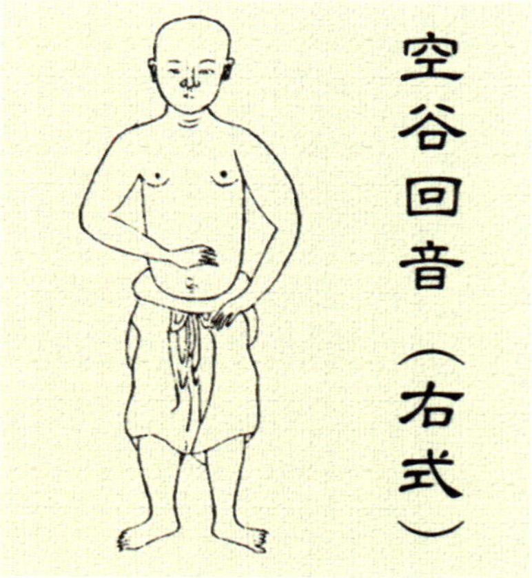 空谷回音（右式）
第四式	第五式
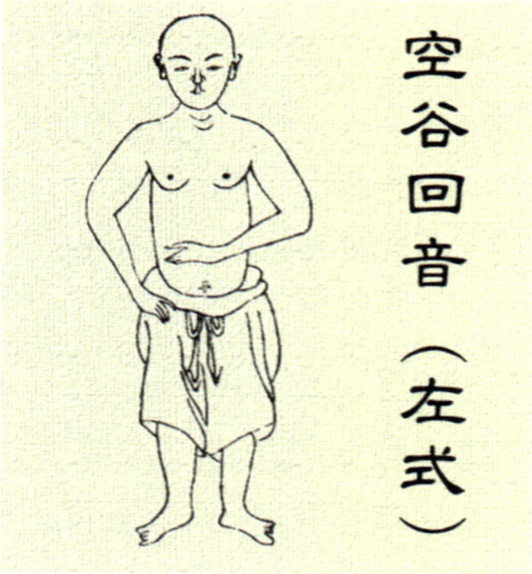 空谷回音（左式）	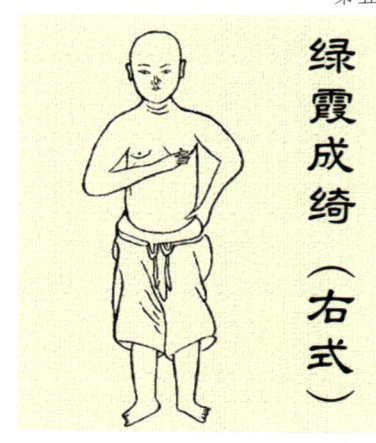 绿霞成绮（右式）
第六式	第七式
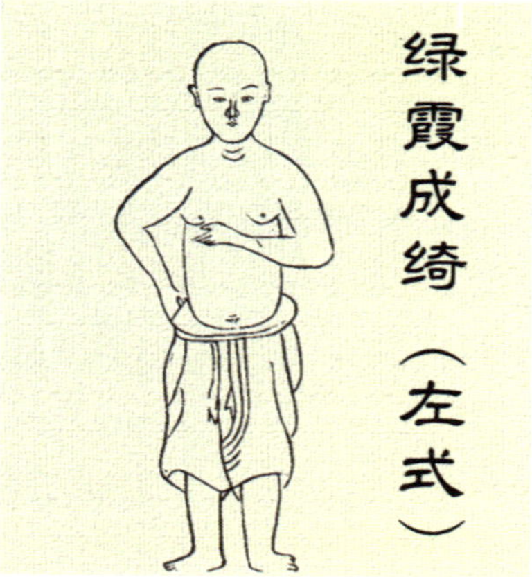 绿霞成绮（左式）	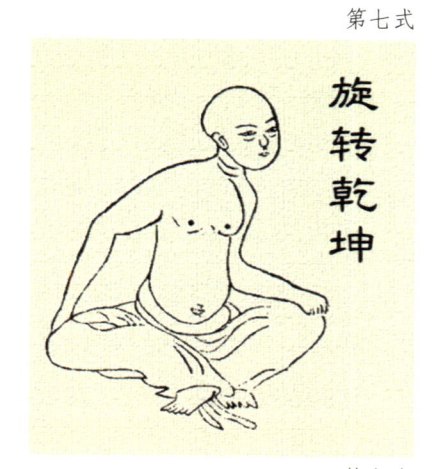 旋转乾坤
第八式	第九式

绿霞成绮反过来，左手大拇指朝前，四个手指向后，轻轻地捏住肾部皮肤。轻轻地捏住，也别太使劲，是捏，不是掐，松腰松胯，一会儿就会觉得肾部皮肤发热。

左手捏住肾部皮肤，右手用中间的三指先搭住左乳，从左乳开始，轻轻地往下推揉，不用转，一直往下推，自然地推，推到大腿根这儿自然地放下，一共推 21 次。

无论男女，乳部也是气窍之一，轻轻地推揉，会感觉到有一股热气向下，轻轻推。推的时候别弯腰，不要去够，自然地推。

第八式绿霞成绮左式，与右式对称练习。右手大拇指朝前，其余四指捏住肾部皮肤。然后用左手中间三指搭住右乳往下推，一直推到大腿根部，共推 21 次。

这些推揉放在站桩之后练习，气感、效果都会更好，试过大家就知道了。

第九式：旋转乾坤。

旋转乾坤可以坐着练习，也可以站着练习。

坐着的时候，两个脚自然平放，或者盘坐都可以。

我们盘坐不要求一定要单盘、双盘，每个人年龄、身体状况不一样，自然盘就可以。因为有的人没有专门练过静坐，腿脚的柔韧性不一样，盘到什么程度可根据自身的情况。自然坐在凳子上也行，但坐的凳子不要太软，最好不要坐在很软的沙发上，一下子陷进去不行。

坐好后两手握固。传统的养生法里边，有一种专门的握固法，就是四指自然地向内卷曲，大拇指内扣，把其余四指握住。我们这个旋转乾坤就用这种握固法。握固的双手轻轻地放在两个膝盖上。旋转乾坤要摇荡起来，把身体先向左压，尽量地压下去，身体要探出去，先要将头探到左边的膝盖上方。根据大家自己的身体情况，不要压得头晕，有高血压的就不要压得太低。向左边压出去，然后向前、向右探出去，再转向后，向后转圈，再向左转过去，完成一圈，一共转21圈。之后再反向转，也是21圈。别小看这动作，转的时间长了以后，锻炼腰、腹、肾、胃效果很好。

握固的手始终握住，不要松开，你别转着转着忘了，手松开了，效果就会打折扣。还有脚，脚趾头微微地向里边扣住，别做反了，不是翘脚趾头，是向内扣。手脚相合，这样就抱元守一，收住了。

这就是延年九转法的练习，结合站桩，事半功倍。

这套练习方法结合站桩，就是以静运动，动静相生。大道至简，别小看这几个动作，简单里面蕴含着很深的道理，有往下的，有往上的，有推的，有转揉的，有直行的，有中线的，有两侧的，有前的，有后的。这就叫通和上下，分理阴阳。然后"去旧生新充实五脏，驱外感之诸邪，清内生之百症，补不足，泻有余。消食之道，妙应无穷，何须借药烧丹，自有却病延年实效耳"。大家练习后再理解一下这段话。

讲解"延年九转"法

站桩的维度

桩修运用系统的思维方式，是一个系统工程，不是一个点，也不是几条线。

人的健康是受到系统的多元化的因素影响的，不只是受某一个因素影响的。概括起来有这么几个主要因素：

第一个非常重要的因素是先天遗传因素。所以有的人，不管后天他怎么锻炼，怎么补充营养，怎么保健，还是不如别人健康状况来得好、寿命长。这就是先天因素，这是我们没法控制的。

第二个方面就是环境因素。环境也很重要，这个环境因素包括自然环境，山清水秀，空气好，跟常年在污染的环境里，那肯定是不一样的。环境因素还包括人文环境，你整天在战乱当中，跟和平年代是不一样的。还包括心理环境因素，如果你面对的人天天跟你吵架，或者你一到单位，那些人整天都横眉立目，跟你在一个特别和谐的环境中是不一样的。环境因素对健康的影响，一部分是我们没法改变的，一部分是我们可以改变的。

第三个方面就是心境因素。心性或者心境，这是我们自己可以来把握、改变的。面对病症，不同的心境，结果不一样，有的人得了某种病，很快就去世了，为什么？他自己害怕，心理负担很重，产生了严重的副作用。有的人得了同样的病，却活了几十年，因为乐观向上，这就是心境。心性因素也很重要，《黄帝内经》认为，后天的疾病百分之八十以上都是人的心性问题引起的。

第四个方面就是锻炼因素，这也是我们可以把握的。

后几种因素可以通过调节来改变的，这也是客观的科学看待养生的一种思维。锻炼要讲究科学的方法，桩修是综合性的锻炼，包括强健身体、调节心性。生命在于运动，动静结合的运动。如

桩修：站桩的生命智慧

果锻炼长时间停下来，随着年龄增大，大脑会有一些功能减弱，人体就会更易衰败。所以坚持运动是延长生命活力的重要方法。当然要适度，量和方法都要适度，这就涉及"维度"。

我们今天说的维度包括空间、时间、心理的维度。

桩修课讲解站桩的维度

我们的空间是三维的，一般来说，一条直线叫一维，一个平面叫二维，三维就是空间了。

站桩的三维是什么？就是我们身体的立体性。一维就是我们行气的路线，二维是面，三维是体。比如太极拳的云手，运行的是面，但每一个手指走的是线，我们整个身体的空间运动就是体。所以太极拳、站桩都要体现三维立体观，如果只有一根线，没有面，就不生动。再比如搂膝拗步，它是一个体，它有纵有横。又如提手上势，先合上去，再送出去，再沉下来，前后相应。有的人练拳就比较单薄，只有面没有体。所以我们练拳、站桩都要强调一个体，这是三维的。

三维还不够，这三维是调、练的层次。我们站桩还有两维，一维叫"气"，这是第四维；还有一维叫"意"，这是第五维，比一般的体育运动要多两维。一般的体育运动就是这三维，形体运动—空间运动。站桩要有气有意，通过意，导引行气。有意就能够让气逐渐萌动，更加有规律地运转，逐渐地由弱到强，由芜杂到纯净，所以意很重要。站桩中的意不要太重，用意不用力，若有若无就可以。

这样完整地加在一起，就是站桩五维度。

如果你只有一维二维三维，只是调形，形只有加上第四维"气"和第五维"意"才有了养。五维度融而为一，才是我们桩修的"修"。

桩修课不是简单的站桩，它包括站桩的要领技术，还要通过这些技术找到生命的灵性、健康、快乐和智慧。

维度虽然用的是现代科学的概念，但中国古代也有这种思维。中国养生体系是科学的，跟现代科学不矛盾。过去我们研究太极拳，有人说，我们的太极拳是一套传统的语言体系，现代科学是一套现代化的语言体系，有人把两者对立起来，这是片面的、不完整的。这两者虽然各有不同的特点，独立发展，但是这两套语境是可以融合、可以交感的。用现代科学研究站桩、研究太极拳，你就能够知道它们的科学原理在哪儿，也更能够体会到中国古人的智慧。

下面，我给大家选了一段话，庄子的一段话，庄子在《在宥篇》中的一段话，我觉得很生动、很深刻地阐释了站桩维度的含义。就是这段："无视无听，抱神以静，形将自正。必静必清，无劳汝形，无摇汝精，乃可以长生。目无所见，耳无所闻，心无所知，

站桩的维度

汝神将守形，形乃长生。"

　　无视无听，就是我们讲的清静，站桩时抱住神，不看不听不闻，内守神气。无视无听先由意入手，不要去听杂音，不要去乱想。独立守神就是抱神。形将自正，是把调形和养气、和神结合，这三句话把站桩五维度都点出来了，形、意、气、神、形都有，达到了五维融合，自然就必静必清，无劳汝形、无摇汝精，乃可以长生。可以长生，这句话具有中国古代语言的修辞特点，意思不是真正长生不老，这不可能，是指健康长寿。必静必清，是指我们的意。无劳汝形，是指我们的形体锻炼，不要过劳，要适度，要九曲连环。无摇汝精，不要摇动，不要损耗。精既指精气神，又指人体的原精，男女都有生殖之精，也指人的内元气之一。目无所见，耳无所闻，站桩讲究这种清静，守住意气，心无所知。站桩讲精气神的合一，神、意和气，自然地守在形中了，跟形合一了，就有养形之效。神形合一相守，身体的健康水平也会得到提高。

　　庄子这几句话阐释了内功修持的高妙境界，这里边既有太极拳的，也有站桩的高深的内功修为的心法。

第三部分　站桩实修

站桩的 PMB

P 是物理（physis），M 是数学（mathematics），B 就是生物（biology）和化学（chemistry），合在一起叫生化，叫 biochemistry。

站桩的 PMB 是什么意思？概括起来就是：站桩是物理状态、数学量化模型、生化效能。

世间的万物，各个系统，都可以用数学模型来表达，所以数学是基础。卫星在天上飞，高铁在地上跑，包括很多高大的建筑、铁路、桥梁都有数学模型，有量化表达，所有的系统都可以有数

桩元态

学形态，都有量化指标，但是量化不是拿尺子去量出数字。我们强调站桩是物理状态，不是数学的数字。自然万物有很多状态，大家熟知的有液态，水就是液态；有固态，冰是固态；有气态，还有等离子态、量子态，等等。

我们站桩是什么态？就是桩元态。

桩元态是人体的一种优能量状态。现在有一个流行说法叫"正能量"。优质的正能量、充盈的正能量、纯净的正能量就是"优能量"。我们站桩的这个桩元态就是优能量状态，这是物理状态。我们通过身体的运动，使得身体状态发生改变，内脏状态发生变化，这就是生化效能。

所有的站桩，往这儿一站，都会在体内产生生化的变化，体内变化了，五脏六腑和了，健康程度就提高了。如果练太极拳、站桩，只是在肢体上增强力量，没有带来身体里生化效能的变化，锻炼的作用还不深入、还不透彻。有的锻炼，能让肌肉很强健，但是内脏却很虚弱，内气虚弱，这不是中国传统的内练方法，我们要的是带来效能的变化。

站桩的 PMB 中的数学模型是什么？是要领。物理状态是体验，生化效能是体内的改善，站桩是这三者系统结合的过程。

站桩的完整的模型是 PMB。我们通过桩修课学习，不仅要掌握站桩的基本要领，更重要的是掌握一套方法，一套认识体系，达到一种境界。这样站桩才能不断提高，站得有格调、有格局、有层次。

站桩不仅是一个练的过程，还要修，综合提高心性。练站桩就是培养心性，就是训练心性，心性提升了，效能就会提升。

观息法

观息说得通俗一点就是我们站桩里面的呼吸调节。

这个"观"字是中国的汉字里边非常有意思的一个字,很有禅意、很有智慧的一个字。我们看这个篆书的"观"字,是比较早的文字,从见,雚声。

"观"字篆书

左边的"雚"有两个口,像两个眼睛,下边是在草里边的鸟,上面有个草字头。右边是一个看见的见,很形象,它是一种对生命的体察。中国古代很多图腾里边都有神鸟,《庄子》里边有鲲鹏展翅九万里,还有凤凰等,都是神鸟,所以中国古代经常用鸟代表各种有灵性的生物。观字的含义就是充满生机的,它表达了一种对事物更深刻的看法、对事物的认知、对事物的感受,是一种综合性的表达。不只是眼睛看,还有身体的体察、心灵的感受、神意的接触,经典里边讲,"寂然不动,感而遂通天下之故",这也是我们站桩的不动之动。身虽不动,但是我体察万物,这就

桩修：站桩的生命智慧

叫"观"，所以观有观看、观感、感受，还有观点之意，具有整体性。通过我们的认知、对知识的处理，激发智慧的感受，形成一种综合的认知方法和体系，这也是观。它还可以代表我们一种情绪、心境，比如说这个人很乐观，我们要有一种人生的态度叫达观，这都是观。所以这个观字内容非常丰富，它也有很深刻的体会、体悟的意思。

所以我们这里讲的站桩中的"观息"，大家就明白了，它不仅仅起到一个简单的调节呼吸的作用，还有不同层次的更深刻的运化在内。在古代的文献里面，这个观字用得也非常多。比如《道德经》讲"常无欲以观其妙，常有欲以观其徼"。

观

舍弃繁杂的、多余的欲望杂念，就是"无"，这才达到对妙有的"观"，这里的观就不是看的意思了。常无欲以观其妙，身体清静下来了，就能体会到这个妙，这也是站桩的境界。要无欲，把杂念去掉，空明澄澈，这时候生命的妙处就自然萌动了。

表示对生命体察、体悟的"观"字，总的来说有两个层次，就是从知识层面有意地、有感觉地去体察观看，上升到无意地以本心去体悟，这就是观，观自在。"观自在"就是一个结构了。

所以大家就理解了，我们讲的观息不是简单的呼吸，而是通过呼吸的调节，实现对身心的细致、全面的调节运化。

观息是一个练习的方法。息就是呼吸调息，融合了调身、调心、调息。汉字"息"的组成，上半段是个"自"，下半段是"心"。就是说呼吸要用自我的本心来调节，这才是呼吸的要义，最后是要用心来调节呼吸，由心意而生发呼吸。

太极拳包括站桩的练习有三个基本的方面，一个叫调形，一个叫调息，一个叫调心。这三个方面在整个过程中是三合一的，三者是向不同层次发展的。

中国古代内功锻炼的一个重要的方式叫返观内视，即体察自身，对自我进行观照。呼吸观照也是一个重要方面。体察呼吸，通过呼吸体察生命活动。站桩实际上也是这样，是对自身的观照，认识自己，了解自己，包括对自我心境的一种体察。

站桩中的呼吸调节基本上分三个阶段，一个叫自然呼吸。在练太极拳的过程中，我们到各地去，大家问得比较多的问题之一就是呼吸如何调节。我们通常的回答就是，自然呼吸就好，因为自然呼吸是没有错的。自然呼吸在不同的阶段理解的层次不同，这是个大原则。自然呼吸不是不管呼吸，不是放任呼吸。

自然呼吸一开始，是根据各自的理解去调节呼吸。但是到了高级阶段，它会有一种自然的契合，就是返璞归真。就好像我们说最高级的色彩是黑色和白色，这是一种艺术的说法。但是你不能不懂彩色，不能始终只知道黑白。你懂得运用色彩之后，反过来才能更高层次地运用黑白，实现返璞归真。中间的训练、修炼过程是有的。掌握呼吸是一个大的系统，大家要注意在不同阶段慢慢体会。

第二个阶段是调节呼吸，第三个叫调运呼吸。从调节到调运，就是更加深入一些了。

自然呼吸，简单来说就是你先不用管它。我们站桩的时候，就像练拳一样自然呼吸，起式不用管它，按照自然方法走，其实现在大多数人就是这么练的。

观息

调节呼吸就是有意识地结合一些呼吸方法，这里介绍三种基本方法。

第一种是自然呼吸的意想法，也叫整体呼吸法，它是在原来自然呼吸的基础上加了一些整体的意念呼吸。第二种方法就是腹式呼吸法。腹式呼吸法又分为顺腹式呼吸法和逆腹式呼吸法。第三种是数息法。

有人会问，这些呼吸的方法是我们每次站桩时都要这么练吗？不一定，这些是呼吸的调节方法，有时候你可以有意识地练一练，达到一种引导、强化的目的。可以不用每次都这么练。练习调节到你有意识之后，它可以形成相关的呼吸状态。即使腹式呼吸，也可以形成自然的呼吸状态和过程，在站桩的时候自然就有了。这些呼吸方法也是单独的练习方法。

我们可以通过无极桩来练呼吸调节，简单地说就是用意念配合，吸气的时候意想气流进入全身各处，呼气的时候意想气流排出体外，如此反复。练习到最后结束的时候要气归丹田，就这么三个过程，很简单，这也就是吐纳呼吸法。

先用鼻吸口呼，缓缓地呼吸，不管用哪种方法调节呼吸，基本上都要做到"细、匀、深、长"四个字。我们大家注意观察，很多呼吸慢的动物都长寿。如果呼吸急促像赶集一样，对生命内能损耗就大。所以我们通过练习，让我们的呼吸慢下来。古人讲呼吸精气，就是讲这个呼吸对人的健康很重要。健身气功里边专门有"六字诀"，是这方面的专项性练习。呼吸时不要张着大口，不张口或微张口，稍稍露个缝，让气出来就行。让气慢慢地往外出，不要往外使劲吐气，慢慢地往外出，很悠长地出。

吸气的时候，意想天地日月精华之气进入你的体内。呼气的时候，意想体内的杂气、浊气、废气全都排出体外。这么一吸一呼就是一个吐纳的过程。意念不要用强，不要使劲去想，就是微微地有这么个意念，似有似无。呼吸的时间不用苛求，根据自己的情况，在不憋气的前提下，可以尽量地长一点，深入一点。

整体吐纳呼吸法，看着最简单，但它也是最高深的。

第二种调节呼吸的方法就是腹式呼吸，这也是呼吸的训练方法。不是说大家每次站桩都要这么去练，训练的时候有意识，站桩的时候可以无意识。

多数人没有练过呼吸调节，都是采用胸式呼吸。特别是一些女性朋友，根据她们的生理特点，在日常生活中用胸式呼吸更多。

桩修：站桩的生命智慧

胸式呼吸会有几个问题。第一是呼吸的量比较小。第二是呼吸的交换程度比较浅，不太深入。呼吸程度浅也使得肺泡的交换不太充分，肺的功能不能完全地发挥。第三是负担比较重，给心脏、肺部等的压力比较大。

所以古代内功调节呼吸，会专门进行腹式呼吸的锻炼。腹式呼吸练习也要正确，有的人用腹式呼吸，但意念过重，或者方法不对，会产生一些问题。

腹式呼吸可以增加氧气的供给，排出废气的程度也会加强。横膈膜上下的活动幅度比较大，对肺功能的锻炼也比较充分。还有一点是能锻炼内脏，因为腹式呼吸时，腹部横膈膜上下的鼓荡运动也会按摩内脏。对内脏进行锻炼。减小给胸腔的压力，可以增大肺活量，增加呼吸的交换范围，实际上它是全身参与的呼吸运动。

腹式呼吸

腹式呼吸分为顺腹式呼吸和逆腹式呼吸两种。

顺腹式呼吸简单理解就是吸气的时候腹往外鼓，横膈膜下降；呼气的时候收腹，横膈膜上升。逆腹式呼吸则相反，吸气的时候

腹式呼吸

收腹，呼气的时候鼓腹。不同的人对这两种呼吸方式的习惯程度不同，有的人说，我做顺腹式呼吸特别顺，逆腹式呼吸做不顺。有的人说，我逆腹式呼吸做得顺，顺腹式呼吸不太顺。具体需要联系实际感受。

一开始是鼻吸口呼，口呼的交换量大一点，避免憋气。慢慢地练习后，鼻吸鼻呼也可以。

腹式呼吸的方法在太极拳练习中也有运用。

我们练拳也好，站桩也好，以自然为第一法则。所以在做腹式呼吸的时候也不要太过着意甚至用力。一定要放松，不要想着一下子练到很高的程度，要逐步来，需要不断地慢慢地变。

数息法就是用意念默数呼吸，从而达到凝神聚气、意气相合的效果。

先自然呼吸，用意念缓缓地关注我们的呼吸，其他什么都不要想。平时我们没怎么关注呼吸，现在用意念逐渐关注呼吸。这也是我们练意的一个重要方法。

鼻吸口呼作为一个循环，数息。一吸气一呼气，身体就做了一个鼓荡，意念不要过重。一吸一呼，身体就有一个开合。感觉一下你有没有这种开合，哪里开合，开合的感受是什么？身体的骨头缝、各个环节、全身的气孔都打开了，很通透，一吸一呼就是一次交换。感觉一下这种交换，就把天地日月精华之气纳入体内，废气病气都呼出去了。

观想法

观想，简单地说就是站桩中的冥想调节、意念调节等。

桩修不是一件学完了以后就完事了、放在那儿的事，它是一个过程，不是完成一件事，而是在做一件事。就像我们吃饭，每天吃完了还要再吃，不断地吃，有新的体验、新的样式、新的收获、新的感受。

一开始的学习，掌握外形，把握内在，把动作比画下来，这是万里长征的第一步。后边要反复地提升，反复地去丰富，有一个探求的过程，探求中还要体悟，体悟了还要掌握，整个过程中最重要的是享受。

观想的一个重要方式是观呼吸法。正常或者很健康的人，平时是不易察觉到呼吸的，或者我们不去刻意察觉呼吸。大家想想，我们平时每天甚至几天，很长一段时间都不去想呼吸，甚至忘了呼吸这回事。虽然我们每分每秒都在做这个事，但不易察觉。什么时候会察觉到呼吸呢？就是在一些特殊的状态下，例如劳累、

观想

虚弱乃至生病的状态下。比如说累了，会呼吸急促，这时候会关注呼吸。还有病人，一下子憋气了，感觉到自己呼吸沉重，或者是呼吸短促，这个时候也容易感觉到呼吸。所以正常人平时一般不太注意呼吸，虽然它每时每秒都与我们的生命活动有着密切的关系。

我们古人把生命的呼吸状态单独地提了出来，进行系统的锻炼，特别是结合着观想、冥想来练习，非常有效。

那么结合大家的练习，这里我们介绍四种站桩的观想、冥想的方法。

冥想是什么？这是个既传统又现代的概念。冥想是观想里面的一个重要的部分，在中国古已有之，战国以前就有，在汉代发展得已经非常丰富了，唐宋时期的相关文献也都非常丰富地记录了冥想练习的理论和方法。现在它又成为一个风行全球的健身方法。很多人通过冥想舒缓压力，很多艺术家通过冥想发掘了自身的潜能和灵感，所以冥想在西方迅速流行起来，不过加入了西方心理学体系的一些内容。

其实中国的冥想是一个大的体系，在站桩中也有冥想的练法。

冥想并不玄秘，我们日常生活中也自然存在着很多冥想的状态。进行冥想训练的基本方式有两种，一种是消除杂念，什么都不想，训练在轻松状态下的专注性。"冥"在汉语中的意思之一就是没有、灭的意思，泯灭之为"冥"，消除一些主动性的认知、逻辑性意识，佛家讲的"应无所住"就有这方面的含义。但是达到这个状态要有一定的过程。还有一种冥想训练方法就是假借，借用一些方式、方法、景象来进行导引。

大家对冥想并不陌生，而且这还非常重要。因为我们从懂事以后，一生当中一直在不停地做冥想。冥想跟呼吸一样，是我们生命活动当中不可或缺的。你一直离不了冥想过程。举个例子，我们挑选衣服就是冥想的过程。我们今天穿一套什么样的衣服，如果要上班，就要选择正规又充满活力的。第一次相亲，穿衣服要显出档次，又要显得健康、有格调。参加社交活动，衣着或儒雅，或朴素，等等，挑选衣服就是一种冥想的过程。冥想带有强烈的自我暗示，正面的有益的冥想能带来美好的感受。看书也是冥想的过程。看战争题材小说时，脑子里会浮现出各种战争场景。看科幻小说会冥想宇航的场景，等等。所以这个冥想是对我们身心的一种调节。我再举一个最简单的例子，我们女同志去买包，买一个简单的，或买一个比较贵的，这个购买和使用过程也是一种冥想，是假借着这个物来冥想，实现对人的一种综合性映照。在日常生活中我们很多时候都是在冥想。冥想要是用对了，会给你的身体不断地输入正能量，不断地加持正向的概念、意境。但是用得不对，就会陷入一种不好的情绪当中。不会运用冥想来调节，可能会出现压力带来的焦虑，抑郁带来的自卑、自闭等等。所以善于运用冥想可以解压，有助于树立自信、自强的独立人格，激发自己的内在潜能。

现代科学研究表明，冥想可以产生很多正向作用。可以激活我们体内的生命关键区，比如我们大脑里边的灰质，有研究认为，通过冥想，可以增加脑灰质的密度，能促进记忆力、理解力和创造力的提高。冥想还可以让我们变得更加开朗、更加乐观，减少孤独感。对于构建我们心理、生理的支撑点，让我们更加强大，不惧困难，保持乐观有特殊作用。

冥想也可以提高专注力、自控力，专注力提高了，人就会很平静。自控力提高了，人就会很平和。

冥想还能够改善我们生命的结构。心理学家、生理学家、生物学家做过大量的研究，认为冥想可以让人产生一种良性的反馈，这种反馈不光是心理上的，还可以带来生理上的改善，可以增强人体的免疫系统。

太极就是一套非常好的动态冥想过程，站桩是一种非常好的结合冥想练习的方式。

练太极拳如果不善于运用冥想，太极拳的功夫就不能够充分发挥出作用。太极拳的技击意识是一种简单的冥想训练，其实还有很多比较系统深入的不同层次的冥想方法。

冥想是观想里边的一类方法。观的高级阶段是止观，就是"应无"，如经典所说的"应无所住，而生其心"。呼吸，冥想，最后是止观。

在站桩中可以运用冥想的几个方法：第一个是观呼吸练习法；第二个是意态训练法；第三个是意景训练法；第四个是意境训练法；最后一个是止观法。

观呼吸也是一种冥想，是从粗到细、到微、到无的这么一个过程。以冥想调节呼吸，刚开始呼吸还是粗，因为我们要有意识地感觉它，所以要粗。然后变得细匀深长，再进一步要微，微乎其微，微小到察觉不到，最后是无，就是绵绵若存，无形无相。

观呼吸　柯文演示

观呼吸就是我们以呼吸为焦点提高注意力,有助于改善失眠,同时能让情绪变得更加稳定,不着急、不焦躁。

观呼吸在现代心理学特别是心理治疗上也有非常多的应用。因为呼吸是最简便、最容易感觉到的,便于理解和应用。人人都要呼吸,调节呼吸上手简单,效果往往又很显著。所以我们站桩练习当中千万不要忽视呼吸,练太极拳也千万不要忘了调息。可惜的是,现在很多太极拳习练者都不太关注呼吸。说起来就是呼吸如何配合动作,比如开吸合呼,等等,这些都只是简单的配合,还需要到观呼吸这一层次。

呼吸冥想的核心有四句话:关注呼吸、关照当下、关除杂念、关爱身心。通过关注呼吸,对自身的生命活动有所觉察。关照当下,就是关照我们自己当下的生命状态和呼吸之间的关系,以及与呼吸相关联的种种生命活动,从当下开始调节。关除杂念,像关在门外一样把那些杂念清除掉,逐渐地进入"净"的境界。关爱身心,让我们感觉到自己的身心,不断调整,使之处于阴阳平衡的状态。

这些都是可以在站桩中实现的。平时站桩练习要轻轻地合口闭齿,舌抵上颚。但是别使劲,使劲抿嘴可能会引起脖子僵硬、不能放松,甚至引起头顶百会穴的僵硬。嘴唇紧闭会带来整个身心的紧张,只要轻轻合上即可,可以微微留一条小缝,也可以先用鼻吸鼻呼或者鼻吸口呼。

呼吸由粗到细再到微,最后是无。无的状态不太好把握,就是若有若无。脑子里存着一个呼吸的念想,但是不具体去管呼吸,让呼吸处于自然的状态,感觉不到,叫绵绵若存,复归其根,为天地心。人就是天地当中一个会呼吸的个体,寄蜉蝣于天地,渺沧海之一粟。经历了粗、细、微之后是无,呼吸进入身心深层。

冥想的训练第二个方法是意态训练法,它也是传统内功非常有用的一种训练方法。意态训练法就是用意念调节身体,使之达

意态

到一定的状态。这种训练方法在武术方面应用非常多。举个简单的例子：太极拳的缠丝劲训练就是意态训练法。太极拳的缠丝就是全身处处都在缠，外缠内缠，让身体如同抽丝一样螺旋缠绕，这是一种意态训练法。

　　传统内练中有一种"滚龙珠"的训练方法，也属于意态训练法。滚龙珠就是用意念想象一个球在全身各处滚动，像充满活力的龙游走于全身。充满生机又流畅。

　　冥想训练第三个方法是意景训练法。意景训练法我们一直都在用。比如每次桩修课直播时，我们经常都会选这样的背景——群山连绵、云水相映、浩瀚充盈，我们还用过星空等背景，这就是意景训练法，通过意念的运用，把身心带入一种景象、意境之中。

　　上面就是假借一些景物来训练，景有高山流水、白云悠悠以及浩瀚海洋等，当然有条件也可以在大自然中习练，身临其境，也是意景训练。

桩修：站桩的生命智慧

比如抱球桩，可以用大海意景训练法，意想在大海边上，眼光平视，看向无限远处，也可以垂帘内视。我们可以想象自己站在海边，面朝大海，或者背向大海，天地无垠，海面浩荡。阳光普照，海水温暖温润。也可以想象自己浸在温暖的海水当中，物我两忘，天人合一。轻轻的海浪声在耳畔似有似无，感受那种起伏、那种动态的平衡。动中有静，海浪的微微起伏就如同自己的呼吸。人沐浴在阳光中，温暖自己，沐浴在海水里面，感受一望无垠、浩荡雄浑。你的心胸就如同大海般宽阔，海纳百川，有容乃大，油然而生一种生命的喜悦。这种喜悦是天地自然带给我们的，是

意景

父母祖先带给我们的，是这个伟大民族的文化带给我们的。并且我们会把对生命的喜悦和热爱传承给我们的后代。所以站桩是一种感受生命喜悦的过程。

桩修的形式好像很简单，但是内涵却非常丰富，时时站，时时有。不是简单地像个木头往那儿一杵就完了，或者告诉你几个要领，照着一做就完了。

冥想训练的第四种方法是意境训练法。就是通过观想，来构造一种生命的美好意境。这种意境可以带给我们身心健康的改善，让我们的气更顺，生命的境界更高，内外更如一，五脏六腑更加和谐。意境训练法是中国文化得天独厚的训练方法，我们最有条件进行这种训练，因为历代圣贤留下了大量关于生命美好意境的诗词、文章，可以供我们借鉴、运用，可以很好地滋养我们。这是中国哲学、中国文化赋予我们特别宝贵的生命财富。

站桩的生机

站桩与三个心脏

　　站桩的根在脚，脚的作用很重要，要注意其要领。站形稳不稳，桩态安不安，和脚有密切关联。脚下密布着经络和穴位，脚的锻炼效果也直接关系到站桩内练的深浅。

　　在站桩的要领中，刚开始站的时候，两脚与肩同宽，站好以后，两脚要稍稍地扣一下地再松开，把气机打开。有人说人的血液循环系统中有三个心脏，就是三个动力源。第一个当然是心脏，它是泵，把血泵压到全身各处。第二个是全身的毛细血管，构成人体血液微循环系统。把脚比作第三个心脏，就是强调内练中脚对血液循环系统和全身锻炼的价值。

　　因为脚离心脏最远，血液到脚了能不能循环上来很关键，脚的功能很重要。如果血到这儿循环不上去，就淤在这儿了。脚的循环好，全身的血液循环都会好。所以我们一开始要扣脚收地，就是强化、启动脚下的气机。脚要注意保暖,即使夏天也一样。大家不要认为夏天脚就不会受凉,不是的。脚在冬天也会受热,是虚热。所以脚下的保养还是要注意的。

我们在站桩中时时保持松沉,一方面使形体放松,心境放松,让血液顺畅到达身体最远端的脚下。另一方面要求处处保持一定的张力,我们强调"两相不争""内虚灵,外挺拔",也是要保持身体气路、血路的畅通,为血液从上向下运行、回归心脏提供最小的能耗结构和最大的顺通效果。

站桩往往会比较容易注重手上的功夫,手上的感觉也会来得快,来得强,但一定不要忽视脚下的功夫和脚的作用。

站桩的生机　八卦掌名家李子鸣演示

桩修：站桩的生命智慧

节气与站桩

  我们的桩修课横跨了几个节气的时间段。一年当中有 24 个节气，都是重要的时间节点。节气是中国古人根据长期实践归纳总结的自然生发、循环的规律，也与人体生命活动紧密相关。这些节气当中，有人体较为敏感的时间点，中医养生会利用节气的阴阳变化，来调理人体生命活动的功能。

  节气与万物生长、生命循环有关，因此也与站桩有一定的关联。这种关联不可忽视，但也不应夸大。

  在一些重要的节气里，我们可以进行站桩练习，并可仔细体察、感受身体的相关感觉和变化。

  比如小满节气，天地万物逐渐充盈，生命力逐渐变强，重新焕发活力，年轻的逐渐壮大，年纪大的"返老还童"，生机勃勃。勃发都有个过程，循环往复。

  现在，我们来一起来练习一下无极桩，体验一下。松静站立，感受小满节气万物的生长充盈，天地的生命勃发。微微下蹲，九曲连环，两手上提外劳宫穴对肾俞穴，启动气机，像种子一样开始萌发，生命的种子在我们的内心深处，由丹田逐渐显现，抱天地之气，想象怀抱一颗生命健康的种子。

  我们人也是天地之间一颗健康的被赋予了生命力的种子，在逐渐发芽，我们怀中抱的这颗"种子"，在天地雨露的滋润下发芽生长，充满生命力，充满我们的全身。感受一下怀抱着种子，让这颗种子逐渐地长大，逐渐地长大，全身都生机勃勃。

  我们整个人就是天地之间一颗有灵性的种子，充满欢乐、健康、幸福的感觉。这颗种子逐渐长大。我们每个人都是天地之间一颗生命旺盛的种子，充满灵性，健康快乐。我们通过站桩，在心底种植一颗生命健康的种子，逐渐发芽生长，感受天地之间的灵气。让身心静下来，在静中感受大自然的灵性、大自然的生机。慢慢地收，把两手合起来，合在丹田，闭眼睛的就缓缓睁开眼睛。慢慢地把健康、智慧、快乐、灵性的生命种子收在我们的体内。我们在小满之际，通过桩修，种下这颗健康的生命种子。古人说体内自有长生药。我命在我不在天。长生药就是你自己的灵性，自我内求。

再比如冬至，这个节气的特点是寒冷的冬天即将到来，但天地阳气开始从地下向上，兴作渐强，不断生发。此时站桩可培养体内阳气，且平衡阴阳，互动互融。但在冬至站桩时要注意保暖，不可受寒。

春分、秋分、冬至、夏至是四时变化的节点，位于四时首尾相接之处，有寒热变化，有收放变化，有升降变化。人在漫长的进化中，和自然界的变化也会同频相通，因此节气也是人体敏感之时，比较容易感应和接收能量。

根据很多人的站桩实践，节气之时站桩能获得一些独特的感受，这就是"天人合一"的效应。人为小宇宙，天地为大宇宙，二十四节气为天地交泰感应最强的时候，是新周期的开始，人的生命和大自然有着微妙的联系，在站桩这种特殊状态下，感受会比较明显。

所以，有条件不妨在节气当天站站桩，感受一下。当然，要根据节气特点，注意保暖、防寒、防暑、防风。

桩修：站桩的生命智慧

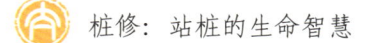

四季桩修图

站桩的体感

我们讲了四个桩，无极桩、浑元桩、乾坤桩、安立桩，其中涉及撑、抱、按、托四大体感，这也是站桩的四种基本体感。这几个体感是组合的，融为一体的。大家不要认为一个桩就单纯练一种体感，每一个桩里边都同时涉及几种体感。

比如浑元桩，其中有撑、有抱，也有按。乾坤桩里有按，也有抱、有撑。托球桩中有托，也有抱。每个桩可能侧重点不一样，比如抱球桩重点在抱，托球桩重点在托，但是都含有其他几种体感。这四种体感可以组合出很多的状态和桩法来。而且除了这四种，还有一些其他的体感，只是这四种比较常见，运用得比较多，所以我们称之为四种基本体感。

比如说形意拳的三体式。两手向下，其中有按；两臂相合，其中有抱；裹膝、裹裆也是抱；左掌往前，右掌往后，这就是撑；身体前后形成对拔之劲，其中有托。

八卦掌的桩也有撑、抱。在行桩的过程中，下踏掌为按，托天掌为托，阴阳掌为撑，抱月掌为抱，而每掌之中都含有其他几种体感。

桩修：站桩的生命智慧

八卦掌之抱

站桩的紧与松

站桩时是"松中有紧、紧中求松"的状态。

站桩首先要放松，身体上、精神上都要放松。站桩过程中如果感觉到哪儿紧张了，可以稍微地调整一下，内外松透，无极而太极。但为什么还要"紧"？这里的紧不是紧张，而是保持一种张力，保持一种锻炼的状态，不能懈怠，类似于太极拳的掤劲。太极拳练的时候要松，但每一式都要有掤劲在内，就是始终有一种鼓荡感。

比如站桩时脚要放松，平铺地面，但脚趾头要有紧的感觉和抓地的过程。刚开始站桩时，十个脚趾头轻轻地抓一下地，打开涌泉穴的气机。然后让十个脚趾头慢慢地放松。好像千年大树的树根，慢慢地深入地下，脚掌随之就平铺了。脚趾抓地的时候是

八段锦练习　曾卫红演示

微微地抓，别使劲儿抠，这就是松紧适度。

有人说总找不到松的感觉，如何松？一个传统的训练方法，就是紧中求松，由紧入松。先把身体全部绷起来，体会紧的感觉，然后随着吐气，身体放松，由紧而松，对照练习，这样容易体会。

其实很多桩的作用就是这样的。马步桩等就是先紧后松，以紧练松，这是中国功夫运用阴阳理论的体现。

我们通过一个练习来具体体验一下。按照站桩的要领站立，肩不能耸，一定要沉肩松肘。有的朋友没有精确区别这个松和沉的感觉。手慢慢地往前伸，用力地伸。后背微微向后，一点点贴，感觉到前后拉紧。这时候手指头可能气感特别强，会发麻发胀。头正身直，后背是圆的。这时候会感觉到后背撑开了，撑圆了，手尽量向前够，气感很强。易筋经、八段锦里有很多这样的训练方法。手的前推的过程中，身体不能够往前倾，要很稳。手指头微微张开，逐渐用力张，使劲往前伸。再缓缓地放松，松回来。仔细感觉其中的差别。

通过这种体感的反差，通过与紧比较，找到松的感觉。

内功三字诀

太极拳前辈总结，内功关键有三个字，叫飘、走、接。形容内气状态，也是练习方法，是内功练到了一定程度后，才能体会并专门训练的功夫。这三个字站桩也通用。

飘，飘就是身体先要飘起来，站空灵了。不是身体飘在半空，而是身体练得很轻、很空，如同气球，如同能自由飞翔一般，全身上下不滞重。"飘飘欲仙"说的就是这样的飘，它是一种由身体内部萌发出的灵动。

这种飘不是表面上的向上"飘"，也可能是向下的，是向四面八方的，是混元的。站桩、练拳练到有这种"飘"的感觉时，内功就基本具备了。

走，走就是气要游动起来，气在全身随意游走，在太极拳上是指随意化走对方来劲。劲气在身体内游走。不是强行引导，而是在站桩过程中自然地"走"，能够"气达梢节"。练习久了，往那儿一站，内气自然就在全身游走，就是所谓的"鼓荡"。达到了"走"的程度，身体就练"活"了。

接，在内就是接内气，连绵不断；在外就是接天地之气，天人合一。经络、穴位相互感应，连接。气处处是相接的。站桩虽然外形不动，但内气均匀连贯，是一个整体。

飘是一种整体上的感觉，走是与经络相关联的，接则是阴阳相互对应、和谐。

太极拳要劲气相接，才能"飘飘欲仙" 金一鸣演示

站桩与丹田　江涌演示

站桩与丹田

　　站桩中虽然有时候会涉及丹田这个概念，但是没有专门去强调，这跟站桩的要领相关。站桩是个浑然一体的状态，一开始无极桩就是无，你不能死死凝聚在某一点，无极桩、浑元桩都是整体一气的。庄子《逍遥游》最后有几句关键的话："至人无己，神人无功，圣人无名。"告诉我们要抛去束缚，不执着。所以我

213

们在站桩的初期，没有特意去讲这个丹田。因为很多人问到丹田，我这里也讲一下。

我们通常讲的"丹田"是个很复杂的概念。比如我们练太极拳都讲"气沉丹田"，这是个抽象的概念。怎样气沉丹田，是不是你每做一个动作都去想一下丹田？不是的。如果你每做一个动作都去想一下丹田，就出现了执着，就出现了不平衡，气就淤了，所以气沉丹田主要是一种状态，一种练拳的感觉。

丹田一般来说，指的都是下丹田，肚脐下小腹这个部位。在古代养生学说中，丹田还有上中下三丹田之说。上丹田一般指印堂部位，两眉之间。中丹田指膻中部位，两乳中线。下丹田指关元部位，脐下三指左右的地方。这上中下三丹田我们在站桩中不去专门讲，特别是不要过多地想印堂，站桩要下实上虚，如果往上边想得多，容易头晕，容易造成气血上涌，会带来种种的问题。即使是小周天的任督二脉循转也是一个过程。

丹田还有个意思就是关窍，它不是指身体的某一点。所以练太极拳有一种说法叫人体处处皆丹田，哪儿都是丹田。你意念在哪儿，那里都是丹田，是"活"的一个丹田。

过去还有一些人认为，体外有丹田，体内也有个丹田，人就是一个丹田，是宇宙中一个大丹田。所以丹田的概念有很多。我们在站桩一开始不过多地去讲丹田，是为了避免大家限于窠臼，我们要把握整体的状态，自然松空，这是一个关键。

站桩的网络化管理

站桩的网络化管理是什么意思呢？就是经络和穴位系统在站桩中的应用，用现代的语言叫网络化管理。经络就是中国古人发现的一套关于人体认知和应用的智能化网络系统。我们介绍过站桩的九大关窍以及小周天的练习方法，也与这方面的内容有关，这里再给大家深入讲讲，便于大家更好地进行站桩实修。

首先，怎样从站桩的角度认识经络和穴位系统？很多中医学家、养生学家认为，我们的经络和穴位系统是古人在锻炼当中，在静坐、站桩、导引、内观当中，返观内视发现的一套能量系统。所以从站桩的角度，我们可以从下面几点来认识经络和穴位系统。

第一点，经络是一套能量的通道系统。

能量通过经络运行。我们经常说运气"气达梢节"，怎么达？是要通过这套经络的系统来走的。我们也经常说经络通不通，通则不痛，不通则痛，都是指这套系统能量通道的功能。

第二点，经络是一套能量的激发生化系统。

经络对能量有运化、激发的作用。这一点就更深入了。它不仅仅是能量的通道，而且能激发、增强能量。

第三点，穴位是能量的共振点。

这些共振点起到一种对能量进行转运、交换、升腾的作用，所以穴位是生命活动的敏感点，我们通过对穴位进行针刺、艾灸、按摩、按压等等，能够激发、改变能量的状态。还有一点就是通过运用意念，也可以激发经络和穴位的状态，这一点在站桩中要特别注意体验。

站桩中的混元状态，就是经络系统处于一种高效、通畅、生发、激发的状态。这些经络穴位处于一种同频共振的状态，这就是站桩混元态的网络化特征。当然这是一种比较理想的状态，我们不断地通过练习去达到这个状态，就能够产生更大的能量。所以有些人在站桩时出现一些自发的动，在练太极拳时也觉得气在鼓荡、在运行，这些都是共振现象的体现，共振的能量很大。

经络通，气就通畅。所以站桩时身形上不能出现死角，意上也不能出现死角，要松，也不能故意地去使劲儿，否则经络就不通了。要实现经络通，单纯松还不行，还要保持一种张力，就是松中有紧，紧中有松。

练太极拳和站桩都要保持中，中和。中是什么意思？无过、不及，任何要领做过头了都不对。比如我们讲九曲连环、松、沉肩坠肘，有的人会故意使劲坠，这就过了，这就紧了，或者耷拉，这就懈了。

什么叫松中有紧？首先是放松。不放松时，肩抬起来，肘抬起来，气就是淤的，就是紧的，经络就不通。但是你完全松懈下来也不行，使劲地沉也是僵化的。所以第一步要放松，不能紧张，叫去僵化柔。把紧张去掉，把肌肉的紧张去掉，把结构的紧张去掉，把意念的紧张去掉。然后第二步，松中有紧。大家注意，这里说的"紧"跟紧张可不一样。我们在读站桩的传统论著，包括读古典拳论时有一个诀窍，就是根据不同的语境来准确理解书中的意思。

桩修：站桩的生命智慧

站桩中要保持一种张力，就是你不能松懈掉。有了这种张力，经络才能够张开，才有助于经络的通畅，有助于穴位的共振。

站桩的一个作用是使精气神充足，精气神不足，经络就不会通。举个例子，我们给一个人形的气球打气，如果里边的气不足，那气球就充不起来。只有气足了，才能完全给它充起来，手指、脚趾等末梢部位才能鼓起来。只有经络通了，不断地运化，不断地生成，精气神才会越来越足，这样更有助于通，是一个良性循环、相得益彰的事儿。

我们一站桩，内气就会和经络穴位，和大、小周天发生连带关系，不管有没有意识地去练。这里面有两个概念我再解释一下。

第一个概念是通。什么是通？我们经常讲，经络要通，气要通，很多人练的时候就局限在某一点上。比如说练拳，应该气达梢节，但我没有通过去，或者练小周天时没有通过去。究竟什么是通的标准？每个人都有不同的理解，甚至有不同的体会，历代人练习都有不同的说法。有人说，我过去练了20年、30年，终于小周天通了，说得很神秘。也有人说，我几十天甚至几天，小周天就通了。实际上大家说的标准不一样，对此也不必太拘泥。

通

传统"通"的概念，首先要达到形通。因为外形通是衡量人的经络和气血通不通的一个重要指标，它不是唯一的指标，也不是绝对的指标，但却是一个重要指标。比如练拳，一看这人架子不对，就不会通。站桩的形通是什么？我们说的三线如松、四点如钟、九曲连环等等，包括呼吸。我们讲的所有要领，其中一个重要的作用，是让大家保持形通，为经络的内通打下基础。其次要气血通。气血通的标志是什么？就是有气感了，梢节上有气感。手指头上、脚趾上、膝盖上、腿上、胯上、腰上都有气感。但是有一点要注意，气不能往上走。不能百会穴上气感很足，那你站着站着就晕了。这个现象过去有一个专门的术语，叫"乌云盖顶"。不能压在这儿，所以气通就要上虚下实，气机要稳。再有就是意通。比如说周天通，大家有不同的标准，所以通的时间、程度不一样。意通就是你的意念很顺畅地达到了，虽然暂时还没有气感，但是你的意念可以运行。意通周天就比较简单了，就是我们的意念能够很顺畅地沿着小周天或者大周天运行一遍，这就叫意通。

在中国古代的内修典籍中，出于种种原因，有的理论讲得很隐晦，用词也比较深奥、玄妙，其实都是一些比喻。你能看懂他那套语言系统，就能理解其中的方法。

不管如何通，都不要强求。这八个字很紧要，就是：

勿妄勿助

自然而然

就是不要去妄想，不要妄动，不要去执着，不要拔苗助长。自然而然就是保持一种空明澄澈的自然状态。在感觉到周天运转的时候，不要强行冲关。有的人练的过程中，感觉到某点气通不过去了，比如气到玉枕通不过去，到夹脊了，练了三个月没通过去。后来，一下子通过去了。这个现象是有的，但是感觉没通的时候不要强行去冲。气行是一个均匀的状态。严格说来，你在某一点堵很长时间是不太正常的，可能是要领不对，或者练法上有问题，应该是一个整体的原因，不要在某一点上较劲，不要强行让意念长时间地意守、关注某一点，非要通过去不可，这就违反了自然原则。

站桩和练拳都有"炼精化气，炼气化神，炼神还虚"这重要的三步。第一步"炼精化气"，主要在经络系统里完成，不管你是否有意识地练习，这套系统都在运转。当然如果你了解其中的知识和过程，体验度就更高一些。就像我们吃饭，你不知道这个菜的来历背景，觉得挺好吃也没问题。但是当你知道了它的烹调过程，食材来自哪儿，怎么烹饪，有哪些相关的人文背景，你品尝的体验度就更高。而且你会有意识地关注吃哪些东西对身体有好处，也会有意识地搭配，效果就会更好。从无意识到有意识，从体验上升到理论，理论再结合实践，进一步返璞归真，对实践更有帮助。

总结概括一下，经络和穴位有三大特征：

第一个特征叫循环特征。它们是气的循环系统，对气进行调节，可以净化能量。第二个特征叫运输特征。它们可以承载、运输人体生命能量。经络就像高速公路，穴位就像服务区，包括加油站、中转站等。第三个特征叫加工特征，在这里通过加工可以炼精化气，生产能量。

穴位还有独特的三大作用。第一个是储存能量，叫储存作用。第二个叫连接作用，连接遍布全身的能量点。第三个叫导引作用，导引能量的走向。能量有了，运行在哪儿，哪个地方更需要，哪个地方气更弱，虚则补之，实则调之。

站桩的心法与技法

站桩的技法与心法

　　站桩是技法和心法融合在一起的。过去练拳有几句话：传术不传功，传功不传法，传法不传心。最高级的是心法，站桩也有类似的问题。

　　我们讲"站桩的诗意"等主题，就是讲关于心法的东西。心法必须与技法的原则、要领结合在一起的，否则就是空中楼阁，这就是知行合一。中国古代很多大哲学家都讲究身心的修行，这是透彻理解中国哲学的一种有效方法。比如王阳明的龙场悟道、达摩的面壁悟禅等。禅宗讲顿悟，不立文字，直指人心，就是关于心法的获得方式和修养境界。

心法是以技法为基础和依托的，至少站桩是这样的。站桩之前，可以读一些理论书籍、文章，多做些了解，这是很好的准备工作，但不是真正的心法。真正的心法是在练了之后，在功、技的基础上总结出来的，更是感悟出来的、超越技法限制的东西。心法有的是他人传授的，有的是自己悟到的。前人有的，传给你了，就节省了一些时间和功夫。但无论谁传的，都代替不了自己的体悟。所以真正的心法一定是自己体悟的。一个体，就是实践，去站；一个悟，就是用心，光埋头苦练不行，还要沉浸其中。所以站桩既是耗时间的功夫，也是用心意的功夫。

心法不一定全由技法中来，甚至很多内容不能仅仅从技法中来，它和习练者的综合素养有关。所以我们强调站桩要修，这个修包括了练站桩，也包括了站桩之外的修养，文化的修养，心性的修养，这些都很重要。

站桩练的不仅是人体，也是人性、人生。

起与收——站桩的热身和收式

站桩开始前、结束后有两个重要的事情要做，就是热身和收式。

热身是先把身体活动一下，舒展开，为站桩做好准备。收式就是站桩之后的整理活动，为了更好地巩固站桩成果。

有很多种方法都可以作为站桩的热身，我们在桩修课上会给大家介绍一套方法。热身就是活动开筋骨，松开内外，不要有淤积的地方。现代体育科学训练都要有准备活动，但站桩的准备活动有自己的特点，虽然叫热身，但是要掌握度，初步活动开即可，不能过于兴奋，别真搞得满头大汗，后面就站不住了。

收式就是收功的练习。站桩是一种内功锻炼，收功就是站桩后收气敛神，不使其散乱。练了半天，练完别匆匆忙忙转身就走，一定要把收式做好。站桩练习使全身内气流动，这些都是最好的养料，不要浪费，让站桩运转的内气滋养全身。

站桩的收功是个"用"的过程。因为你站桩以后，体内真气萌动，这时候正好让它滋养全身。搓手，内外劳宫穴搓一搓，搓揉脸颊，也有美容的效果。气血流通是美容的重要因素，当然最好的美容药就是你乐观健康的情绪、喜悦的心情。如果总是愁眉苦脸，就是用再多的化妆品也不会有美感。

我们给大家讲的热身概括为"三转、两抖、一走"，收式也是三步，为"搓揉、摩运、轻拍"。

热身

热身有三转。

第一转，转肩：先将左右两肩同时分别往前转、往后转；然后逆向转，一肩向前转，另一肩同时向后转。转肩时自然放松，不可用力过猛，也不可过紧。

转腰　张瑛演示

第二转，转胯：这个转胯其实是过去太极拳内功的一个非常高级的练法，叫"胯圈"。练习时要圆裆松胯，先是两胯同时逆时针转，然后同时顺时针转，之后一个逆时针一个顺时针转，再将左右胯转动方向互换。胯圈就是把腰胯活动开，让气上下打通。

第三个，转腰：两手扶腰或自然松垂，两脚不动，分别逆时针、顺时针旋转腰部。转动时连贯柔和，不使用猛力。

两抖

一是抖手，轻轻地抖手。身体自然站立，指尖松垂，轻轻抖动手，不要用力甩。手上循行着多条重要经络，人体的十二正经有六条都要经过手，被称为手三阴三阳经，分布着多个重要穴位。轻抖手，经常揉压按摩手指，能很好地调理脏腑功能，对身体很有益处。

二是抖膝，微微屈膝下蹲，腰胯放松，膝盖轻轻地抖动，抖动幅度不要过大。抖膝时全身放松，有轻微颤动的感觉。

一走

就是走猫步，像练太极拳一样，两脚虚实交替，重心来回变化，体验身体在空间中移动的感觉。迈步如猫行，落地沉稳轻柔。

两抖　张瑛演示

收式

收式

搓揉法

两手掌心相对搓揉，再互搓手背、手臂。搓揉时可以配合轻轻捏拿。搓揉手后，以双手干搓脸、捏耳、干梳头，再揉揉脑后玉枕穴。这也是古代的搓揉健身法，用于站桩之后的整理活动，效果尤其显著。

摩运法

摩运脏腑也是古代一个很高级的养生方法，有和谐阴阳、调养五行的作用。站桩之后，双手有较强的气感，用手来摩运身体，可促进内气运转、滋养脏腑。摩运法的第一步是双手在腹部相叠，然后分左右沿身体两侧顺时针转动，摩按而上，边转动边向上，至胸部会合相叠，再往下推揉至腹部丹田。摩运法的第二步是搓

第三部分　站桩实修

搓揉法

摩运法

轻拍法

桩修：站桩的生命智慧

肾，两手搓热后，分别搓揉两肾。第三部是摩膝，两手搓热后，摩揉两个膝盖。除此之外，也可摩揉身体其他部位，让站桩产生的内气滋养四肢百骸。

轻拍法

两个手掌心内含，掌指舒展开，不用力内扣，也别使劲张开。以两掌轻拍全身，拍肩、肘、后背、腿等。拍的力度要适中，不轻不重。

在站桩中还有一点需要说明，就是在舌抵上颚等要领做到位后，练到一定的程度，口里会自然产生津液，有的人站了一会儿，津液会越来越多。津液不要吐掉。练习内功过程中产生的津液在过去称为"琼浆玉液"，对身体有滋养作用，不要吐掉，把它咽下去。有的练习方法还主张用舌头轻轻搅动津液，然后再咽。

第三部分　站桩实修

拳桩一体练太极

练武术和站桩有关系吗？一定有的。少林、武当、形意、八卦等拳种流派，大多以站桩为拳术基础，把站桩视为入门的有效途径。有的甚至强调"入门先站三年桩"。

练太极拳需不需要站桩？各传承的支脉要求是不一样的，这涉及对站桩的概念理解，不能一概而论。但总的来说，太极拳和桩功肯定是有关系的，太极拳名家们也都很重视桩功。只是有的人不专门强调静立站桩，而是将桩融合到拳架中去，称之为"行桩"。从现有的流传来看，传统教授太极拳时都要练一点桩功，有十分重视练桩功的，也有必须练桩功的，情况不一。训练方法因人而异，但殊途同归，达到的内练效果是一致的。

通过站桩，要达到的效果是提高对生命的感知力、运化力。独立守神，返观内视，更好地认识自己，才能更好地享受人生，每个人都是独立的伟大的存在。站桩能使我们清晰体悟这一点。

通过站桩可提升感知力和运化力。太极拳的"一羽不能加"就是感知力和运化力的综合功夫，"引进落空"是感知运化，"气达四梢"是运化能力的体现。桩态与太极拳态相通，相一致。

所以练太极拳可以不专门练站桩，但一定要对"太极桩"有深入理解，要在练拳中贯彻"桩"的思路、原则和方法。当然，如果有条件，练一练站桩，可能体会更明显，但要练活桩，不能练死桩，要把桩和拳有机结合，这就是拳桩一体。

在站桩中更能显著体察"静"的感觉、静的作用、静的练法，可以将其有效运用到太极拳架中去。

另外，通过站桩，可以对人体的结构和功能有更透彻的了解，掌握每种身体形态内含的能量语言，对于确定拳架练习的对错、提升练习效能有所帮助。

桩修：站桩的生命智慧

站桩还可以提高人体对内气的敏感性，有助于太极拳形神合一的内修，以及对太极拳动作导引的领悟和运用。

很多流派的太极拳都是以无极桩作开始的，不管名称叫什么，意思是一样的。太极拳的每个动作都包含阴阳，太极拳的起式就是一生二的过程。把太极拳的每个定式当作桩，把行拳当作运桩，这就是以拳运桩。在站桩中可提升人的整体性、对内在元素觉察和运行的能力，提升人的形神完整性以及心境的通透性、纯净性，为行拳提供优质的身心环境，这就是以桩助拳。

我们以太极拳起式为例，说明拳桩一体的练法和感觉。

无极式站立，感觉到两手之间好像有一团气，两个手有充盈的气感。两个手臂微微地内旋，微微地旋到掌心向后。感觉到两手掌心内各有一团气球，慢慢地托着两个手。手掌自然地向前举起来，一定不要用力，不要自己用力抬。你能感觉到两个掌心发

太极拳起式

热,好像有两团气球抬着手,慢慢地往上抬,托起来,不是你自己在使劲抬。一开始没有感觉没关系,也可以在开始阶段稍稍意念引导一下,两个手掌好像在被气球往上托,慢慢托起来。自己不要用力,用意不用力,用意念。两个手掌逐渐抬起来,不要抵抗,顺着它自然地托起来。

托举就是太极拳的起式,无极生太极,缓缓地托起来,会感觉到手掌发热,有充盈的气感。托举到与肩同高,然后慢慢地松肩沉肘,掌心再微微地下按,好像按不下去,有阻力,两个手似乎在按着气球,按在水里,很柔软,你跟它融为一体。随着下按,身体微微下蹲,这个就是太极拳的起式。慢慢下蹲,两个手按到与腹部同高的时候,像把两个球按到水里一样,按住它们,它们还在往上,有撑力、扩张力。按住,蹲下来,这就接近我们讲的按球桩,就有桩感了。

拳桩的关系,是一个互相感应的关系。

站桩对练太极拳有很好的帮助,同时拳里边也含有丰富的桩的内容,当然,不同的老师讲的角度不一样。

通过站桩,可使我们更加沉静,更加会养气,更加混元一体,所以站桩能够补养滋润太极拳。从站桩的角度来说,我把太极拳称为"运桩",太极拳整个套路就是一个个桩的运行过程。

太极拳的每个动作,如提手上势、白鹤亮翅、金鸡独立等,都是一个桩。金刚捣碓不是简单的发力,而是收摄心神,叫握固静思神。我们看很多前辈名家的拳照,每个动作就是一个桩。练到高级阶段,拳跟桩是一体的,就是一回事儿,你中有我,我中有你。

每个太极拳式其实也都是运桩,每个拳式的定式都可看成桩,拳无桩,意则浮,轻浮。

每个太极拳的动作都是一个桩,是动桩。过去有些太极拳训练,虽然没有专门讲站桩,但是老师们都会强调拳是动桩,每式

桩修：站桩的生命智慧

杨澄甫

陈发科

孙禄堂

吴图南

太极拳名家拳照

拳都要有桩意。所以过去有些拳架训练不讲究站桩，也没问题，它是从一个角度，从行拳的角度去看待桩的。拳就是运桩。

好的太极功夫一定是有桩意的。

我们来看几幅太极拳名家的拳照，他们的拳式中都有桩意。充分体现了拳桩一体的特性。

吴图南先生的这个太极拳动作，杨澄甫先生的提手上势、十字手，这种练法跟站桩一样。孙禄堂先生的倒撵猴，这是孙氏太极拳的动作，单独来看它就是桩。孙禄堂先生的手挥琵琶，这个也是桩。陈发科先生的拳照，大马金刀，也是典型的桩式。这些名家练太极拳的状态，就是桩态。他们的行拳就是运桩。

看这些照片，是拳还是桩？当然是拳，但也是桩。所以把练拳和站桩结合在一起，能相互促进。

运桩是站桩的一个训练方法。过去王芗斋先生创立意拳体系，里边有很多种桩法，也有很多运桩的方法。运桩能以多种方式体会劲、意的变化，产生活泼泼的生机。还有静态运桩，是内运，不一定要有动作，是体内运气。

站桩和练太极拳也是有区别的，不可混为一谈。但它们之间有着密切关联。

太极桩功是太极拳的状态基础。太极拳即为动桩，流动着的桩。从站桩的角度看，动态中有静态，静态中有动态，符合桩的原理。用另一个视角看太极拳，每个拳的动作拿出来都可以作为桩来练。拳桩一体练太极，拳功一体练太极。

桩功是拳功的状态基础，太极拳起式动作有桩功的状态。你练拳的时候处于驱动的状态，拳练你的时候，是随的状态。桩功原理之一，是让你去掉驱动的念头和动作，让拳练你，让你跟着拳走，自然而然地练，就有了动静相生、意气相合。

概括桩功和太极拳的关系如下：

（1）太极桩功是太极拳的状态基础。练拳过程中要保持这种桩态。

（2）太极拳就是流动着的桩。拳要练活，连绵不断，动中有静。从形上说，"静"就是桩，包括桩形、桩意、桩态。

（3）拳是拳、桩是桩。不可混淆，不能练得拳不像拳，桩不像桩。

（4）拳中有桩、桩中有拳。拳式桩式可以共融。我们可以用另一个视角看太极拳，从桩的角度，把每个拳的动作拿出来，当桩来练。

（5）拳运桩、桩助拳。拳桩一体练太极，拳功一体练太极。

从站桩的角度看太极拳，打开了研修太极拳的新世界，动态中有静态，静态中有动态，每一个拳式都符合桩的原理。

太极桩

我们在这里以三个太极桩为例，给大家介绍太极桩的练习方法。太极桩就是选取主要太极拳流派中的一些代表性拳式，进行站桩训练。掌握了这些方法，就掌握了一套从桩的角度来理解、习练太极的方法，同时也会对起桩、安桩、定桩、运桩有更进一步的了解。后面我们会对太极十三桩进行详细解说和领练。

一字桩

一字桩，取自孙氏太极拳。孙氏太极拳也叫开合活步太极，开合是它的一个特征。站桩、太极拳的很多动作都有开合，孙氏太极拳直截了当，把开合当作其主要特征。"一字桩"把孙氏太极拳的开手、合手和单鞭结合在一起，把单鞭的定式变成一字桩来站。前边要有个起桩的步骤。

松静站立，左脚向

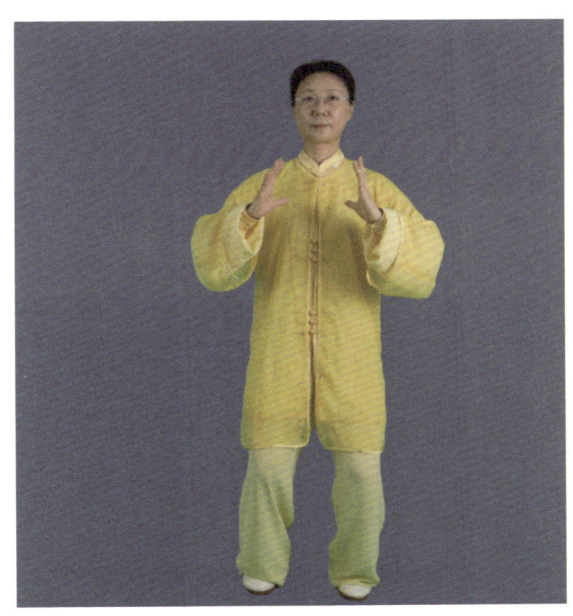

一字桩　严静演示

桩修：站桩的生命智慧

左横迈一步，与肩同宽。双手抬起，掌心相对，虎口向上，缓缓吸气，慢慢下蹲，同时沉肩坠肘，竖掌塌腕。双手开与肩宽，合与脸宽。可反复多次开合。左脚向左迈成偏马步，同时两手向左右分开至身体两侧，掌心向外，呼气，松沉。还原，右脚向右迈成偏马步，与左式对称练习。还原收式。

这个桩大概站个一分钟就会冒汗了，一开始可能觉得手臂沉重，大腿沉重，小腿也会有感觉。两手撑开的时候，手臂都会有酥麻感，慢慢地练习就会不断改善。

一字桩。我们有四句口诀，"起落由心，开合由气，随就有序，奇正有仪"。

"起落由心"，从一开始就奠定整个基础，就是以心行气，以气导形，不是你的手简单一抬。起落由心就是心意一动，手臂就抬起来，不是用力抬起来。用大拇指领起。大拇指轻轻地领，不是使劲撬。意一动，两个大拇指像拴着两根线，被线慢慢地提起来。是由心，不是由我使劲的，还是很放松的。"开合由气"，所有的开合都是由气打开合上的。"随就有序"，自然当中是有规律的。我们的大部分桩要左右平衡，站时两脚与肩同宽。也有一部分桩，左右重心会有一些变化。我们会有意识地选一些这样的桩让大家练习，

桩修课上讲一字桩

236

一字桩就是这样的。左右重心四六分或三七分。双腿打开的时候，脚先分虚实，然后迈出去，重心很清楚，这种就叫"随就有序"。"奇正有仪"，变化和定式有奇有正，并且奇正是来回变化的，在来回变化当中，身体始终不能出现倾斜歪倒。有仪是什么？有仪表，有仪范，有礼仪，很有规矩。虚实的变化刚开始可以做得明显一点，中间的过渡很清楚，很简单，不要马马虎虎就过去了，把虚实都给交代清楚。

还有外撑的时候，左右的高度如果发现有错落，就调整一下。比如说你手打开以后，你觉得是平的，实际上是不平的。没关系，你发现哪个手高了，就给它调整一下。定式还要注意，直中有曲，劲是饱满、张开的，但还是有弯曲、旋转的。

云手桩

"云手"在各个流派的太极拳里边都有，我曾经跟一些太极

杨澄甫左右云手

拳名家交流，问他们：如果你这个太极拳只练一式，你推荐哪一式？很多人都说练云手，这足以说明云手的重要性。

云手在不同的太极拳流派中有不同的练法，有原地的，有左右移动的，有横移步的，有交叉步的。因为24式太极拳比较普及，所以我们这里"云手桩"主要取自24式太极拳，也就是杨氏太极拳的云手。

我们看一下杨澄甫先生的云手定式照片，杨氏太极拳这一招现在都是以杨澄甫先生的拳照为标准的。

云手桩定式

定式时，一手在上，掌心向内。另一手在下，掌心也向内，上下交错又相应。两手环抱，如抱着两个球，两手合在一起，又如抱着一棵树，就是合抱之木。同时两个手要相应相感。

我们的云手桩分为左右，左手在上，叫左手桩，不要太高，不要遮住脸，到下颌或者胸这个高度为宜，根据每个人的感觉，手太高了容易起肩。掌心向内自然张开。右手在下，在腹部丹田处，也是自然张开。这是云手桩的定式。

定式前有起桩、安桩，和太极拳云手动作类似。两脚自然分开，与肩同宽，两臂缓缓抬起来又下落，随着两臂下落，微微屈膝下蹲。然后左右手交替在体侧、体前圆转画弧。脚底下不要移动，两只手交错，如同画太极图的S线。以腰为轴，不要手转身子不转。画了几圈后自然安桩、定桩，进入站桩。

金刚握固桩

金刚握固桩来源于陈氏太极拳的金刚捣碓。

为什么叫金刚握固桩？陈氏太极拳的金刚捣碓我以前在讲座里讲过，这个动作的核心要领有两个，一个是震脚，大家一般比较关注；还有一个内在的核心要领是握固，被很多人所忽视。握固就是把神气握住、团住、抱住，是为了收摄心神，让你不要胡思乱想，要澄心静虑。练握固桩对治疗失眠很有好处，可以让人神不散。人为什么抑郁啊？就是因为神分散了，神气弱了。干扰因素多了，枝枝杈杈很多，甚至盖住你的主干，就容易抑郁了。枝枝杈杈往上蔓延的时候，你就焦虑了，所以神不固，气不固，人就是散的。有时候拳越练神态越散漫，就是没固气。所以固形、固神、固气很重要，金刚握固桩就是练这个的。

两脚平行站立，两手臂摆动起来，然后沿着逆时针的方向翻江搅海、横8字画圈，丹田带腰转，微微划小圈，就好像你在大海里边揉球。旋转时手不是在这儿单纯地转，而是如同按着水中

金刚握固桩

的球,慢慢地练。一边揉一边旋转上来,然后顺时针揉。双臂打开,右脚外摆,手往后摆,左脚往前去,双臂合,右手握拳,提右脚,左腿站稳,右手握固为拳,和右脚同时落下,右脚着地,右拳落在左掌心。

金刚握固桩的口诀:闭目冥心站,握固静思神。

第四部分 桩修禅

桩修：站桩的生命智慧

桩禅一如

《道德经》开篇就是"道生一，一生二，二生三"。练无极桩，我也给它分了三个阶段，第一阶段叫"桩生一"，第二阶段是"一生二"，第三阶段叫"二生三"。

我们练了太极拳，练了桩以后，再去看传统经典文献，理解会不一样。中国文化讲究"知行合一"，我们练桩修，练太极拳就是"行"。太极拳、站桩是实践科学，"知"就是把这些理论贯穿于其中。你练了这些东西，再去了解理论，对练拳练桩会有很大的帮助。同样，我们再去看传统文化，对它的一些学说也会理解得比较到位。整个桩修课会贯穿国学的内容，这不仅是文化的需要，也是技术的需要。虽然我们不是专门的国学课，但离不开国学的内容，特别是其中的核心内容。

桩禅一如

第四部分　桩修禅

桩生一的"一"是一个无阴无阳又有阴有阳的状态，是阴阳合一的无的状态。在我们传统养生练习体系里边属于命功，筑基的功夫。性命双修，这个"一"是根基。《黄帝内经》里讲"提挈天地，独立守神"，我们人在天地间，这个独立守神就是"一"。桩生一，就是不二，不二就是没有明显的阴阳，连阴阳都去掉，就都没有了。

第二阶段"一生二"为阴阳相合。二是什么？有阴有阳，阴阳相合，性命双修。在"二生三"的阶段，会感觉到有很多意念，要会处理这些意念，逐步去掉这个感觉。

第一个"一"叫"混元一体"。就是整个人是浑然一体的状态。你往这儿一站，胳膊不是胳膊，腿也不是腿，肩也不是肩，而是一体化的。这个一体化并不是机械组合，而是有机的自然融合，你中有我，我中有你，你就是我，我就是你，人立天地间，浑然一体。

第二个"一"叫完整一气。这个"一"不仅指人体自身，跟周围的自然也浑然一体。在这个无极桩当中，它是完整一气的。刚开始练习时可能局部有些感觉，比如手啊，膝盖啊，身体其他各个部分啊。但是练到一定的程度，感觉就越来越少，因为完

内虚灵，外挺拔

243

整一气了，就是贯穿的，是无差异的，这种状态就是"整"。

第三个"一"叫内外如一，不分内外了，我们人体内就是外，外就是内，这就是"如一"。到了这个程度，就可以通过外动带动内动了。相对于人来说，人体外部的宇宙，周围的山川大地、天空河流都是外，但是站到无的状态，你把自己站空了，站没了。你就跟天地自然融为一体了，这也就是内外如一，到了这步叫什么？叫"天人合一"，这是一个中国哲学概念，也是站桩、太极拳练习的一种生命体验，还有一个词来概括这种体验，叫"无形无象"。

上述这些，我们要通过练无极桩站出来。

我们一开始先把外形练习好。在此基础上进入无、空的境界，这样就能够让你散发出活泼泼的生机来。

对于外形和内里的关系，意拳创始人王芗斋先生说过一句话叫"内虚灵，外挺拔"。站桩要有挺拔劲，我们说的无极桩，绝对不能畏畏缩缩的，需要站出一种气势。身体虽然处处是圆融的，处处是柔和的，但不能是唯唯诺诺的。练习桩修以后，人会变得更加自信、自尊、自强。因为你从站桩中真实地感觉到自己，真实感来自空无的松通。实现"内虚灵，外挺拔"，这也是如一的状态。"内虚灵，外挺拔"是在饱满当中有空，是有无相生的基础。

站桩为什么要从无极桩开始练起？无极桩是基础，叫万桩之母。我们打拳也是从无极式开始，由无极而太极。这是中国传统生命哲学的出发点，所有的生命生存论的基础。

无极而太极，过去有一位著名的内修学家叫陈抟，相传他留下来一幅《无极图》，历代把这幅图及其解说作为内丹修炼的重要文献。在《无极图》中，陈抟提出了"炼精化气，炼气化神，炼神还虚，复归无极"的修炼步骤，对后世影响很大。还被收录在许多太极拳理论著作中。我们练太极拳的老师也经常讲解。陈抟这幅图依照修炼步骤是从下向上看的。

到了宋代，周敦颐先生又发展出一幅《太极图》，并写有《太

第四部分　桩修禅

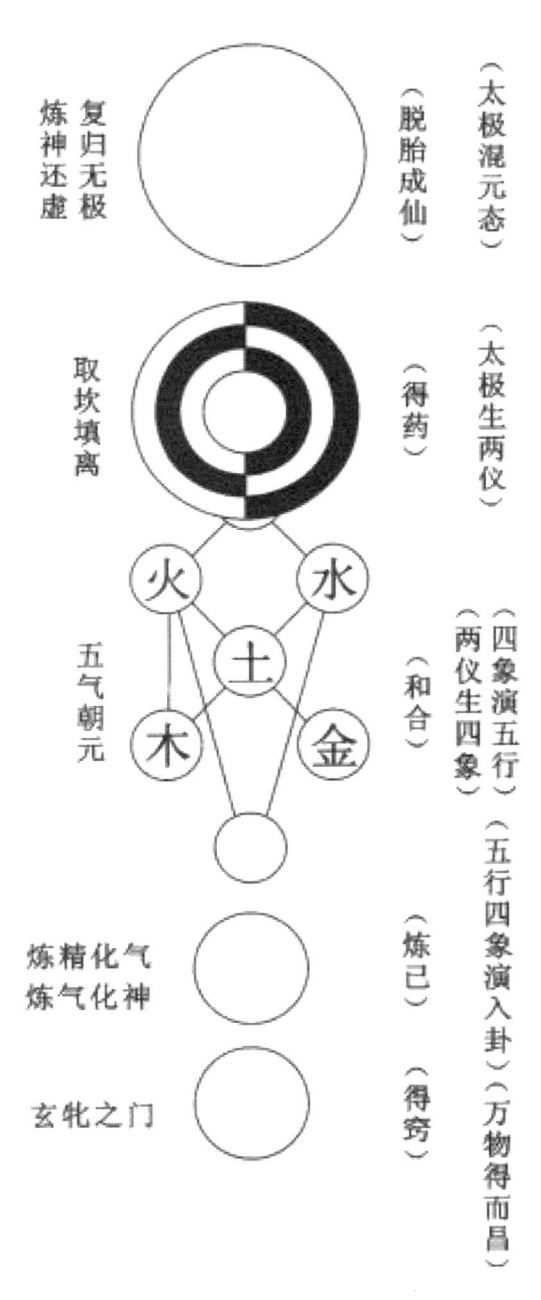

复归无极
炼神还虚　　（脱胎成仙）　（太极混元态）

取坎填离　　（得药）　　　（太极生两仪）

五气朝元　　（和合）　　　（四象演五行）（五行四象演入卦）

炼精化气
炼气化神　　（炼己）　　　（两仪生四象）（万物得而昌）

玄牝之门　　（得窍）

陈抟《无极图》体系

极图说》。周敦颐很有名，他的《爱莲说》收录在中学课本里，其中的"出淤泥而不染"是千古名句。我们生存的现实社会中有许多不干净的因素，自然环境的、社会环境的、人的观念的、思维方面的，等等。如何做到"出淤泥而不染"？前提之一是必须空松下来，把人体"站"干净，这是无极生化万物的基础，松好比是一道无形的屏蔽网，具有过滤作用。

周敦颐是国学史上一个非常关键的人物，他把老子的"无极"学说和《易传》的"太极"学说有机地融为一体，《太极图》和《太极图说》是其代表作品，是研究太极理论必须重点研读和体悟的经典，是很多传统太极拳论的根源。《太极图说》和《太极图》要对照来看，一个从"象数"的角度，一个从"义理"的角度，互相印证，互为补充。周敦颐的"无极""太极"理法，是对阴阳关系的升华和应用，把阴阳关系在生命修炼这个范畴内落地了。特别是其中还涉及了五行的相关内容，这些内容也是我们练习站桩的重要参考资料。

我们来具体分析一下周敦颐的《太极图》。

最上面这个圈，是无极而太极，这个圈从站桩的角度，可以把它看作无极桩，我们现在站的就是上面这个圈，由无极而太极，桩生一，阴阳融合的一。

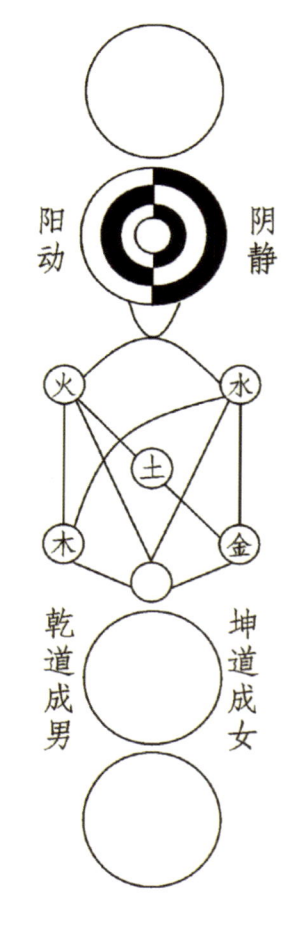

周敦颐的《太极图》体系

第二个圈为阴阳，就是一生二了，有阴有阳，动静相生，阴阳相应。

然后再往下，第三个部分是五行关系，其实对应的还有八卦，这里面没画。通过五行属性，将人体的脏腑系统和天地自然相匹配对应，将人体作为一个开放的系统来看待和处理，就是二生三，天地人相合，天人合一。在这个体系中，"乾道成男，坤道成女"，乃是天地阴阳运化的方式和产物。

最下边这个圈就是生化万物，万物运行各有其规律，又都符合阴阳变化的法则。站桩有很多的要领，但都符合阴阳变化之道。

知行合一，一定要行，要练。桩生一，就是练的开始阶段，就要练成混元一体，完整一气，内外如一，天然归一。

站桩重要的一点就是修心，修平常心、智慧心，站桩也是修禅，桩修禅。

桩修：站桩的生命智慧

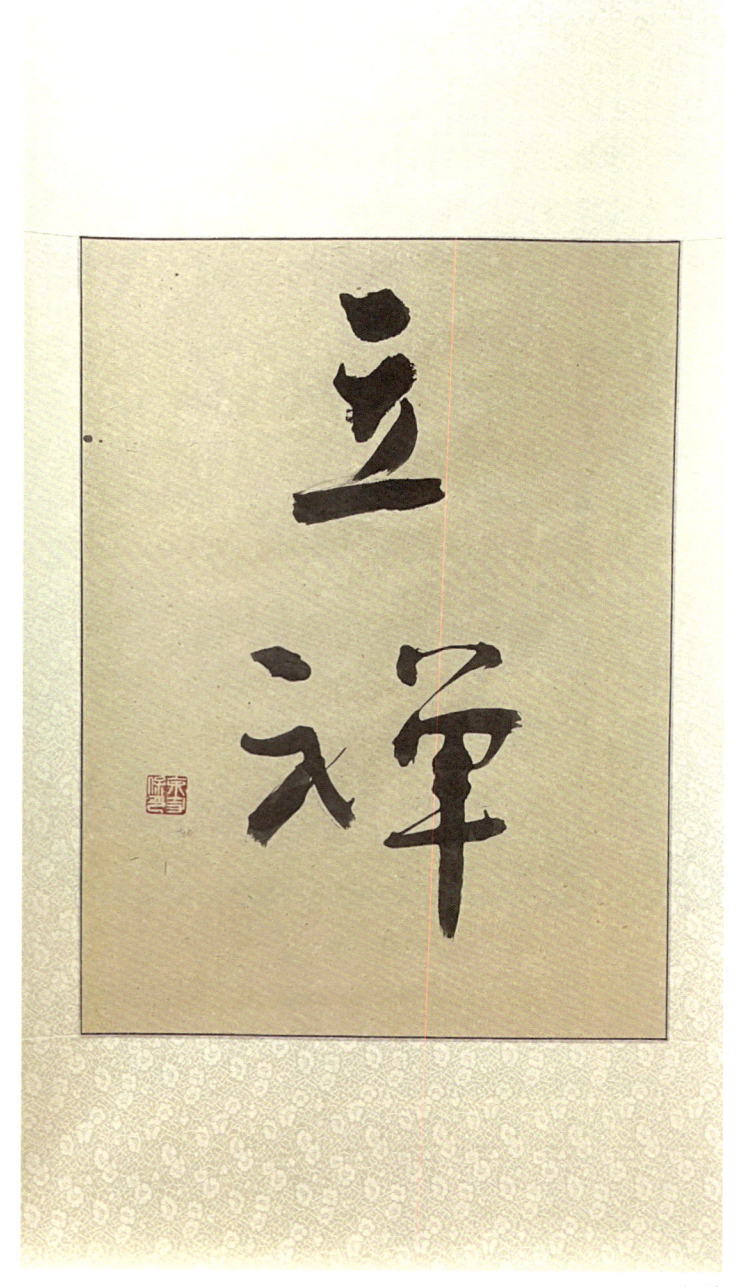

立禅

站桩逍遥游

逍遥游是站桩的一种境界。

站桩就是一种对生活、对生命的美好体验，所以我非常强调站桩的喜悦感。在这里给大家分享两句话："行气随处净土，桩修即是深山。"

这两句话化用自过去的一副对联，原文叫"读书随处净土，闭门即是深山"，强调读书的重要性。你翻看每页书，都是净土，随时净化你的身心。当然，得是好书。闭门是指静心，把门关起来，就像进入大自然当中。站桩也是这种感觉，站桩是在读你自己身心这本书，身心跟自然逐步融合，天人合一，心胸敞亮开阔。人的很多病是由心理问题造成的，先由情绪等导致淤结不通，不通

桩修：站桩的生命智慧

天地之间讲桩修

则痛，就会产生疾病。站桩过程中，我们要让心情保持愉快，行气随处净土。练拳、站桩都要行气，动作是以外形导引内气运行。站桩外形是静，内里一定要动。我们要站活桩，不能站死桩。内丹术中有一句话叫"形死神活"，是个比喻，就是外形不动，但内里神意是活泼泼的，内气运转了，流水不腐，流水才能是活的、清亮的，所以叫随处净土，把我们的身心修炼成一片净土。桩修即是深山，就是生命向自然状态的回归。

站桩到深处，是一个特别自然的空的状态，空才能大，大才能容。站的过程中不用每次都细细地去想那些细节。但是要懂尽精微，才能致广大。

庄子《逍遥游》里边有三句话非常重要，叫"至人无己，神人无功，圣人无名"，这也是我们站桩的状态。

至人，就是达到自然从容境界的人，就是明白的人，通透的人。

我们桩修到了高境界，就能做到无己，就是忘掉自己。此身本虚无，何处惹尘埃，空了。站桩的过程就是去掉障碍。我们有的人苦苦追求了一辈子，却不知道自己真正追求的是什么。到最后才明白，追求的都是旁枝末节。无己，要把自己站空、站虚，没有紧张点。至人无己，神人无功，圣人无名，至人、神人、圣人都是不同的境界，无功这个功可以理解为功名，也可以理解为我们具体地追求的一些技术或目标。要明白训练的过程，但到最后，不要去追求那些旁枝末节。

无功就是不拘泥于形，站桩最高级的是心法。举个例子，一个小孩在路上捡垃圾放进垃圾箱，这叫功，家长教育他应该这样做。但捡垃圾是个具体的"功"，这里边的法则与心法是什么？就是要做对社会有益的事情，要做有公益心、品德高尚的人，所以重点不在于你反复教他捡垃圾这个事，而是教育他掌握提高道德、做公益这个大的原则，这就是心法，他就会做更多的对社会有益的事。所以"无功"是超越有限的具体的"功"。无功不是说不要功这个过程，而是不拘泥于具体事情，达到更高的境界，这也是站桩的境界。圣人无名，圣人不去追求眼前的名利，不沉溺其中。如此才能逍遥，《逍遥游》的精髓就是我们站桩的精髓，也是我们练拳的精髓。

太极拳的最高境界是什么？是实现自身的强大。技击、养生，各个方面都是重要的，但是更重要的、更核心的是让自身强大。

桩修的核心目的就是让身心健康，让自我更加强大，让生命更加健康快乐。

桩修：站桩的生命智慧

有无相生

　　我们平时说"无中生有"是个中性词，有的时候甚至还带有一点贬义。但在站桩中，"无中生有"是一个褒义词，甚至是很高的习练的境界。这个"无"就是我们的无极桩。要从无极桩中生出"有"来，就是真气萌动，站出精气神。

　　从无极桩还可以体悟出练太极拳的很多内在要领。练拳的起始点就是无极生太极，从无极桩生出拳式、拳架来。我们做个比喻，无极桩就是一个空的圆，从这个圆里生出来拳这个"有"。

　　"桩生一，一生二，二生三"，二和三就是"有"，就是阴阳相合，于是有了我们的拳。

　　2022年的一件大事就是北京冬残奥会，在开幕式上，其中最激动人心、最温馨温暖的一幕是最后点火，火炬进场后，最后一棒交给视觉障碍运动员李端，他在协助人员的陪同下，手举火炬，

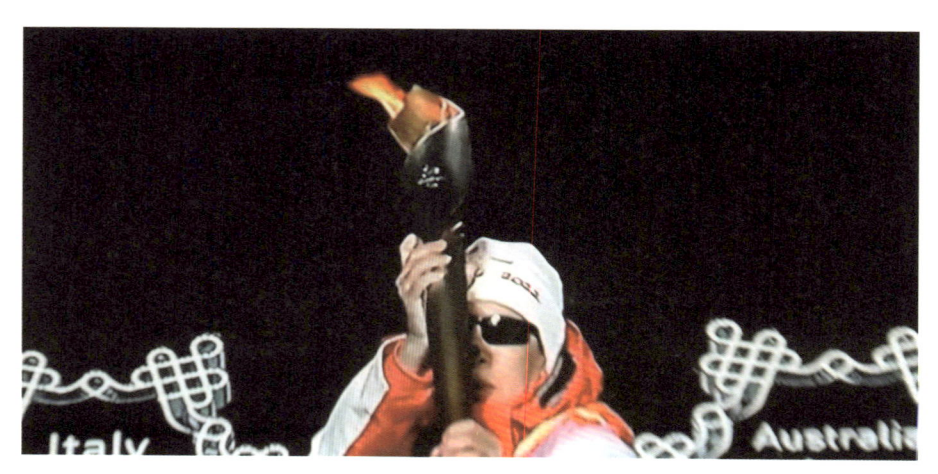

视障运动员李端将火炬稳稳嵌入"雪花"中心

要插进圣火底座"雪花"中。由于视觉障碍，他半天没有找到插火炬的那个孔，就一直不停地找，全场观众都开始为他担心，但很快转为给他加油，在大家的加油声中，他终于将火炬稳稳地插进"雪花"中，那一瞬间，整个世界仿佛都被感动了。他自己也是非常的激动，挥舞着拳头，大声吼叫，为自己而自豪，这个镜头非常的感人。这跟我们要讲的站桩的过程、站桩的境界相关，就是"见天地，见众生，见自己"的一个过程。点火的这一幕生动形象、深刻地诠释了这个过程。我在桩修中讲的很多内容，包括我给大家布置的作业，有许多国学知识，表面上看不是具体的技术，不是直接的站桩，好像与站桩无关，实际上是大有关系。站桩形式上很简单，但内容上很丰富，从形式上掌握，我们五分钟、十分钟就能做到，但是只有从内核、内涵上深刻掌握，才能真正练好站桩。

"见"，不仅仅是看见，视障运动员李端，眼睛看不见，但是他能"见"，我们练站桩也是一样。"看"是有限的，站桩过程中的这个"见"就是感知、感受、体会、掌握，就是练到自己身上，这就叫"见"，遇见。我们说遇见太极是一种美好的缘分，是我们与太极面对面走来，迎面相遇、相合，你跟它合为一体。

站桩就是这个过程。见天地，见众生，见自己，李端在点火的那一瞬间实现了这个过程。

见众生，当李端把火炬插上去的时候，全场观众、全世界观众都为之欢呼，与之融合在一起。他虽然看不见，但是他"见"众生了。

见天地，奥林匹克精神倡导和平、自强、激情，特别是残奥会，运动员们身残志坚，对生活依然有着美好的向往、美好的追求，创造美好的生活，洋溢着天地之间的这种正气。

见自己，李端通过自己的努力，看到了自己的价值、自己的尊严、自己的能力、自己的美好。在点燃圣火这一瞬间，他通过

桩修：站桩的生命智慧

自己，把众生和天地连在一起。

这也是我们站桩要体验、达到的状态。

大家对这几个"见"历来评价不一，解说不一，感悟不一。有的人觉得见众生最难，有的人觉得见天地最难，有的人觉得见自己最难。其实说"见自己最难"的，才是对人生、对练拳练功夫真有感悟的。确实，见自己是最容易的，也是最难的。

站桩首先就是见自己，为什么见自己难呢？因为我们长期以来把自己屏蔽了。各种外在的因素把我们干扰了、挟持了。第一步先要"无"，无极桩就要先"无"，就是什么都没有，站空。

无极桩的核心就是无，没有，站空。

有无相生

无极桩的核心就是这个"无"字，我们说"桩生一"的这个"一"字也是无。当然这个理解要逐步深入，无了以后，无中生有，这个有是什么？是真我。这就是见自己。当然这需要逐步练，练一个月、一年、十年，逐渐地见自己，逐渐明白你是谁，你需要的是什么，你怎么样实现自己的价值，怎么样实现人生的快乐，怎么样享受人生，享受生活，怎么样给朋友、家人、社会带来生命的愉悦。首先自己要快乐，要喜悦。

站桩就是一个"见"的过程。要见自己，先把自己放空掉，无极掉，把干扰屏蔽掉，然后无中生有，生出来实有。

要练好站桩，学、练、悟三方面要结合，就叫桩修。

无极桩，大家一定要了解这个"无"字，这个"无"字是核心，不要去硬性追求什么感觉。各种感觉是自然而然生发出来的。我们平时叫练太极、运太极，站桩中由无极的状态生出太极，这个"生"是自然出现的，不是强行塑造的。要准确、深刻地理解这个"生"字。

桩生一，一生二，二生三，都是自然生的，所以不要追求。太极不是使劲去练的，是运太极，阴阳一运一太极。平时俗话可以说练太极，这没错，这是特定的语言。"生"的核心就是不追求，不着急，遇到各种感觉都是自然。一追求就会出问题，自然而然才是优化的状态。

桩修：站桩的生命智慧

观自在

　　站桩就是一种观自在的过程。我们要实现人生的自由自在、身心的自由自在，这是一个大主题。观自在出自《般若波罗蜜多心经》，翻译版本很多，最通行的是大唐玄奘法师翻译的版本。

　　观自在是一种人生智慧，一种幸福、健康、快乐的状态。我们站桩实际上是一种观自在的相、观自在的状态。我们看各地的雕塑，特别是汉代的雕塑、唐代的佛像，那就是一种自在的感觉，都是一种桩态，是我们站桩的状态。

　　什么是"观"？就是体验、感受。用眼睛看是一种观，但观自在可不是简单地用眼睛看，而是用身心去体验、感受，是沉浸于某种状态，这就叫观。沉浸自在，"自"是什么？就是自己、自我、真我。

　　大多数人并不完全了解自己。我们日常看见的往往是一个世俗的自己，是一个被各种信息淹没、被各种欲望绑架的自己。我们练习站桩，就是要寻找真我，很多人到最后才明白这一生应当追求什么。要健康幸福，物质是生命运转的保障，但人不能被物质绑架。

　　真我不是那个简单世俗的

观自在

我。站桩内观，就是寻找真我。站桩也是在培养真气，找到真我，才能萌动真气。练到一定时候，蓦然回首，那人却在灯火阑珊处。"那人"是什么，就是你的真我、你自己。所以蓦然回首，是你见到了自己，萌生强烈的喜悦。

"我"只是你丢失了的那份真诚，所以叫观自在，感受自己真实的存在。

这个"在"字的含义就是一种活生生的存在，是一种蓬勃的生机、生命力。我在，这个"在"就是人的尊严、价值，一种生命的体现，所以叫观自在。我们站桩就是要站这个"在"，就是要练就"在"，气宇轩昂、生机勃勃的"在"。高山耸立是"在"，"不废江河万古流"，长江大河在这里流淌、运动，也是"在"。

过去有一首禅诗，"人在桥上走，桥流水不流"。一般的视角中桥是不动的，水在流，这里说"桥流水不流"，是说各自的"在"。

桩修课上讲"在"

大家去体验站桩，静在那儿，人静人不动，气在动，天地在动，你也在动，生生不已，这也是"以静致动"。你上班，你在；你站桩，你也在；在动态平衡中变化着的事物也"在"。所以"在"就是时空当中的价值存在、生机勃勃的存在。

我们站桩就是一个观自在的过程，先是感觉到你的身体在，你的心灵在，然后又不执着于此，介于在与不在之间。

中国哲学是活的，不是书斋里的话术。真正懂得了练太极，懂得了站桩，就会感受到中国哲学活了，中国哲学是活生生的生命的运动哲学。练了太极拳，练对了，练好了，练进去了，就能真正体验到"知行合一"，这比读很多书理解得更加深刻。

站桩中的"在"字诀，我在天地之间，在人生的旅途上，在一种身心快乐健康的状态之中。天地之间的气包容着你。人在气中、气在人中。

感觉到"在"以后，慢慢地再把这个"在"去掉，让它空掉。空是一种永恒的在，不是不在，而是永恒的在。体会到了叫有，保持住了叫无。

站桩先有无极桩，这个无，在不断的循环之中。我们站桩先是一个有，然后要达到无，无极桩的无极之后又是有，无极而太极，静极而生动，静极生的是生生不已的动。这又是有，然后有阴阳合一，混元一体，不分阴阳，无分别心，又是无，无会带来生命的旺盛，生命长久快乐的持有又是有，所以这就是一个"有无相生"不断循环的过程，这就是"动态平衡"。

在禅宗当中有两首非常有名的诗，说的就是有无的关系。禅宗要立第六代掌门人，大家在一起作诗，看谁做得好、境界高，就把掌门传给谁。当时公认大师兄神秀最有才华，修行最高，大家觉得非他莫属，神秀写了一首诗："身是菩提树，心如明镜台，时时勤拂拭，勿使惹尘埃。"大家都觉得写得好，确实境界很高深，把我们的身比作一棵菩提树，菩提树是吉祥健康的象征。我

一桩一自在

们站桩也一样，身是菩提树，无极桩、抱球桩、按球桩、托球桩等，身站如树。心如明镜台，心要透亮，如同明镜映出外在的世界。但是由于外界有很多干扰，我们的心灵总会蒙尘，所以要时时勤拂拭。站桩练习、读书就是勤拂拭，扫除尘埃，净化我们的心灵。这样你就会高雅，身心就会干净。慧能也写了一首诗："菩提本无树，明镜亦非台。本来无一物，何处惹尘埃。"本来就没有物，尘埃落在哪里呢？身为菩提树，就是无。大家看，神秀讲的是有，慧能讲的是无，所以慧能的境界更高一层。我们站桩刚开始时，神秀那个"有"也是必要的，你先要经过有的过程，才能逐渐过渡到无。

在禅宗史的研究过程中，有些人否定神秀，这个也不对，神秀的境界也很高，要由有到无，有无相生。我们站桩就是体验这两首诗的过程。

用现代科学来比喻，牛顿第一定律大家都学过，在牛顿之前，伽利略的理论占统治地位，他说，你看我们拿一块石头一扔，扔出去很远，有运动轨迹。在光滑的玻璃面上推一个物体，过一会儿它的运动就停止了。所以伽利略认为，作用力是一切物体运动的根源，你用力，它才能运转。你在路上开车，你加油，它才能走。一个物体，你推动它，它才能运动。所以伽利略说，外力是使物体保持运动的动力源泉。很长一段时间内，大家都认为伽利略是对的。但后来有了牛顿第一定律，也叫惯性定律，大家就改变了这种认知。力是使物体改变运动状态的因素，而不是使物体保持运动状态的原因。伽利略就是有，牛顿就是无。一个物体从光滑的斜面上滑下来，如果没有摩擦力，它会一直滑下去。牛顿第一定律认为，所有的物体都会保持静止或者运动的状态，直到有外力来推动它的时候，它的运动状态才会改变。自然界的很多规律都是这样，有无相生。菩提本无树。一种永恒的存在，跟大自然天人合一，这就是无。明镜亦非台，各种杂质都被排斥在外。身心和谐，五脏相合，自然相合。本来无一物，何处惹尘埃。正气自然萌生，邪气不生。这就是我们中医讲的邪不干正。空明澄澈，无极状态。

再看一首诗：一花一世界，一木一浮生，一草一天堂，一叶一如来，一沙一极乐，一方一净土，一笑一尘缘，一念一清净。

这首诗也是佛学的内容，讲的也是有和无。观自在的"在"就是有，但是我们用"无"的状态去体验，这样就能有无相生。一花一世界，先要达到一个无，如果我们内心有很多杂质，心里边杂草丛生，放一朵花进去，你能感觉到它的存在吗？感觉不到。如果心里边空明澄澈，很虚静，放一朵花进去，这朵花就是你的整个世界，你就是这朵花。只有心里边干净了，纯净了，才容纳得下美好的东西。我在这首诗后面加上一句话：一桩一自在。

第四部分　桩修禅

有为与无为

无

　　我们再来说一说"有"和"无"的概念和关系,"有为"和"无为"的方法和境界。

　　无的第一方面,就是身体上没有紧张点,没有硬点。所以在站桩时,整个身体不能有紧张点,不能绷着,不能端着,不能束缚着自己。

　　无的第二方面,就是没有杂乱的思绪。站无极桩过程中,要保持大脑的平静、宁静,没有各种各样的杂念。一开始练习时,也不进行意念的导引,有的练习方法随着逐步深入,会增加一些意念导引的内容,但是无极桩里头没有。这种意念上"无"的状态,一开始可能做不到，但我们逐渐通过站桩来实现，站桩是让自己有序化的过程，把杂乱理顺的过程。

无的第三方面，就是没有不良情绪。我们在日常生活中会有很多不良情绪，这些不良情绪对身心健康危害很大。我们通过练无极桩，把不良的情绪去掉。我们这个系统课程为什么叫"桩修"？就是修养心性，提升心境和品格，逐步消除不良的情绪，比如易怒暴躁、焦虑、抑郁等。

无的第四方面，就是气流通畅。内气很顺达，没有停滞点，没有淤积点。如果淤积在那里，停滞在那里，气机不通，不通则痛，就会出现病症。

上面这几个"无"的方面，刚开始不一定都能做到，有的是练到较高水平才能达到，大家一开始没有练到也没关系，不急不躁，逐步达到。练到高水平以后，这些要领你都不用去想它了，就是这种状态。你感觉到这种状态，就站在这个状态，具体的要领都转化为自然，这是站桩的高级境界。

意拳的创始人王芗斋先生有一句话叫"一法不立，无法不容"。一法不立，就是不受制于具体方法，进入到"无"的状态。无法不容，就是什么都能容纳了。比如在一个杯子里边装满水，就不能再装其他的饮料了，如果是一个空杯子，那就什么都能装。这就是空、无的意义。

极是什么意思？极就是极点，无极就是没有极点，没有极端，没有极性。大家看，我在这个平板上画一个圆圈，这就叫无极。那么什么叫极？出现一个点了，就叫极。出现两个点，就有了两极。

无极桩就是一种自然桩，站桩中没有极点，没有极性，把人体捋顺，让身体处于一种自然的内外松静的状态。所以无极桩的根本就是练空松。

自然松静是指内外都松静，也就是让身体有序化的过程。因为我们的身体原来是杂乱无章的，通过练无极桩，让气通顺

第四部分　桩修禅

起来。

　　这个无是什么？是实有，无不是什么都没有，它是一种虚空的实在，虚空的实在就叫实有。它不是什么都没有，而是"有"的一种特殊状态。

　　《道德经》中讲"惚兮恍兮，其中有象；恍兮惚兮，其中有物"，说的就是"无中生有"的状态。我们平时嘲笑一个人"恍惚"的时候是有点贬义的，说这个人走神了，没有专注点，那是真恍惚了。我们这里说的"惚兮恍兮"，则是一种自然的空松的状态，是一种更加专注的状态，这种专注中没有紧张，是自然的存在，是内心专注于更本质的东西，这就叫无中生有，是那种若有若无的状态。"其中有象"，就会自然地生出很多的景象，这个象就

263

桩修：站桩的生命智慧

是生命的气象。

我们在站桩时的种种感觉也属于"象"。"恍兮惚兮，其中有物"，这个"物"是由"无"，也就是由空松状态中生的"有"，包括人的精气神在内。站桩的时候要自然进入到这种缥缈、空灵的境界。

无极桩就是一个无，用现代的话讲，叫"归零"，也可以说是"格式化"，"格式化"不是什么都没有了，而是阴跟阳相结合，中和了。

"桩生一"，这个一，既是实的又是虚的，人体是一个实体，我们必须得站虚了。

所以练无极桩达到无极状态后，生太极，太极就是"二"，阴阳的和谐运动，静生动。

练站桩时的感觉是怎么出现的？就是空了以后出现的，不空的时候，有许多外在的感觉牵制你，感觉不到内动。越空明澄澈，就越会有内在的感觉。

大家深入理解这个"无"的含义，它包括了无力、无挂、无念、无法、无象这些方面，它是空明境，虚实相生的这个"一"。

无力，没有力量；无挂，没有牵挂；无念，没有杂念；无法，

第四部分　桩修禅

无极

这个时候不要想着什么要领之类的方法；无象，就是没有各种景象。

这个无极桩的无，就是无力、无挂、无念、无法、无象，真正做到无，就是我们的空明境，这就是归零，一归零，然后由一生二，二是什么？就是阴阳相合，然后二生三，就是生化出各种具体的原则、要领。到三生万物，就是具体化，各种招式、招法。

从《易经》卦象的结构来看，一就是我们的无极桩，它既是实的又是虚的，必须是空明境。二就是阴爻和阳爻。三就是卦，由八个基本的卦再生出六十四卦，形成内外相合的体系。

在练习太极拳的过程中，由无极桩始，起手就有了阴阳，然后再逐渐展开变化。比如说云手的动作，手和脚阴阳一直在互变，左右也在阴阳互变。

在这个锻炼过程中，从无极桩的一开始，到三，就是天地人合一了，见天地，见自己，见众生。从站桩的角度来说，三就是天地人成了一个桩。

在站桩中，我们可以仔细体验中国文化的这个境界。

第四部分　桩修禅

桩修与书法

2022 年，我去拜访昌沧先生，他已近百岁了。他跟我讲，现在天天写字，一进入那个状态，就觉得气很顺，头脑很清醒，这和站桩是同样的状态。他说写字就是他自己的一种"养"的方法，比吃什么东西都管用，平心静气是上好的药。

昌老在家中为桩修课书写"桩"字

桩修：站桩的生命智慧

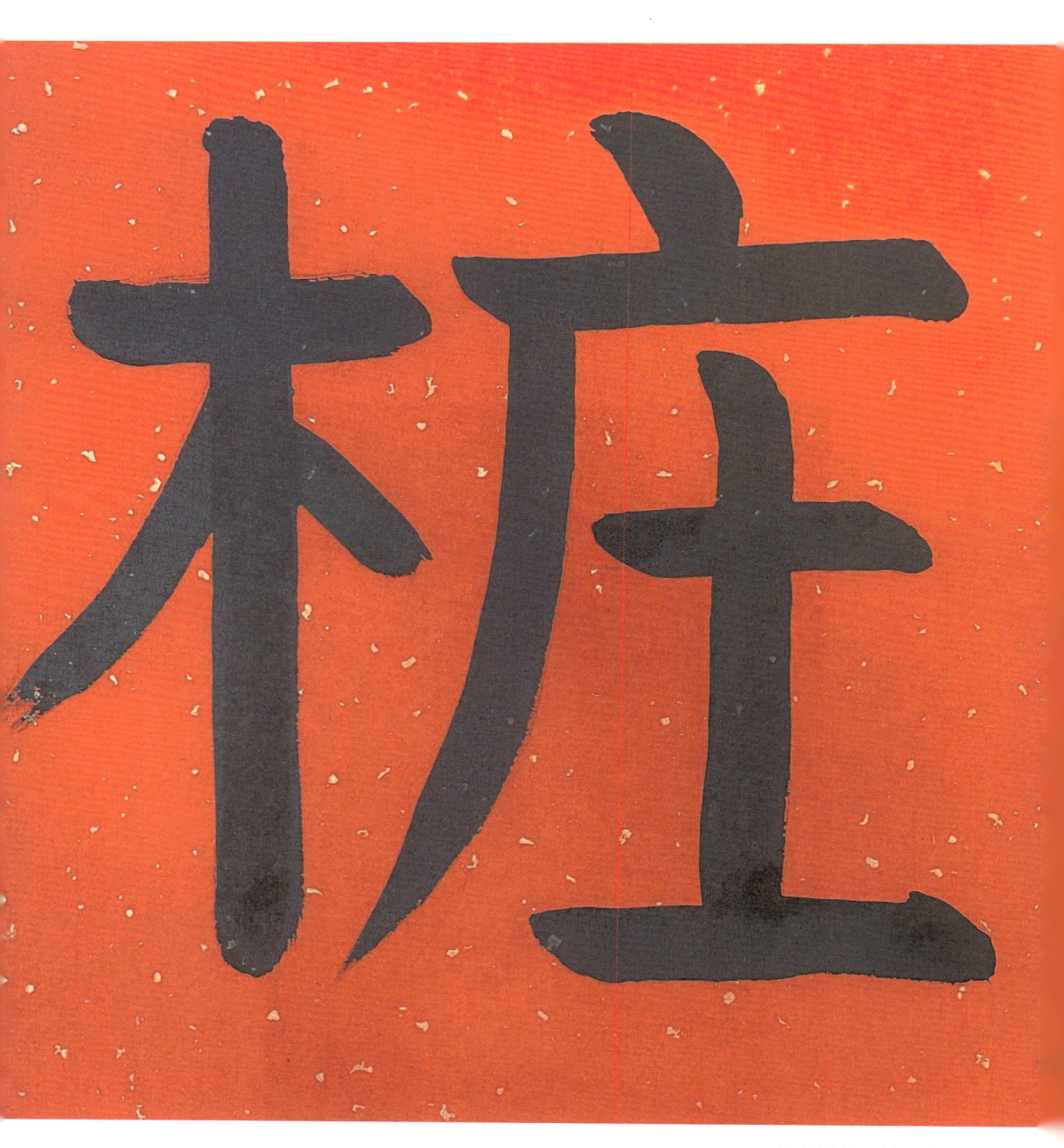

昌老写的"桩"字

第四部分　桩修禅

讲解桩修与书法

站桩跟书法一样，书法也是养气。养生是个系统工程，养生、养心，到养的层次，效果就大了。书法一开始你只要用心地去写，坚持下去，一定会成功。由小成到大成，你的收获可能比很多书法家都大，因为重在过程，不去特别追求，不求而得，才能收获最大的得。练拳不要皱眉头，站桩一皱眉头就锁住心头，把心性锁住了，就不舒展，把气韵也锁住了。从练内功的角度来说，印堂也是一个气海，上下都有气海，一锁住就涩了，气机不畅了。所以眉头一定要开，面带微笑，很自如。写书法的状态也是这样，舒展身心，心旷神怡，虽勤奋但不劳苦。

桩修和书法在理论和技术上也是相通的，这可以从形态、气韵、架势等方面来体悟。

含蕴：站桩要含得住，含住了才有内蕴，才不散，姿势不散，神气更不能散。含住就是抱住，抱元守一。好的字也是这样，不论笔画多少，一个字处处都是如一的。点画之间，含"抱"待放。

桩修：站桩的生命智慧

撑张：支撑八面，站桩不能瘪，要张得开，虽放松，但不懈怠。古人写字，笔走八面，如大将军提枪纵马，器宇轩昂。站桩强调内虚灵，外挺拔，书法强调有筋骨，有风骨，就是字具有大的张力。从局部来看，各部分由内而外寻求撑括，从整体来看，每个部分都有相互感应的内聚力。

黄庭坚书法"水"

灵动：站桩静中寓动，虽静犹动。不乱动，不盲动，身体具有灵性，如铺陈纸面的线条。不淤积，不塞堵。好的书法，落笔如云烟，充满生机。

衡方碑中的"来"字

桩修：站桩的生命智慧

颜真卿书法"定"

褚遂良书法"观"

沉稳：每一个桩形都是稳固的，气息也是平稳的，心浮气躁练不好站桩。字如桩，纵有诸般变化，但结体要平衡稳固，没有倾倒之感，放得开，收得回。书法运笔，逆锋起，稳稳当当，收笔收得住，不流不滑。

开展：站桩不能局促，虽固定姿势，但不是画地为牢。在有限的空间之内，却有无限的身心自由。能紧凑，能开展，站桩的身体处处呈现圆弧形，就是开展的结构。书法中，每个汉字尺寸有大小，空间延伸却不受纸面约束。洒脱的线条，飘逸的动感，都显示出开展的神韵。

内观：站桩是内察的功夫，须内观，观息、观想。内观才能体察入微，晓之变化，调之阴阳。学书法也讲究内观，清代刘熙载在《艺概》中说，"学书者有两观：曰观物，曰观我。观物以类情，观我以通德"。此理与站桩相通，通德才能养气。

第四部分　桩修禅

站桩的格调与格局

　　站桩是讲究格调与格局的，这跟站的效果好坏有直接的关系。
　　站桩的格调与格局是一种综合修养，它不仅是理论、文化问题，也是技术问题。
　　站桩是关于身心的健康智慧，站桩能解决什么问题？站桩是我们获取当代最稀缺的资源之一的方式，这种最稀缺的资源就是

站桩的格调与格局

四个字：平和沉静。

平和沉静对于我们现代人来说是一种特别稀缺的资源，因为很多因素会让我们浮躁。我们周围有许多无序的因素，对我们的身心能量造成损耗，对身心的健康造成巨大的影响。我们通过站桩来使人体内部的结构和功能保持平衡。

站桩练习有利于改善人的健康状态，不仅是体能上有显著变化，还能改变气质，使人更加高雅。人的气平和了，就会更加大度和从容，善于倾听别人，善于包容别人。站桩是武，也是文，文武结合，改变体能，改变气质，从踏实处入手，从生存处入手，从生命处出，这就是站桩的格调。

我们站桩，不要只立足于短期的身体状况的改善，应着眼于整个生命过程，不仅进修，而且不断提升，即具备长远的大的格局。

我在桩修课程的第一堂课讲的主题就是"沉静的力量"，在沉静中体验恒久。站桩是一个终身坚持的项目，不断地提升，不断地练习，把站桩作为终身学习研修的项目，一定会大有好处。

面带微笑去站桩

站桩时的心情、心境也很关键。站桩时要尽量卸下包袱，以一种轻松愉悦的状态去站。更重要的是，通过站桩，可以放松自我，培养乐观、达观的性情。

所以在站桩、打太极拳的时候，眉头不要锁住，不要皱眉，要松开眉头。眉头一锁，就把你心胸锁住了。松开眉头，舒心打拳站桩，面带微笑。当然，不要刻意强笑，保持自然就行。人在自然状态下通常都会面带微笑。

人在微笑的时候，肌肉是放松的，就不会觉得太累。微笑不仅牵涉到面部肌肉，也与全身的肌肉，神经相关。有研究表明，在面露微笑的时候，心脏等脏腑的肌肉、神经也是放松的状态。这样久而久之，这种生命机能优化的状态就会固定下来，习惯成自然。

现代心理学研究也表明，人们面带笑容时，心率下降得更快，压力也减轻得更多。甚至有生理学研究发现，笑能增加血液和唾液中的抗体及免疫球蛋白的数目，还能让副交感神经兴奋，降低肾上腺素水平，缓解疲劳，增强记忆力。

中国古人的情绪修养讲究"不动声色""喜怒哀乐不形于色"，这也要从多方面理解，如果是面对各种纷扰，内心不起波澜，不盲目冲动，这是一种修养。但不要内心很激动，各种情绪很汹涌，却强行憋着，不使之流露出来，这是"堵"。站桩练的是无，不生不良情绪，不是有了却堵住，这两者是有本质区别的。通过站桩养气，会逐渐减少盲目冲动、情绪的剧烈波动。我们面带微笑站桩，是要发自内心轻松快乐，不要故意假笑。

所以练站桩、练太极拳，会越练越喜悦，越练越乐观。每次站桩时，可以检查一下自己是否面带微笑。

桩修：站桩的生命智慧

面带微笑去站桩

站桩的诗意

唐诗宋词营造了很多独特的生命意境，这些意境用来辅助我们站桩、太极拳的训练，作用独特而巨大。

今天我选了三首诗，来跟大家分享、体验意境训练法。这三首诗都是家喻户晓的，从各自不同的角度和层面体现了意境训练法站桩的特点。

第一首诗，王维的《山居秋暝》。

这首诗生动、深刻地描述了自然的动与静，营造了一种美好的生命意境，也可作为很好的站桩意境训练法的参考。它没有拘泥于具体的景物，而是营造一种大的感觉，达到一种境界。我们站桩就是要进入这种意境中，身心融合到自然中去。

王维对佛学、艺术都有很深的造诣，后来隐居在陕西辋川。我们站无极桩时，静静的，好像来到了王维所描述的那种意境的山中。

很宁静、很旷远的山中，刚下过小雨，空气清新，万物欣然。偶尔还能听见远处的鸟叫声，一派静中萌动、生机勃勃的景象，雨水也是上天赐给大地孕育生机的元素。

一轮皎洁的明月在松林上高高的悬挂，月光照下来，松影婆娑，静中有动。清泉在石上缓缓地流淌着，仿佛能听见水流的声音。

竹子随微风摇曳，隐隐约约传来人声，在静谧的山中弥漫，显得空旷悦耳。生活、生产的生机洋溢，这里是仙境，也是人间。归来的浣女，荡漾的渔舟，摇曳的莲叶，静中有动。

满目青山，满目绿水，满目月光，满目松竹，处处春季，处处生机，常驻心中。

第二首诗，苏轼的《饮湖上初晴后雨》。苏东坡在西湖畔写的这首诗，呈现的就是阴阳动态平衡的状态。

水光潋滟晴方好，山色空蒙雨亦奇。欲把西湖比西子，淡妆浓抹总相宜。

西湖的美好，也象征我们的人生境界。

西湖三潭印月，苏堤白堤垂柳轻飘。刚刚还是晴天，转眼细雨纷纷。

初晴后雨，饮酒饮茶。大自然的阴阳变幻，神奇而又自然。

潋滟的水波反射柔和的日光，波浪柔动。晴天是美好的，正如生命的温暖。

西湖边上，山色连绵，群山笼罩在蒙蒙细雨中，也是如此的美好、奇妙、奇特。就像我们站桩时会有很多奇妙的感受。

美丽的西湖如同美女西子，是生命的美好景象，我们的生命本质上也是美好的，无论是淡妆、浓妆都适宜。就像我们的站桩，在风雨变幻中找到舒适的着眼点、舒适的状态。诗人写的是景，反映的是对生命美好意境的感受。

第三首诗，陶渊明的《饮酒·其五》。这是一首典型的阐述生命的悠远意境的诗。

身心安放在一片静谧之地，没有往来热闹的车水马龙，耐得

住寂寞，享受得了寂寞。我们为什么能有这种状态、这种感受？因为我们心境悠远，周围万物都随之静下来。自然万物都有动态，而随着心静，万物也和谐一体，悠然安详。心悠远、高远、旷远，所处之地就是远离尘世的仙境净土。

　　采菊东篱下，悠然见南山。这是向生命本质的回归，站桩就是悠然见南山，"南山"是什么？是我们站桩当中的生命能量，生命的家园就是我们的太极"桩园"。我们站着桩，自然而然，悠悠然，欣欣然，很自然就见到了南山，见性了，相遇了。"采菊"就是我们锻炼的过程，自然而然地感受生命的过程。"东篱"就是我们周围的环境。所以从站桩的角度来体悟这两句话，别有一番趣味。

　　大自然多么美好，无论晨昏，皆是好时，飞鸟一群一群地结着队飞去又飞回。周围静谧又有生命力，那是释然、超然、淡然、自然的状态。在这种状态中，不需要任何语言，只需要用心去体会真意。我们站桩中，只要把心放平，真意自会涌起。

桩修：站桩的生命智慧

诗意站桩

归去来桩

　　站桩不是重新调位的过程。表面上是在调、在摆，本质上是两个字，叫"归位"，还归本原。正如我们回家叫归家，归位是指回到人本来就应该有的自然的、合理的、最佳的状态，我们只是在还原。站桩做的事情很大程度上就是归位。

　　慧能讲"本来无一物，何处惹尘埃"。我们人本来是一个纯净的系统，一个健康的系统。站桩要调和归位。归位就是找回最佳的位置、最合适的位置。我们被社会、被自己放逐得太久了、太远了，很多方面已经远离了我们的本性，远离了自己的精神家园。通过站桩，回归我们生命的桃花源。陶渊明的"采菊东篱下，悠然见南山。"就是我们站桩所要回归的那个境界，旷远自然悠闲的境界。他还写了一篇《归去来兮辞》，慨然长叹："田园将芜胡不归？"说的也是"归"，身心向自然的回归。

　　站桩中有三个关键词。第一个关键词叫沉静，第二个关键词叫当下，第三个关键词叫复归。

　　沉静就是通过站桩获得沉静的力量，获得沉静的能量。有的朋友说，我经常保持沉静啊，我睡觉的时候不沉静吗？我站在这儿没事了也沉静，甚至我看电视时也很沉静。那都不是真正的沉静，真正的沉静是心的安宁，是定，是不躁。没有沉静的状态，技术练得再好，空间的位置找得再准，身体状态也没法优化。这种沉静不是给外人看的，是自己内心体会到的。外表看很沉静，但实际上情绪很波动，也不行。

　　站桩站的就是当下。我们的生命分为三个状态，过去、现在和未来，核心就是当下。很多人发感慨：我们过去这一辈子，没有切实感受当下，匆匆忙忙为自己、为家庭、为儿女、为各种事物一直忙，包括对未来一直有很多的焦虑。而对于当下，我们往往却感受不到，随时随地都在舍弃当下。当下是连接未来的节点，站桩就是让你感受当下、体会当下、享受当下。把过去当作我们享受过的经验，把未来当成我们即将迎接的美好旅程。

很多人一直忙着规划，但是也不要忽视当下。我们的身体发生的病变，是在过去漫长的时间里形成的。将来某个时间点，如果身体出现了一个疾病，它也是在过去一段漫长的时间里，经过无数个当下形成的。我们需要在当下解决掉很多的问题。

站桩就是让你感受当下、享受当下、调理好当下。在站桩时我们感受当下的状态，好的状态，我们保持，将来发扬；不好的状态，我们调节。

有人曾经做了一个比喻，说我们的生命就几十年，这几十年其实就是一次他乡的旅行。这话从哲学的意义上讲，有一定的道理。当然，不同的心境，理解不一样。但从生命的意义上说，我觉得还不确切，应该是：人生对我们来说，不是他乡的旅行，而是一种在故乡的享受，在故乡的安放。我们要找到自己生命的桃花源，始终生活在生命的故乡里。所以站桩的第三个关键词就是"复归"。安顿好当下，每天都在我们自己心灵的家园里，站桩是在自己的生命桃花源里面润泽。尽管人生有各种波折，有各种不如意，但是生命是大自然赐予人类的一种福分、一种精华。在繁忙中静下来，站在这儿，感受生命。平时忙忙碌碌，你往往没有感受到你的头，你的肩，你的腹部，你的五脏六腑，你的胯腰，你的大小腿，你的足下以及这片大地。有多少时日，我们穿行在路上，与自己的精神家园擦肩而过，但不曾进入。

站桩让我们真切感受到作为一个独立的美好的生命个体的存在。

复归是什么？就是安放我们的身心。返璞归真，归位。读一读《归去来兮辞》，深入体验一下陶渊明的境界，与站桩有相通之处。"田园将芜胡不归"，这是对生命本真的呼唤。

第四部分　桩修禅

再不复归耕耘我们的身心，它的结构、功能就会变异了，就会杂草丛生，杂念横行。我们通过站桩来复归，不要让我们的灵魂再到处飘荡，让它回归我们的生命故乡。肉体虽在，但是灵魂如果不安宁，不有趣，生命的乐趣就会少很多。

归去来桩

应无所住

传统内修中观息、观想的方法很多，方法是过程，不是我们的目的，要领也是过程。这些方法在站桩时也都会运用，到后来，具体的方法会越来越少，逐渐进入浑然如一、空明澄澈的境地，有了止观。

止观不是我们停止观想观息，而是一种无的观法，是一种大的感觉，一种进入心无所住的状态的观想方法。要进入一种很自然、很随意、很静谧的状态，无我的状态。

举个例子，我们站在山上看风景，观想的方法就是看眼前景，前面有座山，山下有条河，半山有个亭子，山顶有朵白云，等等，这叫观法，用我们看见的具体的东西来导引。什么叫止观呢？就是大的感觉，没有这种对具体的景的细看了，而是用一种静态的感觉。能看见山水景色，但没有具体去看这条河，这个亭子，这朵白云，这些都映入我眼中，都印入我心中了。我什么都没看见，我又什么都看见了。我感觉到这片山水真舒服，真漂亮，真雄伟，真开阔，真自然，真安静，但没有对具体的一花一草一木的感觉，这就是止观法。

我们练拳站桩，则开始身心有一些杂念、妄念，这些就是杂质，这些杂质是需要我们除去的。练拳当中的杂念与杂质清除了，练的拳就干净了。比如一个很常见的杂念就是，练拳时候老想着怎么打人，这就是执念、杂质。止观的核心是《金刚经》里讲的"应无所住，而生其心"。这个"住"就是执着，就是分别心，就是执念。这个"心"就是本心，就是慧根，我们讲的"禅"也是这个。执念是种屏障，屏蔽了人的智慧，要清除这种屏障而生发其心。站桩的过程就是除障，达到"应无所住，而生其心"的过程，当然，这个过程中我们会用很多的方法来训练，最终这些方法都能融为

应无所住

一体。观想也是一种方法，用来去除执念、杂念，消融这个"住"，从而生发本心。

桩修就是清除杂质，达到本心。

站桩的大原则就是自然，所有的方法都是过程，都是训练，都不是目的。最终我们要了解生命的大境界。有了这种大境界，前边的这些工具、这些方法都是好的。

桩修：站桩的生命智慧

桩修定风波

我们专门讲过站桩的诗意，有人可能要问：站桩跟诗有什么关系呢？有非常大的关系。很多人喜欢诗，我们从小学甚至从幼儿园就开始读诗。一个人可以不怎么读诗、不写诗，甚至很长时间不接触诗，但是一个人的一生中不能没有诗意。

这个诗意是一种人生乐观的态度。

什么是诗？诗是生命激情的挥洒，每个人的一生中都会有很多富于诗意的时刻。比如说你的中学毕业、大学毕业。大学毕业时，把学位帽往天上一扔并欢呼，很多照片都是这样的，是极有诗意的一刻。结婚的时候，那也是人生中非常有诗意的时刻。孩子出生的时候，孙子、孙女、外孙出生的那一刻，都是最美的诗意时刻。所以我们的一生充满了诗意，不是说我不读诗就跟诗没关系了。所以站桩是做什么的？站桩就是让我们走进赋予人生诗意的生命桃花源。

站桩就好比是一首诗，大家一定要去理解它。诗是激发人身心激情的润滑剂，是我们人生的润滑剂。所以每个站桩人都应是诗人，我们倡导"诗意站桩"，这一点希望大家能够理解。

诗词中有浪漫，诗词的浪漫就是一种创造力。哪怕枯燥的数字也有天然的、内在的、玄妙的组合。这也是为什么很多优秀的自然科学家喜欢诗词，甚至一些大的科学突破都蕴含着诗意。诗歌能激发科学家的灵感。

站桩三要素，学、练、悟，站桩也要有灵感，要启发我们的灵性。我们读诗，结合站桩的技术要领，就是在启发大家的灵性。站桩有启发人体内的能量和智慧、悟性的作用，所以站桩和诗是有内在关联的。

你站在那里就是一首诗，和天地的融合就是一首诗，要体验那种浪漫、喜悦、富有灵性的感觉。

诗意的浪漫,诗意的激情,诗意的喜悦。每位"桩家人"都是生命的诗人。

下面我来给大家介绍一首重要的词,苏东坡的《定风波》。为什么要讲这首词呢?站桩最后要达到一种无的境界,这首词就蕴含了这种境界。这是苏东坡最精彩的词作之一。苏东坡给人类留下了很多关于生命感悟的宝贵作品。一般认识苏东坡,从他的文学成就方面着眼比较多,其实苏东坡在人生态度、在生命境界方面,给我们留下的智慧更多。

他一生坎坷流离,波折多艰,但是活得非常豁达乐观。年轻的时候以才情名满天下,后来因为"乌台诗案"等事情被贬出京,一路上到过杭州这种风景胜地,也到过偏僻的广东惠州、海南等地。他留下了很多关于人生体验的诗词佳作,《定风波》是展现他豁达乐观人生态度的巅峰之作。

真正理解了这首词,会对我们站桩练拳、对我们的人生有莫大的帮助。站桩为的是什么?就是为了身心健康、身心自由,提升我们的生命境界,提升我们的生命体验。

桩修：站桩的生命智慧

我们的桩修课包括太极拳课有几个层面的内容：

第一个层面是技术要领，学会怎么练。

第二个层面是科学文化，体验其中的魅力，了解科学的方法，练习要符合科学、文化的原理。

第三个层面是体验生命的境界。生命的境界是什么？健康快乐是两个最基本的原则。

健康快乐说起来简单，实现却不易。一个人一生一定会起起伏伏。谁能够一生一帆风顺，一片坦途？世界上没有一个人敢这样讲，也没有一个人的一生是这样的。我们总会获得喜悦，也会面临许多的波折、困难乃至困苦。如何看待我们的人生境遇，特别是在特殊的状态下，在逆境、不顺的状态下，如何实现身心的和谐？

我简单给大家讲一下这首词，咱们这里不重点说词的文学性，主要是看对人生、生命的态度。词的前面有个小引，大意是：三月七日，苏东坡去跟友人聚会，饮酒喝茶，然后在"沙湖道中遇雨，雨具先去"，没有雨具了，"同行皆狼狈"，雨一淋，大家

自然很狼狈,"余独不觉",苏东坡却不觉得这样,"已而遂晴",风雨过后天晴了,"故作此词"。他以自然的风雨来比喻人生的风雨、风波。

莫听穿林打叶声,何妨吟啸且徐行。竹杖芒鞋轻胜马,谁怕?一蓑烟雨任平生。

料峭春风吹酒醒,微冷,山头斜照却相迎。回首向来萧瑟处,归去,也无风雨也无晴。

"莫听穿林打叶声",雨淅淅沥沥地下着,打在竹叶、树叶上作响。"何妨吟啸且徐行",我不管这风雨,信步缓缓行走,一边走一边吟着诗,长啸着。"竹杖芒鞋轻胜马,谁怕?一蓑烟雨任平生",拄着竹杖,穿着草鞋,迈步走路比骑马还轻松,自然在雨中漫步。"谁怕?",以反问句表示根本不怕、不愁、不忧,一蓑烟雨任平生,非常的旷达潇洒。

"料峭春风吹酒醒",喝了点酒,风一吹,酒醒了,这种微醺代表他的心境。"微冷",也感到一丝寒意。人生有风有雨,感觉不到寒冷是不可能的。"山头斜照却相迎",感觉到冷的时候,看到了山头雨后的斜阳,这个"却相迎"写夕阳照下来,更有主观的用内心去拥抱、去接纳阳光的意思,天人合一。"回首向来萧瑟处,归去,也无风雨也无晴"。回望刚才的风雨处,也是回望自己的人生,回望经过的路,那些都已经过去了,我还要面向未来。也无风雨也无晴,最后这一句最关键。

这首词的第一层意思是讲定力。

站桩讲究戒定慧,这与佛学的概念相通,站桩首先要定得住、定得下来,然后才能生慧。也无风雨也无晴,自然界有没有风雨?人生有没有风雨?当然有,但你的思绪不能杂乱。无风雨是一种美好的状态。但自然界是风雨交替的,人的身体状况也在不断变化,身心的各种病都是风雨,但是我们都要坦然面对,这就是定力。

病来了,你越看重它、越琢磨它,它就越会加重。我们要坦

然面对、自然面对、勇敢面对，有的人一检查出有病，心情马上一落千丈，每况愈下。有病当然不是好事，遇到挫折不是好事，但如果我们坦然面对，就能够使人生上一层境界。为什么桩修要讲这些内容？因为站桩是一种调理身心的过程，让我们更轻松、更纯净，不断培养正气，这样负能量也就越少，按照中医学的理论，人的许多疾病是由情志、由心性引起的，我们要提高身心健康水平，就要修养好心性。

这首词的第二层意思，是说一种无分别心。跟我们前面讲的诗一脉相承。也无风雨也无晴，刚才说的坦然面对，是风雨来了没关系，天晴了也没关系，我都一样对待，一样坦然。但这时眼中还有风雨、有晴。到了无分别心的境界，也无风雨也无晴，风雨和晴都一样了，这就是佛家讲的无分别心，不二。这也是无极的境界。

苏东坡一生颠沛流离，但是豁达乐观，很有定力。他在词中抒发的对人生的感悟是一份很宝贵的财富。

天地之间，有风雨也有晴，你害怕风雨，畏惧了，就是执着于相，人生不可能处处是晴天。老是想着晴天，这叫着相，无极状态就是"也无风雨也无晴"的混元态。

无极状态，放松，舌抵上颚。两膝微屈，松胯松腰。微微敛臀，稍稍提一下肛。脚趾轻轻地抓地，然后再缓缓地松开，置身于大地之上，与天地融为一体，无极而太极。天地混元一体。物我两忘，不受外在杂念的干扰。天地之间空明澄澈，就是也无风雨也无晴，无极自然。

两手缓缓提起，外劳宫穴对两肾俞穴。阴阳气机启动，由无极而太极。阴阳运转，自然一体。两手缓缓地向前撑出，由身体的内气自然撑开，两项不争，两面如弓，两手掌心内劳宫穴相对。十指自然分开，十指之间如夹小球，九曲连环，身体处处弧形。

弧形就是开放的结构，可容纳天地之气。人在气中，气在人中，生命就是一首美妙的诗词。每位站桩的人都是生命的诗人，一种桩就是一首美妙的生命的诗歌。

桩修：站桩的生命智慧

不改不殆

《道德经》中有两句话：独立而不改，周行而不殆。

原文是："有物混成，先天地生。寂兮寥兮，独立而不改，周行而不殆，可以为天下母。"这几句话跟我们的桩修、跟太极拳有密切的关系。

这就是我们无极桩的状态，无极桩先天、自然、无极，天地未分之时，"寂兮寥兮"就是那种自然逍遥、空明澄澈的境界，站桩独立不改，周行不殆。停滞了、淤塞了就叫殆，不要懈怠。不改就是如一，独立不改就是守一。这两句跟《黄帝内经》的"独立守神，肌肉若一"有异曲同工之妙。独立是什么？独立就是站桩，独立不改，保持站桩的这个状态不改，就是如一、不乱、不躁动。如一、守静，就是独立守神、肌肉若一。不能晃来晃去，动作改来改去。不改就是坚定、专注。每个桩都一样。周行不殆，就是内在的动，独立不改，强调静的状态。人体内部的经络气血在不断运行，静极而动。

如果没有这种周而复始，就是死水一潭。有了这种周行，周流全身，就实现了外静而内动，周行而不殆，里边活泼泼的，生机一片。所以站桩的状态就是"独

独立守神

立不改，周行不殆"，全身的气血畅通，活力四射，活力充沛，但是又很沉静。"不改"还体现了一种坚定，有定力，不为外人所干扰。

我们以乾坤桩来体验一下"独立不改，周行不殆"的应用。两脚平行，自然站立，两手虎口是向前的，慢慢提起来以后，四十五度左右旋转向上，感觉两手捧着一团气。不要耸肩，捧气是慢慢的，阴升阳降。与肩同高的时候内旋，微微下蹲，按住。

十个手指轻轻张开，手指中间如同夹着一串小球，不要夹破了，也不要让它们掉下来。大拇指微微张开，其余四个手指向前。两个肘微有外张之意，微微外张，不能撑。

张和撑不一样，张就是缓缓的自然的圆转，是自然的外张。脚下感觉和大地融为一体。微屈敛臀，松腰松胯，命门稍稍往后凸一点、贴一下。不要使劲儿，都很自然。百会穴微微上领，虚灵顶劲，会阴穴圆裆松开，松胯。两只手如同把两个气球按到水里边，不要给它按下去，也不要让它给你顶起来，就是搭在上面。两只手扶太极球，大家注意这个扶字，不是往下使劲按，你要是往下稍稍用劲一按，就会有阻力，不要给它按下去，也别放松，一松它就顶起来了，浮在上面，搭在上面。所以这个桩在过去也叫扶阳桩，扶正气。我们中医养生也说扶正气。人为什么虚弱？这个人看上去虚弱、没神气，就是阳气不足，男女都是这样，扶阳扶正，扶阳桩就是扶着两团能量，这是对你身体有作用的优能量。

慢慢吸气，两只手自然地前抬，不是你抬起来的，而是你轻轻一吸气，两只手自然都起来了。整个人好像在气中飘飘欲仙。太极拳内功有三大感觉叫飘、走、接。第一个就是飘，恍兮惚兮，其中有象。

在站桩时如果能感受到"理"，就到了身心如一的境界。

桩修直播课书写《道德经》"抱一为天下式"

抱一为天下式

《道德经》二十二章有一句话叫"抱一为天下式"。全文为："曲则全，枉则直，洼则盈，敝则新，少则得，多则惑。是以圣人抱一为天下式。"

圣人在古代指代悟道的人、得道的人、完善的人。道不是不可及的，我们每个人都可以是圣人。道德完善了，身心状态完善了，他就是圣人。明代著名哲学家王阳明跟以前的哲学家有一个很大的区别，在他以前，很多人觉得圣人是泰山北斗，标杆立在那儿，高不可及。王阳明有一个观点就是，每个人都是圣人，圣人就是平坦的大道，就是平原，就是你身边的事物。

《道德经》这段话也是写我们站桩的道理。

曲则全，要懂得收敛，这样才能周全，才能圆满、完整。枉则直，做事、行为不能简单、直不愣登的，要懂得迂回。迂回往往效率更高、更有效。有时候表面上是退，实际上是进，退一步海阔天空。洼则盈，就是有蓄才能装，有空才生有，洼地才能蓄满水，有空间才能使之充盈。站桩处处都要有"蓄"的结构、"曲"的形态。托球桩就是"洼"，抱球桩就是"曲"，就是让身体形成能行气、能装气的容器。

灵宝函谷关《道德经》石壁

　　敝则新，时间长久，里边就能够演化出内涵来，练习既久，你就能体会到其中的新意。草木盛衰更替，一岁一枯荣，因为有不断的内在生发。站桩就是不断地更新身体，不断焕发生机。站一分有一分的功夫，站久了，心意衍生出空，无极生太极，无中生有，生出了新意、新生机。所谓新意，只是原来没有理解而已，原来看的是一，现在生出二、生出九，等等。少则得，少取，得到的会更多，不要想得太多，那样负担就重。什么事都想得，都想取，得到的反而少。多则惑，要是贪多，就会迷失。所以我们练桩很简单，越简单越好。人的欲望不要太多，多了就是迷惑、迷失。太极拳无论多少式，到最后练会了就一式，就是阴阳合一的一式。要是这一式没得到，练得再多也是表面功夫。

　　所谓大道至简，所以圣人抱一为天下式。这个"一"是什么？就是阴阳合一的一。

　　我们的桩就是"一"。这个"一"是一个独立守神的状态，是浑然如一，阴阳相合。我们站桩就是要做成这个"式"。

295

站桩的势与能

刚开始站桩，学会很容易，甚至几十分钟就能学会好几个桩。但是要真正地领会它，练好它，练到自己的身上，能够产生效能，需要一辈子潜心修炼的，要逐步地深入。就像我们登山一样，一步一个风景，一步一个台阶，一步一个感受，一步一次享受。

站桩的势能，就是站桩产生的一种能。如果我们站桩时没有达到一定的势与能，那就还只是停留在表面，只是站了一个形式，仅仅锻炼了一下筋骨，锻炼了一下耐力、支撑力和张力，等等。有了势能，才能真正地达到内外兼修。

结构产生能量。对于我们人体来说，结构是无处不在的，每个桩都是一种结构。太极拳的每个拳式也都是一种结构，金鸡独立、玉女穿梭、野马分鬃、手挥琵琶，每个动作都是一种结构。站桩最核心的结构是五维结构，在三维空间结构之外，又加上了气和神意。所以站桩要产生势能，一定要有神意气的参与。

站桩的势首先是姿势，通过一定的姿势，达到内在的东西，就形成气势。如果姿势没有形成气势，那这个姿势就是呆板的、僵化的。很多人练拳、练桩也存在这个毛病，一看站桩挺漂亮的，挺舒展的，挺大方的，但是没有气势。就好像一根根钢管、一个个钢筋水泥块架在那儿，方方正正挺漂亮，有主楼，有厢房，甚至有庭院，但就是没有气势，这就不是一个好的建筑格局。有姿势、有气势，还要形成势能。有了气势，把气势内敛，把它含住、养住，这就形成了势能。如果气势敛不住，它就还是气势，它形成不了势能。气势和势能最根本的区别在哪？气势是发散的，势能是内敛的，是涵养的，是积累的。势能好比是粮仓，气势就好比我们端上饭桌的饭，吃一口少一口。不断有饭吃，就是因为粮仓有储备，所以势能要有积蓄。有的人打拳很有气势，但是敛不住，就没有势能。

所以站桩就是通过姿势的调节产生气势，然后把这种气势敛住，内化好我们的势能，积累下来。

我们来看几张太极拳的照片，可以感受到优秀太极拳家们从姿势到气势到势能的转化。优秀的拳家都具有这种转化能力。

孙禄堂先生的这张拳照，肘下看锤，这个动作做得也不是很

孙禄堂拳照

桩修：

董英杰杨氏太极拳照

开展，手脚也没有张开多大，但是我们可以看到，气势、势能兼具。右脚实，左脚虚，左脚跟微微抬起如弓，左手为掌，右手为拳，一蓄一放，左手为实，右手为虚在后边。但是从某个角度看，它又是虚实相生的，你能真正分出来哪只手是实，哪只手是虚吗？虚实就在那里转换，在那里鼓荡。虚中有实，实中有虚。

再看董英杰先生的一张杨氏太极拳照，也非常有气势。董英杰先生是杨澄甫先生的得意弟子。练太极拳要避免一个问题，就是把拳练得软绵绵的，柔虽然有了，但是气势没出来。大家看董英杰先生的神、意、气，包括眼神、气势都很充沛，久练就形成了很足的势能。

杨禹廷先生的这张照片，吴氏太极拳照，很柔和，但是也很有气势。充满了生活的气息、天地的气息。在家中院子里，老太

第四部分　桩修禅

杨禹廷拳照

太在旁边看着的那种慈祥、包容的神情，拳人合一。杨禹廷先生活到96岁，无疾而终，也是健康长寿的典范。北京的吴氏太极拳大部分是杨禹廷先生传授的，包括王培生先生、李经悟先生、李秉慈先生等等，都是杨禹廷先生的弟子。这张照片的气势和势能，在含蓄中有浩荡，体现了"仰之弥高，俯之弥深"的太极拳境界，大家从这张照片中能感觉到那种能量、那种积蓄。这是一个拳式，也是一个桩式。

再来看一下陈氏太极拳家、江苏南京的金一鸣先生。

金一鸣先生也是一位百岁的太极拳家，他跟随陈照奎先生学习陈氏太极拳。这张照片是陈氏太极拳的一个动作，也是一个桩。圆裆松胯，沉肩松肘，双臂环抱，虚灵顶劲，下颌内收，有势有能。这个"能"包括能力，如自适应的能力、自我调节的能力、自我完善的能力、自我成长的能力等。另外，它也代表能量，就是我们通过站桩来转化、吸收、储存、运用能量。

我们在日常生活中最常见、最简单的能量，一种是动能，一种是势能，动能就是在运动过程中产生的能，动能的公式是 $W=FS$，F 就是力，S 就是在力的方向上运动的距离。势能包括重

桩修：站桩的生命智慧

金一鸣拳照

力势能、弹性势能等。势能 $E_p = mgh$，m 是质量，g 是一个常数，就是重力加速度，h 是高度。

我也总结了一个站桩的势能公式即桩能公式：

$E_桩 = E_态 + E_心$

$$E_桩 = E_态 + E_心$$

桩能公式

"E 桩"就是站桩产生的势能，它分为两部分，一部分叫"E 态"，E 态就是形态、外形、动作产生的势能。我们讲的三线如松、四点如钟、沉肩松肘、九曲连环等要领，就是要达到这种形态。不同的形态形成的势能是不一样的。山间的瀑布和小台阶流下的雨水，形成的势能是不一样的。E心就是我们的神、意、气调节而产生的能量。简单来说，我们整个桩的势能包括两部分，身体的姿态产生的能量，再加上你的神、意、气调节产生的能量。

这就要求我们站桩时，一方面要站好身体形态，另一方面要练好神、意、气。

"E态＋E心"有一个特别核心的要点，就是自由度和法度的问题。有人说，我严格地按照要领去做，怎么还感觉不到内气的能量？还有人说，我这意念始终在活动，我使劲地想了却还达不到。大家不能死板地理解要领、规则，要掌握好自由度和法度的关系，有法度，你才能有E态；有自由度，才能把E态和E心用活。

以单鞭为例来说明一下。它的法度在哪？头正身直，下颌内收，松肩沉肘，右勾手为实，左手是掌，为虚。掌在前边进击，勾手在后边蓄势，两手虚中有实，实中有虚。它的自由度在哪？比如说，我这只手的高度在哪个位置？和身体的夹角是多少度？有人说是四十五度，有人说再大一点，其实不需要规定一个严格的角度。因为每个人的身高体重、心血管系统的能力、气息的长

单鞭之法度

短等都是不一样的。E态可以有一定的灵活性、自由度。但法度不可废，你挺胸了就不行，两手之间劲散了也不行。E态的核心法度是要正、要顺、要和，这是基础。单鞭的右手的钩往这里来一点，感觉到整个结构变了，张力结构变了，内脏的关系也变了。把钩手再打开一点，慢慢打开，如果过度挺胸，就不顺了，不光是胸不顺了，脚底下也吃力了，裹裆有点紧了，两手之间的鼓荡感也没有了，E态的变化也会带来E心的变化。

这个公式当中，E态的变动范围有限，E心的变化范围则要大得多，甚至可以说是无限的状态。因为心念的速度很快。这也是站桩、太极拳的练习方法和效能与其他运动不一样的地方。

要实现更佳的E心状态。有几个要点，第一点是"静"。静了，身心才能达到一种节省能量并且能激发潜能的状态。我们练太极拳时的缠丝劲，沉肩坠肘，腰胯领带，里缠外缠，阴阳转化，E态都做到了，它产生能量，引起全身的筋、骨、肉的活动，心血管系统的活动等。但是如果E心没有参与进去，就还是停留在形层面的锻炼，我们现在让意念参与进去，让整个心静下来，气沉丹田，神意气贯注，就把E心加进去了，整个锻炼的总能量就更大了。

第二点是"礼"。仁义礼智信的礼，这个"礼"字在练习要领中常常被很多人忽视。"礼"是儒学的核心，它可不是简单的礼貌，它是人的一种恭俭、恭敬的身心状态。这种状态能让人产生更大的力量。为什么古今中外重大场合大家都要穿礼服，这不仅是礼节，更是一种规制，对内心的能量状态有激发的作用，产生恭敬，恭敬自己，恭敬别人，恭敬生命，恭敬自然。这个礼会让你在某一方面产生更大的能量。人的势能不是越动就越大，有时候你处于静的状态、礼的状态，就能产生更强的能量流。

练拳不要一上来就咋咋呼呼地练，要礼拳，礼己，礼人，礼天地。这个礼的状态是一种最优雅的状态、最蓄能的状态，最容易沟通，跟人、跟自然都更容易沟通。也是最让人难以侵犯的状态。

中国古人有一句话，"敬人者人恒敬之"，就是说明礼的作用和力量。我们尊敬拳，尊敬桩，桩、拳才能反馈你，给予你能量。你越尊敬别人，别人觉得你越有层次，越凛然不可侵犯，别人尊敬你也是给了你能量，这样，从礼中就可获得能量。

这个礼不是一个简单的道德规范，你往那儿一站，天地之间是有一种礼在的，有礼则正气充盈，一个金刚捣碓，仿佛把天地握在手中，不是简单一个震脚的事情。每一个桩也都是一个礼。

第三点是"定"。定就是不动，经得住干扰，定不住则静不久，也静不彻底。有的人一练拳就想打人，这既片面，也不容易"定"住。我经常强调，技击是武术的灵魂，任何时候都不要丢掉，如果你丢掉了技击，很多动作、要领就没法深入悟解。但是我们也不能局限于技击，不能把技击当作捆绑你的枷锁。不能总是想，我打几个人能怎么打，老局限在打人上，这就不定了，心就躁了。体用结合，老想着那个用，在体还没练好的时候就会飘，就定不住。

真正优秀的武术家、传承人往往对传统武术的修心练意非常重视，这是大的方面的东西，如果过多注意那些枝节的东西，就不能定。所以我们练一个桩就要定住，不要着急，循序渐进，次第花开，不要一站桩一练拳，马上就要有什么效果，这就叫冒进，也是不定，大功夫是在自然而然中练成的。

有位高僧虚云和尚，是中国近代禅宗的代表人物之一，他知行合一，活到120岁。有一次，一位戒尘和尚去找虚云，一起谈禅论佛。戒尘也是位高僧，读书很多，口若悬河，机语契投，讲得很好。虚云和尚跟他说，你讲得非常好，但还不能解决实际问题，应当从真实功夫入手，朴实去做方可。戒尘和尚问，什么是真实功夫？虚云和尚说，咱们俩坐一坐，体验一下。两个人搭了两个台，各自在上面打坐。结果戒尘和尚只坐了半天，双腿就已经痛得不行了，心里的妄念更是上下翻飞。他烦躁不安，就起身了。

云居寺塔

而虚云和尚这一坐就是七天七夜，如如不动。戒尘每天绕着虚云走，看虚云和尚从早坐到晚，从日出坐到日落，纹丝不动。戒尘就在旁边看着，看一天悟一天。七天之后，虚云和尚起身，他说：百般功夫，从静定入手。我给大家讲这个小故事，当然不是说让大家都去像虚云和尚那样坐几天，这也不可能。这个故事强调的是静定功夫。站桩的重点之一就是培养这种通透、圆融、静定的功夫，不为外界变化所动，有了定，就能生慧，静、礼、定、慧，这几个合在一块儿，就能达到"E 心"的高能状态。

站桩的核心是练心，心不定，则气不顺，神意不全。这个"心"不光是指心脏，而是中国古人对神意气内练的统称。所以大家要注意这个桩能公式：E 桩 = E 态 + E 心。

桩修的内圣外王

站桩练习的核心之一，就是身心并练。不光要练我们的身，还要练我们的心。呼吸这么一个简单的过程也是身心并练的。身心并练是中国传统养生方法的核心。

练太极拳有没有入门，就看你是不是身心并练，是不是练了半天就只会比画动作。

站桩首先要放松自己的身心，消除紧张。太极拳首先就要解决你身心的紧张。

你练拳练了许多年，发劲再猛，练得再漂亮，动作再规范，只要你不能放松，就还是没有入门。太极的第一步叫身心的放松。

王阳明说，高山不如平地大，满街都是圣人，这是他的一个重要观点。每个人通过站桩练习，都可以达到内圣外王的境界。

以前很多人不理解内圣外王，说我们达不到圣人境界，圣人那是几千年出一个的，我们差远了。王阳明把道理说透了，每个人都可能成为圣人。

"内圣外王"概括了中国所有生命修持学问的一个精髓。你把自己变得跟圣人一样，"内圣"了，你才能强大。所谓"外王"，每个人通过桩修的学习，都可以成为圣人，

所谓"圣"，圣人，就是有法度可依，有自由度。

通过站桩达到"圣人"的五个标准：敬、仁、德、智、功。

敬是什么？对上要孝顺父母，对下要关爱子女，这就是我们中国人最基本的敬，也是人性中最基本的敬。敬自己，敬天地。

仁就是平和地对待他人，客观地看待社会，处理好这些关系，为仁。仁为人和人之间、人和社会之间打下良好的基础，在这个环境中和谐生长。我们和社会、和他人之间要保持平衡，平和待人。

德就是要具有涵容、包容性。站桩能涵容，才能纳天地精华。

桩修的内圣外王

站桩可作为培养青少年身心素质的方式

包容天地。胸怀宽广，天地容我，我亦容天地。站桩的这个形式是有限的，但是我们的包容心是无限的。

智就是智慧。站桩、练太极拳用的就是动态平衡的方法。掌握了动态平衡的智慧，桩才能站得透、站到位。桩态如果不饱满，瘪了、憋了、上下歪了、没有圆裆松胯，就不能实现动态平衡，这就不叫智。动态平衡的方法才叫智。

功就是功夫。要下功夫，掌握技术和方法，这是基础，坚持练习，用功，勤奋，站一分有一分的功，站一天有一天的功，站一年有一年的功。持之以恒，久久为功。

站桩能使人智慧，这是一种大智若愚的智慧，不是抖机灵的小聪明。敬仁德功融合到一块儿，智就升华了。

每个桩里都融汇了这五个要素，这几方面的结合成就了桩修。

内圣外王的"圣人"是一种借喻，我们的目的并不是去当圣人。平凡人才是最伟大的，平凡是真。

桩修：站桩的生命智慧

致广大，尽精微

　　站桩是一个整体，站桩当中有一种浑然一体的感觉。但是细节的东西也要明白，懂了细节，可以帮助理解整体。

　　比如站桩涉及一些人体的关窍，属于比较细致、比较精微的部分。我们讲过一些站桩的境界、站桩的体验、站桩的格调，这是帮助大家站得高、看得远。立意有多高，容量就有多大。宏观微观都要紧。《中庸》里边有句话叫作"致广大，尽精微"，这两方面相辅相成。

致广大，尽精微

　　站桩时不必每个穴位都去仔细想，每个穴位都去练。就像练太极拳，不要每打一个动作都想着穴位、想着经络，那你就乱了。但在整体的练习中，对这些穴位、经络的知识是需要了解的。尽精微不是沉溺于局部而丢失整体，相反，是从局部获得对整体的认知，这就是整体观、全息论，所谓见微知著。

还有一些气的运行，有的时候很细微，需要在静中体察，所以要做到"尽精微"就必须要进入"静"的境地，有"静"才有"精"。太极拳为什么要慢？站桩为什么要定？就是这个道理，尽精微就是把小的东西放大了看，这个看是用心看。

大的感觉是由细微的细节构成的，大感觉是"其然"，精微是"所以然"。所以我们站桩要把握大感觉，同时要明了细节，不能懵懵懂懂地练，要明明白白地练。从程序上来说，也可以先找大感觉，再逐步细化。站桩中有"得意忘形"之说，是在形对的前提下，得气，得意，然后逐渐忘了形的存在，不是一开始就不要形。

所以"致广大"跟"尽精微"是互助互利的，不矛盾。《中庸》里边还有一句话，"极高明而道中庸"，意思是就算我们达到很高的水平，还是要遵守中庸的法则，尽精微就是极高明，要很清楚地了解它的原理，知其然而知其所以然，道中庸就是气中和。

阴阳的动态平衡就是"极高明而道中庸"，我们既要达到很高远广博的境界，又要有很深入很精微的洞察和明了，对精微的了解不妨碍我们对整体的把握，这也是阴阳平衡的两个方面。

桩修：站桩的生命智慧

桩修与《易经》

　　《易经》的卦象是对世界的意象化图解，站桩的理法在卦象中也有体现，但讲的是结构和变化的规律，而不是简单的机械对应。

　　桩修从某种角度来说，是对《易经》理论体系中的一些内容的践行。《易经》当然不是为站桩而写的，但它阐发的是阴阳之间的规律，阴阳的变化，事物或者体系生发、盛衰的趋势和相关因素，这在站桩所体现的生命现象中得到印证。了解、学习《易经》，对桩修也会有很大帮助。

　　比如地天"泰"卦，就是一种站桩的理法，这个卦上边是一

站桩虚心实腹

讲解站桩与《易经》

个坤卦，下面是一个乾卦。坤为地、为水，乾为天、为刚。泰就是安泰，站桩要上虚下实，虚心实腹，上下阴阳循动。站桩时气不能上涌，不能聚集在胸部，更不能聚压在头部，应沉实在下，否则就是阴阳颠倒了。

所以练了太极拳、站桩以后，再去读《道德经》《易经》，感觉完全不一样了，有一种东西在贯通。很多人读了一辈子《道德经》，背得很好，但是总找不到落脚点。从文字上考证来考证去，或者不停地注解、注释，这也是需要的，但中国传统文化的核心是关于生命、自然的变化规律，从实践角度去认识这些经典，就是另一番天地。

为什么坤在上、乾在下为"泰"？坤是地，在大自然中，地在下，乾为天，在大自然中是在上的，《易经》卦象，将坤放在上，乾放在下，这样上下相合，互相贯通，互相感应，就是"泰"了。如果反过来，乾在上，坤在下，这个卦叫天地"否"卦，否是什么？

大家知道，有个成语叫"否极泰来"，否就是不通、不好。坤上乾下的站桩状态是阴阳和合的，如果是乾在上坤在下，从站桩来说就是淤堵不通了。

所以站桩站的也是地天"泰"卦的卦象结构。这一点随着大家练习的深入，越来越能体会。

再比如地雷"复"卦，也揭示了动静、顺达的内在关系和规律，动在静中，动在顺中，阴阳相生，内蕴生动，寓动于顺，一元复始，生机勃勃，万象更新，也是站桩的深刻道理。

我们强调过站桩中的"桩生一"，这个"一"，它本身既是实，又是虚，就是"空明境"，一生二，就是生了阴阳。

二生三，三就是天地人相合，道法自然。生三，就有了"象"，这个象就是《易经》六十四卦中的象以及中医理论的藏象。卦象理论跟人体藏象理论结合，是中医学的基础，也是我们站桩和太极养生的基础。懂得这些，就能更好地练习。

我们练无极桩最核心的就是"无"字，"无"字是无力、无挂、无念、无法、无象，最后整体空明澄澈。

所以站无极桩时，什么都没有，什么念头都不要去想，把自己站空了。太极拳的《授密歌》开头就说，"无形无象，全身透空"。你紧张，就没法去练。所以练太极拳不管哪门哪派，开始前都要先进入这种无极状态。身体空了，自然萌动，起式不是我的手有意抬起来了，是自然抬起来的。自然开始，各种象都有了，这种练太极的方法叫"运太极"。无极生太极，之后是运太极。

练太极拳一定要多读点书、读好书，传统拳论也要好好读一读，因为太极拳不是空中楼阁，是有依托的，有依据才生出来的。要研究太极拳的文化理论，也必须得有实践。

无极桩不仅是万桩之母，也是练太极拳的基础。无极桩站好了，一定会对练太极拳有帮助。

"桩修"理法中一个重要的主题就是"无中生有"，大家要深刻理解。首先，"无"就是无极桩，要站到无的状态，无力点、无紧张点、无意念、无挂碍，就是没有乱七八糟的思绪。当然，练习几个月、几年、几十年都会有不同的"无"的层次，一直练下去，越"无"，我们越干净，越健康，除去杂质、紧张点，过滤身心，达到"无"以后，就会"无中生有"。"有"就像一粒种子，在土壤里慢慢生发出来。有了太极，有了健康，"有"就是有了我们的真气。只有达到无，这个有才会无中生有，空明澄澈。我们这个有才是实有，实实在在的有，在不动之动中达到生生不已之动，静极生动乃是内在的动，无中生有这个无，达到了不动，然后才是真正的内动。内动就是生生不已之动。

这些都是《易经》中深刻阐明的无极、太极结构和状态之间的关系。我们通过站桩可以逐步深入体会。

《易经》中的很多话在站桩中生动、深刻地体现了。比如"其大无外，其小无内"，就是人体和自然的关系，就是站桩中动和静的关系。通过站桩，进行精微化的返观内视，体察自身的精妙，感应自然的万般变化，内外相通，无内无外，大小如一。站桩要达到这个境界，就必须要达到守神、静和的状态，通过功夫的积累，达到质的变化。

从站桩的角度再去读《易经》，既可以作为宏观的生命智慧去看，也可以在具体理法上有所体悟。

桩修：站桩的生命智慧

桩修的三个阶段

桩修是一个系统，其理法具有贯通性、一致性。掌握要领要循序渐进。我们在课程设置上分为三个阶段，逐步深入，逐步提高。

第一阶段，菩提树。核心就是掌握桩修的基本要领、基本方法。建立对于站桩、桩修的认识。学会四个基本的桩法，知道怎么练筑基，步入桩修的境界。

第二阶段，周天行。主要内容包括形练九法、意气训练六法，还有一个特别重要的内容，就是把站桩跟太极拳相结合。周天行的核心就是怎么运用站桩运转。这个周天不仅指大小周天，还有人体整体的含义。人和自然是混元一体的，所以叫周天行。这一

桩修的三个阶段

阶段重点是站了桩怎么运用，所以包括拳桩一体的练习方法，我们还专门选取了太极十三桩，从各个流派中提炼典型动作，结合站桩进行练习。还有怎样灵活地将站桩运用在内气、行气等各方面。

第三阶段，水根谭。站桩也是一种禅修。禅是一种生活状态，禅是我们对生命的理解顿悟。站桩时的各种身体状态就带来各种能量状态。第三阶段将融合很多国学、武学和科学知识，帮大家深入解析、体验桩修对生命质量的改善。比如身体形态所代表的能量符号，每种姿态的要领以及它所带来的种种内在变化。这一阶段还会介绍一些静坐的方法和原理，这样静坐、站桩、太极拳就形成了一个完整的技术链。动静结合是中国传统养生的精粹，第三阶段还会特别介绍一套动桩方法即"太极养生八法"。这是20世纪90年代初国家体委组织全国专家编写的全民健身推荐方法。

三个阶段互相独立，又互为补充。总的作用是通过练习站桩，感悟中国传统的生命文化，通过自己的锻炼，提高身心健康水平。

桩修：站桩的生命智慧

为站桩赋能

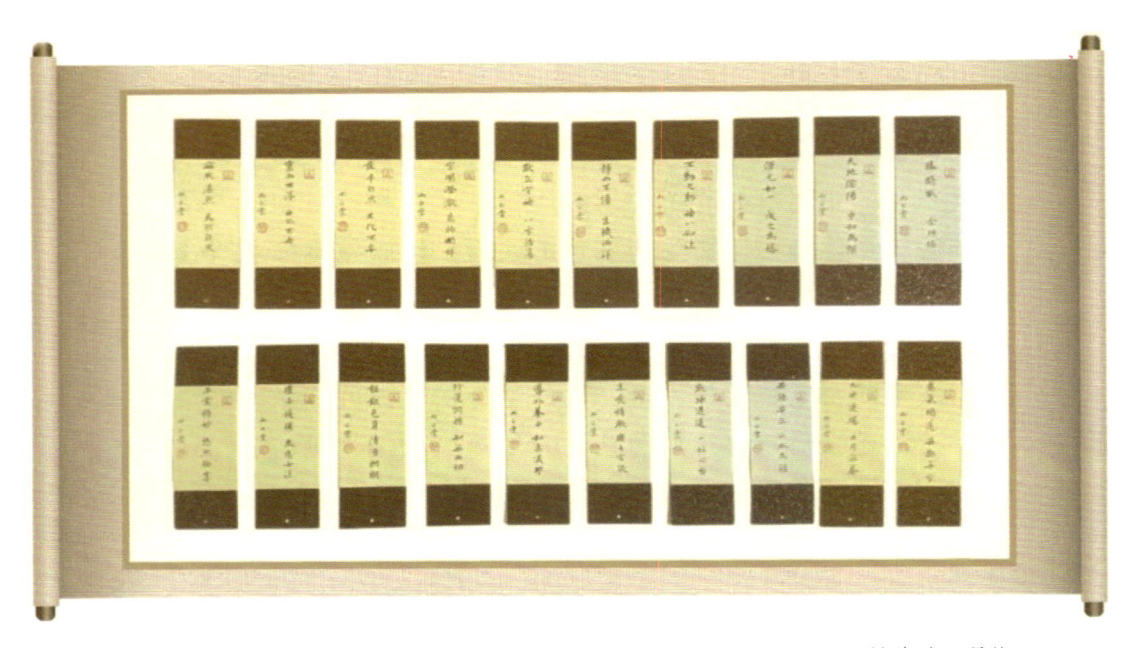

《桩修赋》课件

　　我专门为桩修这门课撰写了一篇文章：《桩修赋》，既综合又简明扼要地阐述了桩修的理法、文化、原则、要领、技术。有些句子是在桩修课程中反复强调和讲解过的，有的句子来源于古代经典著作，或结合桩修做了衍化，取其意，合其纲。

　　几年前我曾经写过一篇《太极国学赋》，在昆明举行的一个太极文化雅集上发表，后来受到太极拳界的广泛欢迎，《武当》《太极》等一些专业性刊物还专门刊登过。《桩修赋》可以与之对照阅读。

　　《桩修赋》全文如下：

　　天地阴阳，中和为纲，混元如一，成之为桩。不动之动，神以知往，静而不僵，生机徜徉。独立守神，八方浩荡，空明澄澈，万物颐祥。发乎自然，不改不妄，灵而不浮，正而不央。寂然湛然，天然自然，意气顺遂，无极无方。九曲连环，日月涵养，松钟安立，山水为疆。乾坤逍遥，一炷心香，生发精微，广大宏张。导外养中，和柔仪邦，行运调畅，知无两相。粗粗色身，清清朗朗。尘世扰攘，来应去往。平常精妙，悠然极享。

我把核心的站桩要领都融汇在其中了，甚至把很多我们桩修课上讲的要领、理法的原词都给它融进去了，所以大家看这篇赋如同遇见老朋友，会觉得很亲切。这篇文章是一个开放的结构，每个人都可以在阅读中不断丰富它。这就是读者在进行再创造，特别是练到不同阶段，有不同体会，在读赋的过程中，自己的体会都会加进去，不断地丰富它的内涵。大家既是读者，又是作者。这也是我告诉大家读《桩修赋》的一种方法。

这篇《桩修赋》，一切从实际出发，把很多要领练法融合在其中，有很丰富的文化意蕴和内涵，它不仅仅有文化的东西，还有实际锻炼的内容。

天地阴阳，中和为纲，混元如一，成之为桩。每一种桩的每个动作里边都有阴阳，一抱球为圆，内为阴，外为阳，有阴阳；上为阴，下为阳，也有阴阳。站桩要知阴阳，阴阳不能割裂，必须用中和来统一，所以叫中和为纲。中和是什么意思？阴阳相合，阴阳不能在站桩时打架，桩必须是阴阳混合的，所以叫混元如一。不是说你把动作往这一摆，一站，就叫站桩了，不是的。一定要符合中和状态，这是一种动态平衡，阴阳融合在一起。

一个桩态里边虽有阴阳，但是阴阳不平衡也不行，桩中处处都有阴阳，阴阳整体是平衡的，负阴抱阳。所有的桩都要具备三个要素：第一，要有阴阳。第二，阴阳要动态平衡，中和，形体放松，意念放松，形意中和。第三，整体要混元一体。太极拳也一样，讲究形意中和，不能各行其是。它的每一个动作都是桩，处处阴阳相合。

不动之动是指站桩外形不动，内在要动。如果外形不动，里边也不动，那就是真不动了，那就是站死桩，我们强调过要站活桩。所以站桩不能僵，自己可以调节，比如下蹲时觉得有点僵，没关系，你稍稍站起来一点，感觉到气机澎湃，再试试加大一点蹲的幅度。站好了桩，你可以带着这个气感再去练拳，怎么练怎么有，这就叫不动之动。太极拳反过来叫动而不动，动而生静，静而生动。太极拳虽然是动的，但处处有静的感觉，动静是结合的。

外形是静的，神意是活泼泼的，静而不僵，这就叫"神以知往"。"静"没有内动，它就是僵化的。"不僵"的含义是，首先肢体不能僵，比如手指头自然张开，使劲张得太大了也是僵，夹得太紧也是僵。身体蹲得太低，不能平衡，也是僵。胯松不了，没有做到溜臀、圆裆、松胯、尾闾内收，也是僵。要做到静而不僵，形体就要圆活，更重要的是神意不要僵。有人机械地理解"意守丹田"，总是死守着丹田不放，找不着丹田就使劲找，这也是一种僵滞、淤滞。桩虽静但很灵动，很舒展通畅，这样才能生机昂扬。

不管哪种桩，形都是有限的，但神意是无限的，站桩只有把神意练出来，才能做到八方浩荡，才能够弥漫在天地之间，达到天人合一、内圣外王的境界。这里的核心就是"独立守神"，守得住才能充盈，强调神意不散，是以你为核心、为中心形成一个能量源，这样的八方浩荡才是神完气足的。如果守不住神，神散出去了，人就逐渐衰弱了。练太极拳也一样，比如搂膝拗步，有人说，我在想着假想敌，这是一种练习方法，但是我们的神意出去了还得收回来。有人练拳，说，我怎么越练越累？这可能是你的神意放出去了没有收回来。

独立守神，不要死守，这是一种空明澄澈的境界。万物颐祥就是空明，澄澈是指身体的干净、意念的干净、神意的干净，一片光明澄澈，万里晴空。

讲解《桩修赋》

　　太极拳每个动作都有大境界，站桩也是这样，当然，我们要一步一步来，谁也不可能一下子就进入大境界，就像写书法一样，只要你从现在开始站，就有可能一点一点地成功，每个人可以修一辈子，上不封顶，只要不断改善、不断进步就行了。通过站桩，每天遇见更好的自己，就是很大的成功。

　　站桩中，发乎自然的状态非常重要，我们讲过一些要领，特别强调了小要领要让位于大要领，发乎自然就是大要领之一，一切站桩都要顺乎自然，最后归于自然。我们现在说的要领，包括我们带着大家导引，都是过程，最后是要回归身体真正的自然状态，这些要领都化为自然了，你就不会再过多关注了，因为要领都是来源于自然的，还要归于自然。不改不妄，就是"独立而不改，周行而不怠"。灵而不浮，站桩也要灵动，虽然不动，但是里边很灵动。正而不央，就是保持宏大端正，但是不死板，"正"不是僵化、固定不变，而是变中求正，还有八方浩荡之势，是动态的。

　　太极拳的所有运动都是用中轴带动的，缠丝劲就是"正而不央"的体现，缠丝劲不仅在陈氏太极拳中有，在各流派太极拳中都有，只是表现的方式不一样。

　　天然自然，意气顺遂，无极无方。寂然、湛然是一种很透彻、很豁达、很明亮的状态。《易经》中说"寂然不动，感而遂通"，只有达到天然自然的状态，才能使天地一气为我所用，才能达到意气顺遂、无极无方的境界。

桩修：站桩的生命智慧

九曲连环、松钟安立是具体要领，日为阳，月为阴，站桩处处有阴阳，日月合在一块儿就是明亮、透明，阴阳相合。万物由日月来涵养，人也由日月、山水来涵养。我们常说寄情于山水之间，就是将我们的身体、精神、心境与山水相融合，感受山水的奇妙，我们人也有山水。宇宙为大乾坤，人体为小乾坤，其大无外，其小无内，站桩能致广大，尽精微，境界、格局放大，行气细微，全凭心意下功夫。

站桩也是导引、内导之术，在外导引肢体，在内颐养中气，有静导，有动导，导引之法，行经应穴，阴阳相仪，柔和运气，有条理，达调理。站桩也讲究仪态，安详愉悦，久站则可培养出独特的静雅高贵气质。仪态不光是外在的形，内在的中气充足更重要，在一片柔和天然当中，显示出大气沉静。我们国家是礼仪之邦，我们每个人也是礼仪之邦，站桩就是打造个人的礼仪，有这种礼仪以后，整个人的气就不一样了，它就能够实现行气流畅，突破有限的知识层面进入无限的智慧层面。

大千世界，粗粗色身，能放下杂念、包袱，让自己的身心更加轻快、清朗，以平和、平常之心坦然面对变化，这是站桩对心性的一种修养。通过站桩减轻压力，减少焦虑，更多地享受生命的快乐，这是向平常，也就是本质的回归。

陶渊明的"采菊东篱下，悠然见南山"是一种山间的平常状态，我们泡一杯茶，静静地品饮，是一种生活的平常状态，平常中蕴含精妙，天地一片叶，汲取天地精华之气。有时候一家人坐在一起，对望，说几句话，很平常，但这是一种巨大的享受，很多真正的享受蕴含在平常之中。站桩也是蕴含在平常之中的精妙，可以悠长自然地去享受。站桩、练太极是人生的一种大境界，叫返璞归真，无论多绚烂，最后都归于平淡，能充分领悟平淡、享受平淡，就会更多、更充分地享受生命。

椿俯賦

余功保

天地陰陽中和為經渾元如一成之為椿不動之動袂以知注靜而不僵生機盎洋歠立守神八方浩蕩空明澄澈萬物咸祥發乎自然不改不妄靈而不浮巨而不央森然湛然天胘自然意氣順遂無極無方九曲連環日月涵養氣鍾安立山水為疆乾坤逍遙一柱心香生發精激廣大宏張導外養中和柔儀邦行運調暢和至柔兩相粗：色身清：朗：塵垢擾攘來應去注平常精妙悠然極享

時在壬寅之初夏尚正堂梅林書

梅松林书小楷《桩修赋》

太极养生八法

太极养生八法

为了适应群众性健身活动的发展需要，加强对社会健身活动的健康引导，科学普及养生知识，20世纪九十年代初，国家体委武术运动管理中心、国家体委武术研究院、中国武术协会组织众多各界专家，在长时间广泛调研、深入研讨的基础上，编创了"太极养生八法"，作为向国内外推广的重点项目，并被国家体委列入全民健身重点推荐项目。

太极养生八法以传统太极拳基本理法为核心依据，借鉴、参考太极拳功技要领，吸收了众多传统内功养生练习方法，此套路以动为主，动中有静，快慢相宜，练习时讲究意念配合引导，形神合一。以呼吸应于动作，达到外强肢体、内和脏腑、通畅经络的作用。从而使人体内外的各个部分得到全面均衡的锻炼。

预备式

松静站立，双脚自然靠拢，两眼平视，心境顺和，呼吸细匀流畅（图1）。

图1

重心右移，左脚抬起，向左侧轻轻横迈一步，再将重心平稳过渡到两脚之间。双脚平行，与肩同宽，脚尖朝前，双手自然下垂体侧，手心向内，十指自然弯曲，轻贴于大腿两侧，圆裆，松胯，双膝微屈，沉肩松肘，头正身直，百会上领，下颌内收，闭口合齿，舌自然平伸，目光平视，神意内敛，自然呼吸，静立片刻（图2）。

要领：（1）预备式为全套功法之始，不可忽视，屈膝程度勿太大，身形端正，脊柱松直，各关节直中有曲。（2）心静为

桩修：站桩的生命智慧

图 2

其主旨。

原理：无极生太极，无极态即为全身内外的均匀平衡态。通过预备式的调整，使身心进入意气平和的境地。各部分松静舒畅的调形，使身体以合理的形态布局，建立起以后动静运动的基础规范。意、气、形的协调，确定内练的基本模式。

第一式　阴平阳和

两臂缓缓由体侧抬起，臂手相随，腕部松平，掌心向下，指尖微垂，大拇指微张，虎口呈圆形，其余手指自然分开，掌心内含，抬手过程中松肩松肘，同时以鼻细细吸气。

两臂持续上抬，抬至与肩同高，呈水平状，保持沉肩的状态（图3）。

图 3

以大拇指牵领，两臂外旋，翻转掌心向上，双手间如托两球，同时以鼻缓缓呼气，旋臂过程中手指微微外张，双臂保持自然微屈，勿耸肩（图4）。

图 4

两侧向上捧合，掌心相对，手指向上，双手如抱球，目视前上方，举臂时细细吸气，意想以掌心承接天宇之气。双掌捧合至头顶上方时，两臂成圆形，以两掌心劳宫穴对百会穴，略停片刻，缓缓呼气，意想将天宇之气灌入百会穴（图5）。

轻轻吸气，两掌经面前沿

图5

身体中线下按，掌心向下，掌指朝内相对，如将球按入水中，将气领入下丹田。按掌同时缓缓呼气（图6）。

两掌下按至小腹前时，两

图6

臂外旋，翻转掌心向内，掌指朝下，两臂自然回收体侧，手行过程中，意念随之游走。按上面过程反复做3遍。

两臂向体前抬起，掌心向下，上抬过程中两臂保持平行，略宽于肩，起臂同时缓缓吸气，体会双掌与大地之间的气感。

臂抬与肩平，两臂呈自然弧形，腕部松平，目视前方（图7）。

两掌缓缓下按至脐部，如

图7

将球按入水中，身体随之慢慢下蹲，同时缓缓呼气，保持上身正直。

掌按至胯旁时，身体停止下蹲，此时掌指依然朝前，圆裆、松胯（图8）。

身体向上直起，带动两臂

图8

上抬，如前，起按3遍，收手站立如预备式（图9）。

要领：（1）起掌时勿耸肩；

图9

（2）向下落掌与呼吸相协调。

原理：此式中含有三个桩法，以动入静，以静生动。掌心向下为阴掌，采大地之气；掌心向上为阳掌，接天宇之气。以气贯百会，并且由上而下捋顺内息。掌对大地，上下合运，起到阴升阳降、阴阳既济的作用。

第二式　怀抱日月

两掌心斜向内，由体前缓缓上抬，双臂呈圆形，如抱球，注意勿耸肩翻肘，双臂上抬时轻轻吸气（图10）。

手臂抬至齐胸，呈水平状，

图10

两虎口相对，双臂呈弧形，目光内涵。保持此状态静立片刻，自然呼吸（图11）。

两臂缓缓外开，尽量向外。

图11

向后自然扩展，随开臂而开胸、开肩，同时缓缓吸气。双臂仍保持水平，双肘自然弯曲，目光平视（图12，图13）。

两臂开至最大限度后，慢

图 12

图 13

慢向前、向内合收，至抱球状，随合臂缓缓呼气，合臂过程中，目光平视两臂间，体察两臂间的气感（图 14，图 15）。

双臂如此开合 3 次，然后

图 14

图 15

由体前自然下落，回归体侧。

要领：（1）开臂时不可过于挺胸，下颌勿上扬。（2）肘、腕部始终保持松畅。

原理：本式有开胸理气之效，臂与掌的开合中十分容易体验气感。手指的不断舒张摆动，调节了手三阴三阳经，带动全身。练习久之，可觉全身、内脏发热。

第三式　旋转乾坤

双手由体后自然上提，掌心向内，轻扶于两肾处，自然

图 16

327

呼吸，意守两肾（图16）。

身体保持正直，沿顺时针方向缓缓圆转头部9圈，目光垂收（图17）。

再沿逆时针方向圆转9圈。

图17

圆转头部时，注意颈部以下的部位不要大幅度晃动（图18）。

转头过程中自然呼吸。

图18

以两脚心连线中点为圆心，以掌推腰，沿顺时针方向圆转旋动9圈（图19），再沿逆时

图19

针方向圆转旋动9圈。旋动时上身随腰胯的转动自然俯仰，双脚保持不动（图20）。

圆转腰胯过程中自然呼吸。

图20

图21

以脊柱为中轴，以头引领身体向左后方缓缓转动至最大限度（图21），停顿片刻，再缓缓回转，回到正前方时仍不停，向右后方继续转身至最大限度（图22），停顿片刻，再

图22

回转。如此反复3遍。

转动身体时，目光随之向左右后方远视，注意头颈、身体保持正直，不弯腰，双脚不要移动。

向后拧转时吸气，复原还中时呼气。左右均同。身体还中，目光平视，意守两肾。双手扶肾部，上下揉摩21次，意注双掌（图23）。

摩完后，双手自然由体后下落，回归体侧。

要领：（1）以掌摩肾时效果应深达内里，而非摩擦皮肤

图23

表面。（2）头、腰的转动应均匀、圆润，不可用僵力、硬力。

原理：转头放松诸阳之首府，转腰牵动中轴及中心律枢纽。此式涉及身体的各个关节，使机体得到全面的运动。

第四式　推窗望月

双手自体前沿中线慢慢捧起，掌心向上，十指相对，虎口圆张，掌心内含。抬手同时缓缓吸气（图24）。

图24

手抬至胸部时，手臂内旋，翻转掌心向下，目光垂收（图25）。双掌轻柔下按，落至腹前，随落掌缓缓呼气。

再翻掌向上，缓缓捧起。

图25

如前反复3次。

捧掌至胸前，慢慢吸气，随着捧掌，重心自然移至右腿。左脚向左前方迈出，脚跟先着地，同时手臂内旋，翻转掌心向外，重心逐渐前移至左脚，踏实全脚掌，随重心前移双手

图26

缓缓向外推出，掌心朝前，掌指向上，轻轻呼气（图26，图27，图28，图29）。

重心逐渐后移至右腿，同

图27

图28

图29

时将左脚尖抬起，两掌随之向内缓缓收回胸前，随收掌轻轻吸气（图30）。再将重心前移，并向外推掌，如前反复3遍（图31）。

第3遍后移重心时，将左

图30

图31

图32

图33

脚收回，顺势将重心移至左腿，右脚向右前方迈出，同时翻转掌心向外推出。对称练习，共推收3遍（图32，图33）。

右脚回落，双手收回胸前，掌心向内，再翻转向下，由胸前沿身体中线自然下落至身体两侧。

要领：（1）向左右前方推掌时，注意以膝带动身体前移。两臂自然呈弧形，沉肩坠肘、迈脚、翻掌、移重心、推掌几个动作同时进行，保持高度协调。（2）推掌时，注意体察双掌的气感。

原理：双掌在胸腹之间引

气运行,使心肾相交、水火相和。左右的收推可起到采气补身、滋养百骸的作用。

第五式 摩运五行

两手缓缓抬起,掌心向内,双掌内外劳宫穴相对叠,按于腹部。男右手在内,左手在外;女左手在内,右手在外。自然呼吸,意在两掌(图34)。

沿顺时针方向圆转揉摩腹

图 34

部,共9圈(图35)。

再沿逆时针方向圆转揉摩

图 35

腹部,共9圈(图36)。

双手慢慢打开,由小腹两

图 36

侧经两肋,由外向内圆转揉摩而上,至胸前(图37)。

两掌指尖相对叠合于胸口,

图 37

由身体中线推摩至小腹。同时缓缓呼气,双手轻贴小腹,意守片刻,如此反复12次(图38)。

双手缓缓抬起,两掌轻贴于胸后玉枕穴,沿顺时针、逆时针方向向各圆转揉摩36次。

图 38

图 39

双手经体前自然下落，至小腹前翻转，掌心向前、向外、双臂呈弧形，由身体两侧向上捧起，同时轻轻吸气。

两掌于头顶上方相合，掌心皆向下，上下相叠，右手在下，左手在上，轻按于百会穴。分别沿顺时针、逆时针方向各圆转揉按21圈（图39，图40）。揉后双手自然放下，收回体侧。

要领：（1）揉摩时用意于力相随合。（2）揉摩避免重压。（3）揉腹及两肋的速度应均匀一致。

原理：内气运行到一定程度后的带气自我摩按，可有效地起到活血化瘀、启动气机的特殊作用。

图 40

第六式　行云流水

两掌指尖相对，自体前捧起，同时吸气，至腹部时静立片刻，调匀呼吸（图41）。

双手继续上捧，至胸前翻

图 41

转，掌心向上并缓缓上托，同时轻轻呼气（图42）。

托至头顶上方，静立片

图42

刻。松肩、圆臂，自然呼吸（图43）。

两手掌心向外，由体侧缓

图43

缓圆形划落，同时细细吸气，至腹前时，两臂外旋，翻转掌心向上，双手再由体前捧起，同时吸气（图44）。至肩部时，两臂内旋，翻转掌心向外，指

图44

尖向上，双掌缓缓向身体两侧水平推出，目视前方，轻轻呼气。推至最大限度，静立片刻，调匀呼吸（图45）。

双手掌心向下自然回落，

图45

再捧至腹前，如此上托、侧推，反复3遍（图46，图47）。

要领：（1）两掌上托时，

图46

图47

十指相对，距离不要过大。至头顶后尽力上托。（2）双掌侧推时，肘部保持自然弯曲。

原理：托天有理三焦之效，侧推可舒展经络，鼓荡全身，使人与天地自然相应。

第七式　太极运球

两手由体前自然抬起，十指微张，虎口呈圆形相对，抱球于腹前（图48）。

重心移至右腿，同时左手向左下方、右手向左上方弧形划动，两掌心保持相对，似揉运一球，同时身体以脊柱为中轴向左转动。转至面向左方时，左手掌心朝上，右手掌心朝下（图49，图50，图51，图52）。

重心逐渐转向左腿，身体

图49

图50

图48

图51

335

桩修：站桩的生命智慧

图 52

图 54

图 55

以脊柱为中轴向右转动，同时左手保持掌心向内，由左下方经身体中部，向右上方弧形划动；右手保持掌心向外，由左上方经身体中部，向右下方弧形划动。转至面朝右方时，左手掌心向下，右手掌心向上（图 53，图 54，图 55，图 56，图 57）。

再将身体向左对称回转，如此反复 3 遍。运转过程中自然呼吸。两手回收体前，内外相叠，轻贴腹部。男左手在内，女右手在内。意在掌中，静立

图 56

图 53

图 57

336

片刻。

要领：（1）左右运转时掌心始终相对，弧形划动要连贯圆活。（2）脊柱保持正直放松，臀部勿凸出。（3）身体重心不断转换于两腿之间时，双脚不要移动。（4）揉球过程中，腰、胯、肩、肘、腕、膝等关节协调运动，目视掌中"球"。

原理：运球即运气，以所练之气自养内外，该式为内气颐养使用法。

第八式　天长地久

双手从体后自然提起，掌心向后（图58）。再自腋下由后向前掏出，提至肩部。翻转掌心向上，由脑后缓缓向上推出（图59，图60，图61）。

推至头顶上方时，两臂自

图58

图59

图60

图61

然外旋，掌心随之翻转向内，由面前缓缓下落。双手落至胸部时，掌指由内转而向下，虎口张圆，大拇指相对。两掌先后沿胸部两侧，腹部两侧，大腿、小腿内侧，缓缓推落。再

桩修：站桩的生命智慧

分别经脚内侧、脚尖、脚外侧、脚跟、腿后侧摩转至后腰。再翻转掌心向外，继续上提至腋下。由后向前掏出，如前重复练习，共3遍（图62，图63，图64，图65，图66，图67，图68，图69）。

双手落于体前，掌心向内，

图62

图63

图64

图65

图66

图67

图68

腰部柔和下弯和伸直。（4）手掌推行的速度要均匀、连贯。

原理：此式为人体大周天运行，将手足经络相连，使阴阳交汇，上下互补，形成自我完善的良性循环。

图69

大拇指与其余手指分别贴压，自然叠合于小腹丹田处，男左手在内，女右手在内，意守丹田，静立片刻（图70）。

收手还原成起式。

收式

自然松静站立。两手掌心相对，反复轻快搓摩至发热。

以两手掌轻覆双眼片刻，并揉摩整个面部。两手十指用力推梳头顶及脑后。手臂抬起，两手悬于头顶上方，以十指尖为着力点，轻扣头顶数十次。

以两手掌均匀、全面地拍打全身。

全套动作保持中等速度，练习完成约18分钟。

要领：揉搓及拍打时，意念平和。拍击身体时应轻透，但力度不可太重。

图70

全式自然呼吸，意随掌行，游走全身。

要领：（1）转掌变换手指方向过程中，掌行勿停。（2）双手由脚跟向腰部上提时，手指始终朝下。（3）手掌推下、提上过程中，随两掌的推行，

原理：搓手可激发经络活性，温补全身。对头面部进行细致的搓、摩、叩击，可促进头部的血液循环，放松大脑，清爽神意。拍打全身，可使气血顺达，通体舒泰。

答磨堂桩修解疑（42问）

答磨堂桩修解疑（42问）

（"答磨堂"是专门为桩修课学员开设的答疑、交流、展示的平台。学员们把直播课的作业在平台上交，辅导老师们在平台上进行针对性的答疑辅导。这里选录其中部分常见的问题及其解答。）

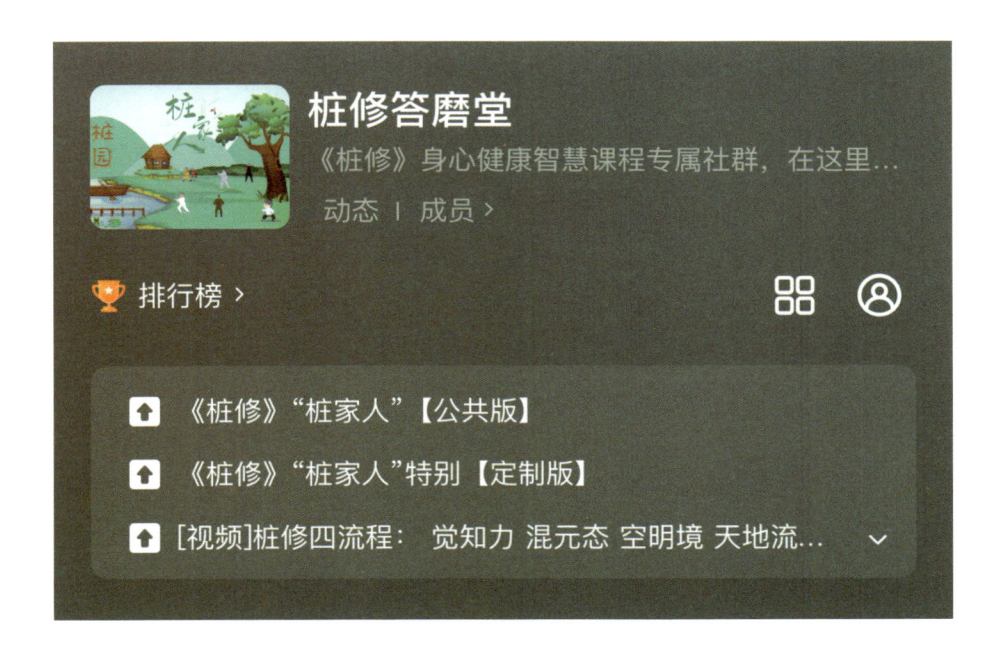

桩修答磨堂

《桩修》身心健康智慧课程专属社群，在这里…

动态 | 成员

排行榜

- 《桩修》"桩家人"【公共版】
- 《桩修》"桩家人"特别【定制版】
- [视频]桩修四流程：觉知力 混元态 空明境 天地流…

1. 站桩需要什么样的环境？

站桩非常简便，因地制宜皆可练习。因为空间移动范围不大，所以站桩的地方不用太大。但最好空气流通，不要在完全封闭的空间。另外，空气质量要好一些，不要在空气污染严重的区域习练。还有就是因为站桩主要是内练，要求神意静和，所以站桩的环境不要太嘈杂，否则容易对入静、行气形成干扰。尤其要特别注重的一点就是避风。站桩过程中，内气运转，全身经脉打开，要避免风寒入侵。

2. 什么是站桩的内练？

站桩的内练，一指方法，二指内容，三指效果。方法就是以外静来启动、带动内动。站桩时外形是静止的，生命活动是生机勃勃的，生命活动的过程是"内"。内容就是，站桩可以强壮筋骨，增强身体各部分的强度、柔韧度，特别是下肢力量，增强平衡，防摔倒。在内则是锻炼各个脏腑器官、各个生命功能系统。效果就是内外兼修，不仅是身，还在于心，有形神并练的效果。所以站桩时，内在的精气神意是锻炼的核心要素。

3. 站桩中能不能听音乐？

音乐可以听，效果因人而异，练太极、站桩时，有的人喜欢听音乐，音乐对心境是有导引作用的。有的时候大家听个音乐，很悠扬、很柔和，有很强的代入感，特别是对一些杂念较多、不太容易入静的人来说，效果更明显。但也不要一直听，一定要有不听音乐练习的时候，体会没有音乐的那个感觉。音乐可以作为辅助，但不能依赖。练太极拳时，有时候为了表演效果或者是在公开场合的集体项目，用音乐比较好协调动作的一致性，拉齐节奏。

4. 站桩时是闭眼好还是睁眼好？

一开始练习时，为了入静，可以稍稍地闭目体会一下，练习一下。但也不要总是闭着眼睛练习。特别是有些上了岁数的习练者，如果闭眼睛站立时有点儿头晕，就睁开眼睛练，睁眼也不要把眼睛瞪得滴溜圆，有一个词叫"垂帘"，眼皮微垂，神采内敛，眼神不外泄，似看非看。用身体去见，用心灵去见，即使睁开眼睛也是含而不露的，不要瞪着眼睛看远方。

这样，把意念集中在体内，见自己。感觉不到你在看，神光内敛，收进来。

5. 有的人在站桩时有自发动的现象，应该如何对待？

有的人在练的过程中，身体会不由自主地抖动，特别是当你有意识地去体会甚至去追求的时候更明显。我们刚开始练习的阶段不主张大家去动，站桩一定要静。如果动，稍微控制一下，就是要静，你要定得下来。练到功夫深一些了，有一些结合动态的练习方法，要专门学习。比如古代有"熊晃"等方法，叫"摇荡鼓气"。站桩的开始阶段，不要自发动，只要有动的欲望，就静下来，慢慢地就稳固了。有动的感觉说明内气在萌动，要引导内气在体内运转，内动不外动。

还有的朋友如果长时间闭着眼睛练习，就很容易晃动，这个时候要加以控制，可以先睁着眼睛练。这种晃动如果自己没有明白，可请老师在面前辅助，过大的晃动会引起不同程度的自发动，如果不会控制，容易出现不同的问题。

6. 站桩时需不需要用语言或者音乐进行导引？

有人喜欢用音乐或者导引词来引导练习，这在刚开始练习时会有一些辅助作用，在开始阶段，这是挺好的一种方法、一种引导。但是这些外在的引导只是一种带入方式，让大家迅速有感觉，但随着练习的逐渐深入，就不一定经常用这个了，而要加强自身的控制能力。包括我们在课上带着大家练的一些导引，也是方法，不是结果。

7．撑抱桩两臂举起来，有时候站的时间长了，肩肘感觉比较累，正常么？

这是自然的，我看了一下大家发的图，我觉得一个普遍的问题就是肘的问题。抱球时肘不能掀，肘要让它自然地下垂，不要有抬它的感觉，没有端着东西的感觉。一定要沉肩松肘，肘往下松一点儿，你就不觉得累了，气也就顺了。

8．如何掌握站桩的运动量，站多长时间合适？

大家记住，一定不要着急。站桩是自然而然、循序渐进的。你站到感觉到累了，休息一下也没关系，千万不要憋着，非要今天练多长时间。时间逐步增长也是自然的过程。

站桩时间，一开始练习不要强求，根据自己的情况。但是我们建议每次练习最好不要少于 20 分钟，这是个基本要求。有些人身体比较弱，一开始时站不了多久，逐步增加也没问题，比如刚开始每次就站五六分钟，多站几次。不用机械地追求时间长，关键在效果。

站桩随着练习深入，对时间的感觉也会发生变化。你这么站着，觉得站了五分钟，结果一看，站了半小时，感觉非常舒服，也就是不知时间之起始这种放松的状态。所以如果你站桩站累了，千万不要咬着牙坚持。站桩没有咬牙这种状态，而是自然放松、舒服的状态。

我们要追求长期效果，不要追求短期内就要站到多长时间。当然，如果你自自然然不觉得累，站的时间长一点那更好。所以这是运动量的问题，不要着急，循序渐进。我们为什么把站桩反复帮大家打磨，就是要符合要领。一开始的时候就要检查这些要领，等把这些要领强化以后就自然形成了感觉，就可以更多地体验内在的用意状态。我们说体感、气感、意感，一开始是打磨体感和气感的状态。等到高级阶段，慢慢地有了意感，就会融会贯通。有一点特别强调一下，这三个状态是浑然一体的，不是说先有体感、再有气感、再有意感，都是从一开始就有的，只是我们在教学的时候分开来讲，练的时候是一体化的。

站桩有个前提，你要站得舒服、舒适、有体验，不能强撑，这点很重要。你说我今天非要站一小时，我站了半小时就特别难受，心烦气躁，身体也累，动作也变形了，还要咬牙坚持站，不要那样。

站桩要终身坚持，慢慢越站越舒服。你站两个小时、三个小时，根本不觉得累，不觉得时间过去，这就自然了。如果想着刚一个小时，我要站三个小时那么长，跟跑马拉松似的咬牙坚持，这就不必。练太极拳和站桩都要"戒努"，一定要自然舒适。当然，不是懈怠，有的时候还是需要坚持一下的。所以时间问题要合理科学地安排。

站桩上午、下午都行，早晚都可以，但是恶劣天气不要站。

9. 站桩中身体会有一些反应，如何处理？

站桩中有很多反应是正常的，这么站一定会有效果。有各种反应，恰恰说明了站桩的神奇之处。你站着不动，体内能产生很多的感应，这就说明我们站桩的确有效果。反应很多样，程度也有深浅，比如说这儿热了，那儿胀了，或者那儿麻了，或者酸疼了，等等。有的时候是身体病灶的反应。

　　站桩提高了人的觉知力。从气机上来，对外界提高了觉知，比如太极拳的"人不知我，我独知人"的状态。还有就是提升了对体内各种感觉的觉知。包括对各种病毒、病菌入侵的反应的觉知，所以能够提前做好防御。还有对体内的状态的觉知。如果以前生过病，或者是现在有病还没查出来，那么觉知力的提高对这些隐形因素就会提前反应，甚至能够进行一些自我调理，这就是"料敌机先"。那个病就是我们的"敌"，消敌于无形，灭病于无形。

　　所以站桩时有各种反应，可能是你身体不舒服、有病灶的反应，也可能是对潜在的各种不适的反应。但是如果你以前有严重的疾病或做过手术，一定要遵医嘱，该看病看病，该吃药吃药，科学治疗。对于各种反应，要正确地区别对待。比如说你原来腿部做过手术，站桩时间长了疼，那你就要先减少运动量，或者是暂停几天。对于站桩中的各种反应要科学对待。

10. 站桩中觉得身体端正了，结果仔细一看，实际上有所倾斜，这是怎么回事？

　　有人说，我站着觉得自己两肩平了，但是外人一看，我两肩没平。还有我觉得腰胯松了，觉得敛臀了，外人一看，没敛，或者拍了照片、录像自己一看，的确不对，这也是正常的。古代把没有病的人、身体完全纯净的人、身体完全平衡的人叫平人、真人。但是我们每个人在后天劳作中都有一些问题，平衡感有偏差，是正常的，需要逐渐矫正。很多人一开始是"不平"的，通过正确的要领找平。找平过程中，一开始会觉得有点别扭，是正常的。有人说，我的身体歪着，我觉得舒服，调整过来反而觉得别扭，这也是正常的。但是必须得按照正确的要领给它找平，等你完全按照要领来做，真正达到平衡了、觉得特别舒服的时候，就矫正过来了。站桩是个越来越舒服的自然状态。

11. 如何理解"两脚平行"？

平行是一种自然状态，是站桩中脚的最合理状态。有些人说，我两脚自然就是外八字或者内八字，我那样站觉得舒服，两脚平行了以后，我觉得不舒服。也有些人是有这个感觉，你让他自然地一站，他就是一个外八字或内八字，那样舒服是因为你原来形成习惯了，如果与两脚平行偏离的角度比较大，还是要调整过来。内扣角度过大，裆部会有点夹，膝盖也会往里用力。同样道理，如果外八字角度过大，两条腿会往外翻，裆也会感觉散开，气守不住。自然地让两脚平行，微微下蹲，既不外翻也不内扣，形成自然圆裆，这样，百会穴与会阴穴一线连下来，天地一线，裆部是松圆的，任督二脉才能自然通畅。

很多朋友问两脚平行的问题，说有的时候我身体、腿上有病，做不到平行，或者刚开始练，我两脚平行的时候有点难受，稍稍地掰开一点、分开一点，我觉得舒服，这该怎么办？

两脚平行的概念，不用机械理解，不用像尺子量一样。我们强调过，站桩是一个物理状态，不是数学过程，不是简单地用尺子量的。两脚平行，约与肩同宽。脚实际上是有个弧形的，那么平行是以哪个地方为基准？以脚的外侧还是内侧，还是大脚趾和足跟的连线？基准不同，结果是不一样的。所以两脚平行是一个物理的感觉，就是两个脚基本向前平行，不要产生特别大的外翻，也不要产生大的内扣，它有一个小小的范围，基本上舒服地感觉到这种平行就对了。有人由于身体有伤，稍稍地挪动一点，感觉就舒服了，那你就这样站。每个人身体状况不一样，稍稍挪一点没关系。大脚趾跟后脚跟的连线，与中间脚趾和后脚跟的连线相比，就会偏离个一两度，有一个合理的区间，叫宽容度，是可以的，就是你要舒服。如果你某处有伤，双脚完全平行感到难受，可以有一个过渡，逐步调整，但是偏离不要太大。

练习站桩包括太极拳有一个大的原则，小原则要让位于大原则，大原则就是我们要自然、舒适。它和小原则之间有一个宽容的区间。

12. 沉肩坠肘和沉肩松肘有什么区别？

太极拳很多地方讲沉肩坠肘，含胸拔背。我在讲桩修的时候，有时讲沉肩坠肘，有时讲松肩松肘，这两个有什么区别？

从大的方面来说，这两者没有太大的区别，基本是一回事儿，这是个大原则，说的是一个道理，就是不要掀肘，不要耸肩，不要憋气。

但是细说起来，还是有区别的，大家仔细体会。沉肩坠肘，强调了这个肘的主体性，它有个往下坠的趋势。沉肩松肘则是强调肩，整体的肩只要一沉，肘自然就松了，就不要再去使劲松肘了。在动势当中我们讲得比较多的是坠肘，因为在动的过程中经常会抬起肩肘，在连续不断运动的时候容易翻肘，所以我们强调要沉肩坠肘。比如太极拳的"提手上势"，它中间有运动的过程，所以始终要有一个沉肩坠肘的趋势，在动。站桩时就不要想着如何沉肩坠肘，如果这时肘有意识地往下坠，就容易造成不均衡。

所以这两者原则上基本是相似或是相近的，要求达到的身体状态是一致的，但是又有细微的区别。在动势当中用得比较多的是坠肘，在静态当中用得多一点的是松肘。

13. 开始练站桩有哪些基本注意事项？

开始练站桩最基本的就是让身心处于一种放松的状态，不要搞得太紧张，有几点可稍加注意：

衣着宽松。不要绷得太紧，但是别着凉，鞋带别系得太紧。

嘴唇轻闭。但别使劲闭住，自然地闭上、轻轻地合上就行了，站桩就是处处都不使劲。

站桩的时候可以不带手表。特别是有的手表是金属的，挺重的，容易左右手不平衡，影响全身的放松。

不要用力。站桩是自然的原则。站着如果感觉哪儿不舒服了，要找找原因，是站桩要领不对还是别的原因，有可能是自己这段时间情绪或者身体不太好。大喜大悲或者身体有特殊状况的时候不要站桩。有人问，女同志生理期能不能站桩？也可以站。但是如果比较明显地感觉到有一些特殊反应，可以暂停，过了生理期再说。另外身体有疾病的也要注意，不要加大损伤，该看病治疗的还是要去治疗。

14. 站桩姿势多高合适？

站桩姿势的高低没有固定的要求，每个人的身高、体形、体能条件不一样，姿势高低也有所不同。同一个人在不同状态下也会有所差别，主要看实际效果。

站桩时要稍稍往下蹲。不能站直不蹲，这样没有效果，一定要稍稍往下蹲，感觉到大腿略有张力。我们做了很多比喻，比如说"如坐高凳"，把这个凳子撤出去，人不动。也没有必要蹲得太低，不是越低效果越好。如果蹲得过低，很快就会造成疲劳、肌肉酸疼等，但也不能完全放松。所以不能对下肢形成太大压力。有的习练者站桩一段时间后感觉下肢沉重，可能与练习时姿势过低有一定的关系。

站桩姿势的高低不是一成不变的，如果站的时间比较长，累了，可以适当调整高度。

站桩是要让大脑得到充分休息，让我们的中枢神经得到一个有效的调整。所以不要在姿态上增加负担。

15. 站桩过程中，口中有津液产生，如何处理？

站桩中要求舌抵上颚，自然很容易产生津液，这个叫"琼浆玉液"，缓缓地吞咽下去。每次吞咽的时候还可以用意念引导，意想它渗透到五脏六腑，浸润滋养脏腑。

16. 请问站桩时如何练丹田？

不同的流派对丹田的定义是不同的。我们站桩时要求全体透空，无形无相，做到清净无思，不着意，不着力，特别是在初始阶段更应该这样，不去专门练丹田，把要领做到，丹田自然也会练到，先顺其自然。

17. 打太极拳站什么桩合适？不同流派的拳，站桩有区别吗？

我们专门讲了"拳桩一体练太极"。把站桩和太极拳结合起来，会提升太极拳的内练感受。不管练哪种流派的太极拳，都可以站一站无极桩，因为各流派太极拳起式前的状态要求基本一致。另外可以结合所练太极拳流派的拳架拳式，练一练相应的太极桩，就是把拳架定式作为桩来练一练。当然每个流派的老师也总结了很多适合本流派练习的桩法，大家可根据老师的教授来练习。

18. 站桩时意念怎么活动？

刚开始站桩时都会有一定的意念活动，意念活动的原则是"致虚守静，恬淡虚无"。初学时，适当的意念引导有助于入静安神，无意则易走神。但站桩不能执着于意念，执着意念则伤神耗能。随着站桩功夫的深入，意念的活动方式也会有所不同。

19. 站桩时有时候感觉到气向上跑，引起双肩上耸，如何处理？

站桩实现的效果应该是浑然一体的，内气自然均匀地在体内运转，不应偏向某一局部或向某一方向跑。造成这种情况的原因是身心还没有完全放松。局部紧张会使气机偏流，意到气到，意念的偏向也会引起内气偏流。站桩应特别避免气向上跑，不能让气聚在头顶。调节方法是，可以深吸气，随着吐气全身放松，同时意念微微守一下小腹丹田。站桩时也可以意想一下两脚涌泉，注意体会桩修课讲的"三线如松"的要领。

20. 站桩时手指末梢感到胀冷，正常吗？

站桩时虽静犹动，会促进体内气血循环，血液循环加速后，体内会感觉有热气产生。热气升腾之后，就会把体内的湿寒之气往外祛除，所以这个时候身体的某些部位可能会感到有凉气产生，特别是手指末梢，感觉更加灵敏一些。这时候坚持锻炼，过段时间会有一些感觉上的变化。

21. 站桩与练拳，哪个先进行比较好？

站桩与练拳的顺序没有严格规定。一般来说，站桩身体外形主要是静态的，在准备活动后，先站桩再打拳，身体感觉会更充盈和饱满。并且把站桩时产生的内气的感觉带到拳架中，体验也会更加明显。因为站桩本身就是在松静状态下，通过特殊内动来促进神经和肌肉达到一种高度协调的训练方法，这种神经肌肉的协调性就是打拳的运动基础。

22. 站桩过程中感觉到下肢有些沉重，是什么原因？

这种现象也比较常见，有几方面原因：一是刚开始练的阶段，下肢以前没有承受过这样大的压力，会有个适应过程。二是有的人可能腰、腿原来有不同程度的伤病，站桩时，在调理过程中有些反应。三也可能是要领还有些掌握得不太准确，造成腰、腿的紧张。大家对照检查一下看是哪种情况，有的时候是几种情况的综合。站桩只要遵循正确要领，一般不会引起身体的不适反应，过渡性的下肢沉重感也会逐渐消失，身体还会越来越轻松。另外，也要根据身体的感觉，适当调整站桩的时间、运动量，精神上也要保持轻松愉快。

有一些朋友原来有比较严重的机体性疾病，比如有一些累积受损性的疾病，具有一定的反复性，这些跟骨骼结构、组织、神经甚至季节等多方面因素相关，如果疾病复发严重，该就医的还是要就医看看。在疾病复发期间，可暂缓练站桩或减少运动量。站桩对提高整体身心健康很有益处，但也要科学安排锻炼。

23. 站桩过程中要一直提肛吗？

"提肛"是古代一种重要的内练养生方式，也称为"摄谷道"，在站桩形态调整时也会用到。但不用在整个站桩过程中保持提肛，否则会产生一种负担，造成身体的紧张。在站桩开始时可以轻轻提一下肛，体会这种感觉，保持这种感觉，使得内气收敛不外泄，保持身体的内抱性。也可在站桩过程中偶尔轻提一下。提肛一方面可以促进血液循环，另一方面可以保持内气不断，还有助于气沉丹田。提肛与百会虚领相结合，可使中气运转更加通畅、充实。

24. 站无极桩的时候，两肩放松后，两腋下感觉就不空了，两臂自然垂落，手会挨着裤线。这个是不是不对呢？

我们的身体各部分都有自然生理弯曲，只要完全放松，各部分都不会紧张。两肩放松并不是使劲向下坠，而是自然松沉，不会造成腋下夹紧。虚腋并不是一定要把腋下空出来一个大的空间，只要我们的两臂不是有意夹紧，腋下本身就是自然虚空的，只要做到了沉肩松肘，两臂就会自然弯曲并垂于体侧，不绷直，不上提。站桩的所有要领都是自然而然的，由于我们在后天的日常生活中形成了很多僵硬的习惯，所以在站桩要领中加以强调，实际上都是为了回归人体本来的自然状态。

25. 晚上十一点多站桩，入静后好像不知不觉睡着了，眼睛总想闭上，总觉得想睡觉，这样对吗？

夜晚站桩易犯困的原因有几个方面：一是通过站桩的练习，身心能适应这种怡然舒适的状态，人在怡然舒适的状态中易萌生睡意。二是夜深人容易犯困。子时休息，最能养阴，睡眠效果也好，若再结合其他时间站桩，保健养生会事半功倍。古人有练子午时功夫的说法，但根据现代社会的生活节奏和特点，不建议大家经常性地在深夜站桩。可以将站桩时间提前一下，安排在其他时间段，子时当睡则睡。还有就是人的睡眠需求和季节也有关系，比如有"春困秋乏"之说，这是人体随着自然气候变化而产生的正常生理现象。

"神足不思眠",站桩练习中通过百会虚顶,领起中气,精神自然充盈。很多人站桩越站越精神。当然,保障充足的睡眠也是健康的需要。

26. 想将站桩融入日常生活中,抓紧时间练习,请问在公交车和地铁上可以站桩吗?

要想达到很好的站桩效果,一个是要保证一定的练习时间,更重要的是不断提高站桩的质量。只有高质量的"质"再累积足够的"量",效果才能更好。公交车一般比较颠簸,速度变化也比较频繁,不建议站桩。地铁虽然相对较稳,但环境因素也比较复杂。有些劲力、支撑力、稳定性功夫的习练者在乘坐这两种交通工具时偶尔练一练也是可以的,比如马步桩等。但具有养生功能的站桩练习,因为要入静、要安神、要养气,这些要求在公交车和地铁上很难达到,并且人容易受干扰,所以一般情况下,不建议在车上多做练习,不容易放松,也会有一些安全隐患。

27. 站桩到十几分钟时会出汗,有时汗还比较多,请问这种情况是否正常?

站桩出汗的现象,许多练习者都会有。每个人的体质不同,出汗量的多少有所差别,通常比较多见的是微微出汗,这也正说明了站桩内练的效应。站桩使周身血液循环加快,身体会发热并通过出汗来维持体温。通过站桩,保持合适的运动量,会增强新陈代谢,起到身体保健的效果。但如果少数朋友体质比较虚弱,站到一定时间出汗量比较大,此时就需要调整一下运动量,把站桩运动量控制在合适的范围内。一般站桩后心脏的搏动及呼吸的次数与平时差别不大。另外，如果当日除练站桩外没有其他过大的体力消耗，那么应以次日早上不感到疲劳为宜。

28. 刚开始练浑元桩，每次以两手抱球的姿势站三十分钟后，两臂就会感觉酸疼，是不是坚持的时间太长了？

站浑元桩因需要保持双臂胸前环抱的桩形，相比于无极桩要求双臂自然松垂于身体两侧，增加了两臂的运动量。因此，在站桩初始的一到两个星期内会有明显的疲劳感，不同年龄、不同体质、不同练习程度的桩友，疲劳程度也会不同。有些桩友只是感觉肩酸臂胀，有些桩友若身心不够放松，就可能出现程度更明显的酸疼现象。排除身体缺钙等病患因素，这属于站桩时的正常现象，是站桩必经的过"疲劳关"。通常情况下，坚持天天站桩，十天半月酸疼就会自动消失，越站越轻松。建议在站桩时身心尽量放松，若每次站桩时间久一些就会出现较重的酸疼现象，就适当缩短每次的站桩时间，可采取短时多次的方法站桩。

29. 余老师在《极享》书中讲，过去一些太极名家练站桩一次要达到两个小时，这样会产生一些独特的感受，他们是练一种桩还是多种桩连续练？

《极享》书中讲的"过去练习站桩最少两个小时"，是指专修人士。对很多习练者而言，特别是在桩修的开始阶段，大家不一定都要做到。站桩时间的长短要结合自身年龄、体质、练功基础等实际情况来安排，只要按照桩修要领循序渐进，站桩的耐久力就会得到加强，练一分便有一分的效果，越站越好。

30. 如果多个桩连续练习，每种桩都要做一下收式，还是可以直接连续练？

大家可以练多种桩法，每种桩都是互相贯通的，根本理法是一样的。但每种桩练习的侧重点不同，细节感受也不一样，具体效能也有所区别。每次练习不要一下子练太多种桩，可分成若干天练习。万桩皆由无极始，无极桩既是基础桩，也是其他桩法的预备式。因此，先练无极桩，之后可以不做收式，直接转练其他桩。其他桩在转换练习时，最好都先做一下收式，再转换。

31. 看别人站桩都有各种感觉，我站桩怎么就没有那种气的鼓荡感？

每个人的体质、状态不同，所以站桩出现的身体反应也会不同，有的早些，有的晚些，有的明显些，有的淡一些，这都很正常。站桩的感觉都只是过程，对各种感觉无论有无、深浅，都不要故意去追求，不要有意识地去找，感觉的出现都是自然而然的，站桩不唯感觉论。只要我们认真掌握正确的要领，坚持下去，循序渐进，功夫到了，都会出现内气鼓荡运行的感觉。

32. 站桩有气感后，丹田之气和周天可以引导吗？

站桩练到一定时间后，会产生气感，平和对待即可，不用特意追求，也不用专门去引导。特别是在桩修初始阶段，只要按照正确的要领站桩就可以了，使内气自然循行。人体经络和穴位十分奇妙，保持自然状态就有自我调节的功能。按站桩各项要领做对了的状态就是"气沉丹田"的状态。丹田之气和周天的引导属于专项练习，要在老师的指导下正确进行。

33. 站桩时有很足的气感，但感觉不到空和无，这是怎么回事呢？

气感一般在站桩中还是比较容易感受到的。空和无是更高级的阶段，不仅仅是身体上的感觉，也是精神和意念上的平和、空灵的境界。在感觉上也不是什么都没有，而是一种更加充实的灵动、沉着。对这种境界不要着意去求，不用着意去感，而是要自然到达。前辈们讲"不可用心守，不可无意求""恬淡虚无"等，就是要求站桩时对意念与体感、气感等都不过分追求，应"若有若无，顺其自然"，到了就会知道。

34. 我站桩一直都不错，气感也强，但最近怎么感觉不到气了？是哪里出错了吗？

这种情况也很正常。人体的细微结构和功能是在不断变化当中的，随着功夫不断提高，站桩的感受在各个阶段也是不断变化的，不会一直都一样。随着站桩时间的积累，气感会有一个"从无到有，从弱到强"的过程；过一段时间以后，或许又有一个"从有到无，从强到弱"的过程，这都是正常现象。《太极拳论》中说，"意贵在精神，不在气，在气则滞"，站桩也一样。因此，桩修中"不着念、不着想、不执念"很重要，只要站桩以后感觉精神饱满、身心舒适，就会不断有收获、受益。不以气感的强弱为衡量功夫的唯一指标，而且各阶段的"气感"，具体感受也不一样。

35. 怎样做到气沉丹田？

站桩和中国传统养生学讲的"气"，是指人体之内气、真气、元气，包括人的先天之气、呼吸之气和水谷化生之精气。"气沉丹田"所说的"丹田"，一般指下丹田（脐下约三寸的地方）。通常站桩及太极拳里讲的"气沉丹田"之气，是指沉气的总体感觉和内气的运行机制。

　　气沉丹田是一种整体性要领，不是单一地把意念控制在丹田就完事了。气沉丹田的基本感觉是"虚心实腹"，感觉"胸中空空洞洞，腹内松松沉沉"，内气充盈于丹田区域。气沉丹田要在站桩的整个过程中实现，应把站桩要领逐项做到位：百会虚领（头正项竖）→沉肩松肘→含（畅）胸拔背→空胸（即胸肋自然放松，横膈膜自然下降）→腰脊竖直（命门自然放松）→尾闾松垂（敛臀）→实腹（自然气沉丹田）→虚坐（圆裆开胯）→双膝屈膝（微弯）→松沉脚下。这样才是一个完整的气沉丹田的过程。

36. 站桩两个多月，每次也只能站四十分钟，再想多站，坚持不下去，要怎样才能提高？

　　站桩的时间是锻炼效果的一个重要参考指标，但不是唯一的指标，也不是绝对的指标。关键是站桩的质量和效能。站桩时间长短因人而异，且不同阶段时间长短也各不相同。站的时间越长不一定代表效果越好，重要的是站桩要符合规范要领，姿势正确。站的时间长短要根据自身年龄、体质状况等定，持之以恒。时间久、时间长主要指我们连续练、积累的时间长，久久为功，就会不断进步。同等身体条件下，站桩时做到以下几点，就可以适当延长站桩时间：站桩前把各种事情暂时放到一边，清空杂念，排除干扰，宁静而致远；桩架要圆融饱满，混元一体。要领对了，越练越有精神，时间会在不知不觉中延长。要把握好撑筋拔骨与身心松静二者之间的平衡。

37. 最近站桩时身体经常晃动或抖动，是什么原因？

站桩本质上是一种动静相生的锻炼方式。外部形态保持静止，内动是根本。站桩时身体微微晃动或抖动也是常见的反应。一种原因是站桩产生内动，对身体内部进行调理，在气机运行中疏通经络，会引起身体的抖动。还有就是身体在寻找和调节平衡状态时会出现一些晃动。另外，如果睡眠不足、气血虚弱、环境昏暗、平衡能力差以及站桩时身体不够放松，也会引发晃、抖现象。这就要求我们练习站桩时尽量保证充足的睡眠，保持合理的营养，站桩时周身内外放松，尽量做到符合要领。还有就是站桩环境的光线，建议不要太强烈也不要太昏暗，以明亮、柔和、自然为宜。

38. 站桩一段时间后，腿部肌肉觉得有些酸疼，是练得不对吗？

这是初学站桩的常见问题。对很多人来说，只是一个过渡时的现象，因为练站桩时，腿部比平时承担了更多的压力。只要要领正确，腿部的酸疼感就会慢慢消失。还有就是注意调节，注意精准依照要领。在站桩前要做好预备活动，把腿部活动开，把腿部肌肉揉一揉，脚下踝关节都松一松，避免站桩时膝盖和腿部紧张。站桩结束后，整理活动也要做好，不使疲劳累积。站桩时，身体姿势避免前倾，前倾了就会把身体的很多压力加在腿、膝上。尾闾内收，就好像往后坐在一个高凳子上，轻轻坐住，不要坐得太低。坐得太低的话，髋关节、膝关节、脚踝这些都不能放松，肌肉就紧张了。稍微高坐，自自然然地就放松了。站桩时我们的身体基本是上松下紧的状态，所以，如果练习不得法，站桩之后腿部、膝盖就会痛。正确站桩之后，膝盖会发热而不是痛。站桩是一种混元劲，上下左右前后，六面争力，将膝盖平衡住，而膝盖因六面力的互争，反而得到放松，没有压力或受到的压力很少。

39. 可不可以边看电视边站桩？

有的人为了节省时间，或者刚开始站桩时为了避免单调，就采用边看电视边站桩的方式进行锻炼。我们一般不建议这样做。站桩需要一个平和安静的环境，包括周边环境，你眼看到、耳听到的各种信息，对身心都会产生影响，特别是站桩深入状态的时候，对外界信息的刺激更加敏感。电视节目的影音元素对人的视听有很大影响，电视的画面、声音变化比较大，特别是一些有情节的电视节目，它的特点就是具有很大的起伏，这些都会对站桩产生干扰，不仅影响当时的站桩效果，次数多了，形成了习惯，对将来站桩的结构和模式也会有长期的影响，不利于入静等要领的落实。当然，在站桩开始阶段，适当听一些柔和、意境悠远、有静谧感的音乐，起到一定的导引作用，也是可以的，选择要合适。

40. 身体疲劳的时候站桩好还是不站为好？

站桩的一个重要原则是不能勉力为之。通过站桩可以养气和神，使精气神旺盛。但在身体过度疲劳的时候，精神难以集中，神意难以入静，身体疲劳会导致形体紧张、变形，不能很好地实现"归位"的正确要求，站桩的质量就会受到影响。所以，在身体疲劳程度比较深的时候，不建议站桩。但轻微疲劳时可以站站桩，对身心疲惫会起到很好的修复作用。

站桩具有补脑安神、提振精气神的作用，因此对于因长时间或高强度进行脑力工作产生的"脑疲劳"具有缓解作用。如果是长时间、高强度重体力劳动，身体消耗过大，就会出现肌肉酸痛、四肢乏力的"体力疲劳"，没有一定的体能保障，站桩质量难以保证，就会影响站桩的效能。

站桩需要保持安静、喜悦的心境，这是在站桩之前要做好的预备状态，过度疲劳也会影响这个状态。

41. 怎样做到松？我越想松反而越紧张，怎么办？

松是一个相对概念，是针对紧而言的，只要你觉得周身骨骼和肌肉不是十分僵硬，心情也是放松愉悦的，那就没有太大的问题。松也是一个逐步深化、逐步彻底的过程，随着练习的深入、水平的提高，也会不断体悟到不同层面的松。松其实就是一个自然的过程，不能太执着于一个"松"字，丢掉了自然，过犹不及，太过就懈掉了。站桩要"内虚灵，外挺拔"，要保持一定的骨架支撑，去寻找那种骨升肉降的感觉。好像在衣架上挂衣服，衣架就是骨骼，而衣服就是我们的血肉。只要按照站桩的要领做，不要太过留意甚至沉溺于对"松"的找寻。

42. 如何站桩才能收获最大？

站桩是一门科学，最重要的是要科学地认识、科学地习练。站桩对改善身心健康水平有积极的作用，甚至有很大的作用。但也不能神化，站桩不是万能的，对于一些特定疾病的患者，特别是比较严重疾病的患者，需要就医的一定要按照科学的方法去医治。可以根据病情，结合站桩进行调理、恢复，可能效果更好。而在日常锻炼中，站桩对于综合提高身体的健康素质、健康水平，提升自我健康的平衡能量，提高免疫力，具有很好的作用。但关键是要进行科学的锻炼，在技术要领、锻炼的运动量、锻炼的流程等方面逐步提高科学性，还要结合每个人的身心特点，加强针对性。要明白地练，有效地练，不是下的力气越大就一定越有效果。站桩是一种身心结合锻炼的综合性的修养，所以我们特别强调"桩修"。